Feridun Zaimoglu

Rom intensiv

Mein Jahr in der Ewigen Stadt

Kiepenheuer & Witsch

Dem schönen Volk Roms gewidmet

1. Auflage 2007

© 2007 by Verlag Kiepenheuer & Witsch, Köln
Alle Rechte vorbehalten.
Kein Teil des Werkes darf in irgendeiner Form
(durch Fotografie, Mikrofilm oder ein anderes Verfahren)
ohne schriftliche Genehmigung des Verlages
reproduziert oder unter Verwendung
elektronischer Systeme verarbeitet,
vervielfältigt oder verbreitet werden.
Umschlaggestaltung: Barbara Thoben, Köln
Umschlagmotiv: © Christian Hoehn/Getty Images
Autorenfoto: © Peter Peitsch peitschphoto.com
Gesetzt aus der Fairfield und der Helvetica
Satz: Pinkuin Satz und Datentechnik, Berlin
Druck und Bindearbeiten: Clausen & Bosse, Leck
ISBN 978-3-462-03789-0

Über das Buch:

Es ist eine große Auszeichnung und gleichzeitig eine schwere Bürde: als deutschsprachiger Autor ein Jahr in Rom zu verbringen, dort zu leben und zu arbeiten – erst recht, wenn man als Deutschtürke ganz besonders auffällt. Feridun Zaimoglu läßt sich nicht beirren, stürzt sich ins Geschehen, lernt Italienisch nach Maßgabe seiner Bedürfnisse (»Una spremuta d'arrancia, per favore« ist sein erster Satz), sucht die Touristenspots und treibt sich auch auf Trödelmärkten und unter Fremdländern herum. So wird Sergej, der geheimnisvolle Mann aus der Ukraine, sein unerschrockener Begleiter, und die Ewige Stadt allmählich sein Freund. Natürlich spielen Papst und Petersdom eine große Rolle, aber auch Pilger auf der Via Appia Antica und die Edelboutiquen auf der Via Condotti und der Via Cavour. Und der Campo di Fiori erfreut sich besonderer Beliebtheit, denn das Leben auf und um diesen Platz herum bietet reichlich Anschauungsmaterial. So entstehen ethnographische Studien, literarische Phantasien und immer wieder handfeste Kontakte.

Feridun Zaimoglu gelingt es, unbelastet von deutsch-romantischer Italophilie das Bezaubernde dieser Stadt ganz neu zu entdecken: Mit äußerst wacher Beobachtungsgabe und großem sprachlichen Feingefühl sowie dem untrüglichen Gespür für überraschende Wendungen zeigt er uns sein Rom und läßt dabei die eine Frage immer offen – hat es sich wirklich so zugetragen?

Diese Texte entstanden in Italien und erschienen größtenteils erstmals als wöchentliche Kolumne in den »Kieler Nachrichten«.

Über den Autor:

Feridun Zaimoglu, geboren 1964 im anatolischen Bolu, lebt seit 35 Jahren in Deutschland. Er studierte Kunst und Humanmedizin in Kiel, wo er seither als Schriftsteller, Drehbuchautor und Journalist arbeitet. Er war Kolumnist für das ZEIT-Magazin und schreibt für die Welt, die Frankfurter Rundschau, die ZEIT und die FAZ.

2002 erhielt er den Hebbel-Preis, 2003 den Preis der Jury beim Bachmann-Wettbewerb in Klagenfurt und 2004 den Adelbert-von-Chamisso-Preis. Im Jahr 2005 war er Stipendiat der Villa Massimo in Rom und erhielt den Hugo-Ball-Preis.

Weitere Titel bei Kiepenheuer & Witsch:

»Liebesmale, scharlachrot«, Roman, KiWi 675, 2002. »German Amok«, Roman, 2002. »Zwölf Gramm Glück«, Erzählungen, 2004, KiWi 901, 2005. »Leyla«, Roman, 2006.

Inhalt

Geschichten aus der Villa Massimo

Zugabe

Geschichten aus der Villa Massimo

Mein Jahr in der Ewigen Stadt

I. Ankunft

Am ersten Tag in Rom streiche ich im strömenden Regen durch die Gassen der historischen Altstadt. Unter den nassen durchhängenden Markisen stehen die Raucher zusammen und versuchen, trotz des eiskalten Windes eine bella figura zu machen. In Trattorien, Cafés und Volkslokalen wird bei Nichtbefolgung des Rauchverbots die sofortige Exekution angedroht. Besonders beliebt ist das Warnschild, auf dem ein Raucher, von Schrotkugeln zersiebt, die noch glühende Zigarette zwischen den Fingern hält. Daneben steht ein Rächer der Bekehrten im sizilianischen Mafiakostüm der Jahrhundertwende. Die Zeile in der Sprechblase lasse ich mir von dem freundlichen Wirt erklären: »Ich krieg euch alle! Hier qualmt nur meine Büchse nach dem Schuß.« Ich bedanke mich herzlich, schleiche vor das Restaurant und zünde mir eine Zigarette an. Nach vier Lungenzügen rinnt mir zwar das Regenwasser das Gesicht herunter, aber dafür habe ich die Bekanntschaft eines Monsignore gemacht, der unablässig auf mich einredet. Nach einigen Minuten kann ich meine Hand aus dem eisernen Griff seiner Pranken befreien. Ich schlage im Pocketwörterbuch das Wort Verwechslung nach – equivoco, equivoco, sage ich immer wieder. Der Monsignore schimpft jetzt mit mir und greift plötzlich an mein Ohrläppchen. Ich halte es für eine Art katholische Segnungsgeste. Als ich ihm grinsend zunicke, wendet er sich ab, als habe ihm der Teufel persönlich am Bart gezupft. Mittlerweile bilden die neugierigen Gaffer einen engen Ring um mich – ich täusche links an und mache einen Ausfallschritt nach rechts. In der nächsten halben Stunde schaue ich gelegentlich über die Schulter, doch ich kann keine Jesuitenhäscher entdecken, die sich an meine Fersen geheftet haben.

Bei dem Versuch, über den Zebrastreifen den gegenüberliegenden Bürgersteig zu erreichen, werde ich von einer Vespa-Fahrerin fast über den Haufen gefahren. Ich zeige auf die grüne Ampel, sie löst umständlich den Kinnriemen ihres Helms, nimmt ihn ab, spuckt aus, nennt mich ein Geschlechtsteil, setzt den Helm wieder auf und fährt knatternd davon. Sie hat sich in all der Zeit nicht von den hupenden Bussen und Lastern aus der Ruhe bringen lassen. Ich merke mir: Der Italiener an und für sich hält sich an den Leitsatz, daß es keine zweite Chance für den ersten Eindruck gibt. Es gilt, in jeder Situation seine Würde zu bewahren. Ich stelle mich in einem Kaufhaus vor den Ganzkörperspiegel und pralle von meinem Anblick zurück – ich sehe aus wie ein Tourist aus Tirol. Kein Wunder, daß mir bengalesische Straßenverkäufer auf Schritt und Tritt Knirps-Regenschirme oder Montblanc-Imitat-Füllfederhalter andrehen wollen. Also schaue ich mir die Römer genauer an, ich will, so schnell als möglich, einem Einheimischen zum Verwechseln ähnlich sehen. Der Mundumzingelungsbart – wie mit dem Eddingstift markiert – erfreut sich bei Polizisten und Vorortviertel-Hooligans großer Beliebtheit. Die Zwanzigjährigen stecken in Gaunerjoppen, der Mann ab dreißig bevorzugt einen Parka in Übergröße, von dessen Rückensaumzipfel neckische Zeltschnüre herabhängen. Ohne eine schwarze dicke Sonnenbrille darf man nicht aus dem Haus gehen. Auch nimmt man sie in einem geschlossenen Raum nicht etwa ab, sondern schiebt sie wie eine Haarspange über die Geltolle. Als die Jungs anfangen, auf mein Glotzen sauer zu reagieren, erhebe ich mich von der Parkbank, kaufe eine Fake-Gucci-Brille von einem Bengalesen und einen wattierten Ganzkörper-Anorak in einem Discountladen. Kaum bin ich draußen, werde ich wieder von den Straßenverkäufern belagert. Ich reiße mich los und trotte einem japanischen Touristen-troß hinterher. Als wir vor der offenen Säulenhalle des Pantheons stehen, zücken die Japaner ihre Kameras und legen los. Dann bitten sie mich um Schnappschüsse und übergeben mir ihre Fotoapparate. Ich fotografiere vier kichernde Mädchen in knallpinken Lackschuhen, einen Mann mit einem bayrischen Filzhut auf dem Kopf, zwei Mittvierziger, die wie Bestattungsunternehmer gekleidet sind. Sie alle wollen mir Münzen in die Hand drücken, ich lehne dankend ab. In der ›Bar della Rotondo‹, gegen-über vom Pantheon, lasse ich mich müde auf der Terrasse nieder und bestelle ein Käsesandwich. Am Nachbartisch sitzen deutsche Austauschschülerinnen und unterhalten sich laut und vernehmlich über einen Erotikfilm, den sie vergangenen Abend wohl gemeinsam gesehen haben. Die Männer hier, sagt ein Mädchen, sind zwar nett, sie wollen aber nur das eine. Und die Männer in Deutschland, sagt das andere Mädchen, die sind ganz anders, oder was? Als ich darüber lache, rucken ihre Köpfe in meine Rich-tung, und ich erzähle ihnen, daß ich Italo-Deutscher sei und seit zwanzig Jahren in Itzehoe in Schleswig-Holstein lebte. Sie lauschen schweigend meiner Lügengeschichte, legen einen Geldschein auf den Tisch und erheben sich. Beim Weggehen zischt das eine Mädchen dem anderen zu, heutzutage würden sich schon Polen als Italiener aus-geben, nur um Deutsche in Rom herumzukriegen.

II. Cuore und Amore

Es ist bestimmt ein Zufall, daß in jeder Pizzeria, in der ich essen gehe, der Fernseher bei voller Lautstärke läuft. Der Blick des Italieners strebt in der Heiligen Stadt selbstverständlich in die Höhe – also hat es auch seine Richtigkeit, wenn der Fernseher auf einem Regalbrett knapp unterhalb der Decke steht. Man bekommt schon nach wenigen Minuten eine Genickstarre und läßt den Kopf zwischendurch kreisen. Weil aber die Kellner in Rom wahre Interventionsartisten sind, kann es passieren, daß sie sofort eingreifen. Dann massieren sie den verspannten Gast so lange, bis sich der Muskel entkrampft. Das ist mir passiert, als ich die sardische Pizzeria in der Nähe der Villa Massimo ein zweites Mal aufsuchte. Vielleicht ließ man mir, dem etwas maulfaulen Deutschen mit dem Pralinennamen ›Ferrero‹, eine Vorzugsbehandlung zukommen. Auch wenn ich höflich darauf hinwies, daß ich weder Fernando noch Felipe hieße, die Kellner hörten sich meine im wilden Gestammel vorgetragenen Ausführungen an, nickten und nannten mich mal Felipe, mal Ferrero. Kaum trat ich ein, da brüllten sie auch schon im Chor irgendwelche Begrüßungssalves, die mampfenden Gäste drehten sich nach mir um, und ich war versucht, die Finger zum Siegeszeichen zu recken. Ich tat es nicht, setzte mich an meinen Stammtisch neben dem kleinen Aquarium, klopfte an das Glas und starrte auf den schwarzen Monsterfisch, der sein Maul wie eine Saugglocke vorstülpte, sich festploppte und lange an dieser Stelle klebenblieb. Manchmal stiegen Luftblasen aus ihm hervor und hinauf – auf mein Klopfen reagierte er nur mit einem leichten Schwänzeln seiner Hinterflosse.

Auch diesmal rätsele ich lange über den auf das Glas aufgedruckten Kuß des Monsterfisches. Der Kellner bringt wie üblich die Pizza Quattro Formaggi. Ich bestelle Mineralwasser, weil ich die Worte ›aqua minerale‹ ohne einen Versprecher aufsagen kann. Dann schaue ich hoch: Eine nasenkorrigierte Moderatorin im paillettenbesetzten Galakleid spricht aufgeregt ins Mikrophon. Nach jedem zweiten Satz legt sie eine Kunstpause ein, das Studiopublikum klatscht sich jedes Mal die Hände wund. Die lippenkorrigierte Moderatorin stöckelt zu einer Jury, die aus grinsenden Prominenten besteht. Ich entdecke Amanda Lear, sie sieht aus wie ein geschminkter Mann und spricht mit Baß in der Stimme. Plötzlich gibt es einen gewagten Schwenk auf den Chef des Orchesters, er brüllt und hüpft, die Schweißflecken reichen fast bis zum Revers seines roten Samtjacketts. Dann treten der Reihe nach die Tanzpaare auf, sie tanzen Tango, Walzer und Polka, und anschließend müssen sie vor die Jurymitglieder treten und sich das harte, aber gerechte Urteil anhören. Sie machen gute Miene zum bösen Spiel: Nur der Tangotänzer flippt völlig aus, und das Publikum im Ballsaal ist nicht zu halten. Mir ist nicht so recht klar, wieso der Tangomann den Rosenstengel während seines Wutanfalls nicht aus dem Mund nimmt, denn die Tanzvorführung ist vorbei. Die brustkorrigierte Moderatorin muß eingreifen, als der Mann Amanda Lear böse anbellt, ja, er bellt tatsächlich. Ein paar Studiogäste in der ersten Reihe sind mittlerweile aufgestanden und versuchen, die Bühne zu stürmen. Ich lasse den Kopf kreisen, der Kellner (Giovanni? Luigi?) stellt sich hinter mich und massiert mir den steifen Nacken. Seine Mutter oder ältere Schwester stürmt aus der Küche, zappt durch die Kanäle und bleibt schließlich beim dritten staatlichen Fernsehsender hängen. Ein männlicher Karaokechor metzelt berühmte Italienurlaubsschlager nieder, auch hier klatscht ein völlig enthemmtes Publikum, und eine Ganzkörperkorrigierte Schönheit lacht sich über die Amateurstars scheckig. Ein Blick zur Seite überzeugt mich davon, daß der schwarze Monsterfisch an derselben Stelle festklebt. Der Kellner erklärt mir auf der Papierserviette, daß Roma, von hinten gelesen, Amor lautet. Ich schreibe ihm den Namen meiner Heimatstadt auf, er ruft: Kill! dann Kill Bill! und schließlich Kill Ferrero! Er lacht Tränen darüber, ich weiß nicht, was lustig daran sein soll. Er bringt den Verdauungskaffee, ich betrachte schlürfend den Mann von der Wettervorhersage, der mit einem kleinen Zeigestock auf die Schlechtwetterfront über ganz Italien weist. Und dann passiert es wieder, die Kamera schwenkt auf ein Publikum, das dem Mann wie irre applaudiert. Langsam gehen mir diese ausgelassenen Wilden auf die Nerven: Sie fassen sich ständig ans Herz, reden von Cuore und Amore, und dann warten sie darauf, daß man sie beklatscht. Allerdings nur im Fernsehen. Der Kellner erklärt mir im Italo-Englisch, auch ich, Kill Ferrero, müsse mittlerweile verstanden haben, was es heißt, kein Italiener zu sein: Man könne nämlich dann nicht mit der ganzen Kraft seines Herzens fühlen. Ich bezahle die Rechnung, klopfe ein letztes Mal gegen das Aquarium und mache mich auf den Heimweg. Manchmal ist es einfach großartig, als Barbar durch das Leben zu stapfen.

18

III. Heimweh

IM GARTEN DER VILLA

An manchen Tagen erinnert mich der Himmel über den Wipfeln der Zedern, Pinien und Zypressen an den Himmel über Kiel – dann wird mir schwer ums Herz, und ich sperre mich freiwillig in der Villa Massimo ein und streiche wie ein Büßer im Parka durch den Garten. Der ist ein Freilichtmuseum der Antike: Dutzende von Kapitellen liegen herum, als hätten Giganten die Säulenköpfe abgerissen und sie wie Stoßkugeln durch die Luft geschleudert. Dieser Tage werden die Spazierpfade mit einem harten Boden unterlegt und einem feinen Kies bestreut. In der Vergangenheit sind die Damen öfters mit ihren Pfennigabsätzen eingebrochen, die Wegesstrecke zum Empfang überstanden nur Frauen in soliden Birkenstock-Sandalen. Jetzt fahren Bauarbeiter in Mini-Planierraupen, reißen den Boden auf und lachen sich tot, wenn ich in eine Regenpfütze trete. Sie halten uns, die deutschen Kulturnasen in der Diaspora, für irre Insassen eines Sanatoriums. Daher gehen sie auf Abstand und greifen zur Schaufel und Spitzhacke, wenn sich einer von uns ihnen nähert. Ich brülle dem Chef der Truppe einen guten Morgen zu, er wartet stumm und stierend ab, daß ich aus seinem Blickfeld verschwinde. Gegenüber dem Ateliertrakt bewachen zwei Gewandstatuen den Eingang einer Nische mit Parkbänken. Es sind Frauenfiguren aus grauem Kalkstein, die Nasen sind abgeschlagen, die Gesichter von den Abgasen zerfressen. Ich habe mir vorgenommen, beim Vorbeischlendern nicht hochzuschauen, doch ich breche wie üblich mit meinem guten Vorsatz, der Schreck fährt mir in die Glieder, und ich haste im geduckten Galopp vorbei. Kaum am Eingang angekommen, drücke ich auf den Knopf des elektrischen Türöffners, die Flügel der Pforte rucken auf halbrunden Schienen nach innen und geben für die Gaffer draußen den Blick frei auf eine Zypressenallee. Die Gaffer – freundliche Rentner in dicken Polarmänteln – bitten um eine Dreingabe, also lasse ich das Tor auf- und zugehen. Der Pförtner stürmt heraus, er erklärt mir, im Südtiroler Deutsch, den Weg zum nächsten Kinderspielplatz. Er ist ein AS-Roma-Fan, ich skandiere Hochrufe auf seinen Fußballclub. Aber er durchschaut mein mieses kleines Manöver und verfügt sich wieder in seine Portiersloge. Ich drehe weiter meine Runden im Park, trotte an dem Marmorkopf eines Ziegenbocks als Wasserspeier vorbei, bewundere einen Reliefsarkophag vor der Fassade des Verwaltungsgebäudes. Dann lenke ich meine Schritte in Richtung der Brunnenanlage: Auf eine antike Römerbüste hat man einen neuen Türkenkopf aufgesetzt, er trägt Turban, von der Oberlippe geht ein Schnurrbart ab, dessen Enden nach oben gezwirbelt sind. Wenig später sitze ich im Büro des Direktors und lausche seiner Geschichte aus den Siebzigern, der Zeit der heißen Terroristenjagd in Italien. Eines Nachts habe die Sicherheitspolizei die Villa gestürmt, über alle Deutschen auf dem Gelände sei Ausgangssperre verhängt worden. Am nächsten Tag habe man bei einer gemeinsamen Ortsbegehung der Verwaltung mit den Stipendiaten leider feststellen müssen, daß den meisten Büsten die Köpfe fehlten. Es kursieren Gerüchte, ein wegen Lagerkoller durchgeknallter Avantgardedichter hätte die Gunst der Stunde genutzt und sich als Henker an den Artikeln der Antike vergangen.

Wenig später stehe ich auf der Ostterrasse der Villa, ich blicke auf die Palmen vor der Finanzbehörde. Ein seltsamer Ort, das. Ein verrückter Pole, im ewigen Exil sonderbar geworden, wirft vollgekritzelte Schulhefte über die Mauer. Es heißt, nachts würde in der Abseitekammer des Studios 10 der Geist des Poppoeten Rolf Dieter Brinkmann umgehen. Schön. Ich wohne im Studio Nummer zehn und horche neuerdings auf Stimmen aus dem Jenseits. Als der Gärtner ein lautes ›Tschau, Felipe‹ ruft, falle ich fast über die Brüstung. Er möchte mit mir einen Fingerschnick-Wettkampf austragen. Ich schnippe ihm ein Kastagnetten-Tremolo hin, er schnickt doppelt so schnell, trillert dabei wie ein Wellensittich und dreht auch noch Pirouetten. Ich strecke ihm den Zehneuroschein hin. Montag sandig früh, sagt er auf deutsch, Hasenweste bügelt Motte. C'è divieto di pasce? sage ich, Herrscht hier Angelverbot? Er reimt sich mit Hilfe eines Wörterbuchs etwas zusammen, und ich antworte ihm immer mit einer angelesenen Floskel. So halten wir es seit Tagen, und da ich bislang alle Wetten verloren habe, wagt er sich im Gegensatz zu den Bauarbeitern in meine Nähe. Er hat beispielsweise gewettet, daß er mit einem brennenden Kienspan seinen Ohrflaum abflammen kann. Ich hielt dagegen. Der Mann ist ein Multitalent.

Nachts klebt der Frost die Kieselsteine zu einem harten Teppich zusammen, es knirscht unter meinen Schuhen. Ich treffe im dunklen Garten einen Stipendiaten, er ist Komponist. Heute, sagt er, habe ich im Schlitz des Münzfernsprechers eine Centmünze gefunden, das verheißt bestimmt Glück. Ja, flüstere ich, wir alle werden glücklich werden hier in Rom. Wenn ich ihm verrate, daß ich jetzt gerne in Kiel wäre, denke ich, nur für ein paar Stunden, nur für einen Abend, hielte er mich für ver-

rückt. Ich sage es ihm trotzdem. Er zeigt mir sein Raub-
tiergrinsen, klopft mir auf den Rücken. Dann stehen wir
schweigend auf der Terrasse – ach, die deutsche Schwer-
mut …

IV. Palmsonntag

LATERAN-BASILIKA UND SANTA CROCE IN GERUSALEMME

Die Villa Massimo ist auf einem Sumpfgelände errichtet worden, und man hat mich vor der Monstermücke gewarnt, deren Stich schwärende Pusteln zur Folge habe. Also lasse ich jede Nacht die schweren Jalousien herunter und schließe die Fenster, lege nasse Handtücher vor die Türritzen, starre mit der Fliegenklatsche in der Hand an die Schlafzimmerdecke. Es ist dann so still, daß ich die Pinienzapfen im Garten knacken höre …

Am Morgen des Palmsonntags werde ich von einer Lautsprecheransage aus dem Schlaf gerissen. Ich schlüpfe in Hemd und Hose, mache mir einen knallharten Instantkaffee und stürze aus dem Haus. Ein tief fliegender Helikopter dreht seine Runden über dem Gelände, der Pilot schaut grinsend auf mich herunter. Im Garten stehen wildfremde Italiener dicht gedrängt herum und schwenken Palmwedel über ihren Köpfen. Der Priester brüllt ins Megaphon, es hört sich an wie eine Verwünschung. Auf sein Geheiß hin hören die alten Damen schlagartig auf, feurige Schlachtengesänge anzustimmen. Statt dessen rasseln sie mit den Rosenkränzen, die Kinder in Konfirmandenanzügen halten Marienstatuetten aus Plastik hoch. Tatsächlich werden in Rom zu Beginn der Karwoche Prozessionen abgehalten, zur Erinnerung an den triumphalen Einzug Jesu in Jerusalem. Die Frauen tragen Trauer, die Männer blütenweiße Hemden, und meist herrscht eine Volksfeststimmung. Die grimmig psalmodierenden Priester sind darüber not amused.

Jetzt rauft sich der Gottesmann im weißen Ornat die Haare, er bedeutet den Männern in der vordersten Reihe, die Palmwedel gefälligst nicht vor seiner Nase zu schwenken. Dann reckt er seine geballte Faust in den Himmel, der Helikopter dreht augenblicklich ab. Er schmettert ein Hosianna durch den Schalltrichter, die Katholiken brüllen zurück, und ich glaube immer mehr, daß ich dem Fahnenschwur einer militanten Opus-Dei-Sekte beiwohne. Ein paar Zeremoniendiener sind auf mich aufmerksam geworden: Sie zeigen mir ihre großen goldenen Kruzifixe an den Halsketten und erwarten wohl, daß meine Haut Blasen wirft. Ich proste ihnen mit der Kaffeetasse zu, doch das hätte ich mal lieber bleiben lassen sollen. Ein halbes Dutzend Halbstarker löst sich aus der Menge, kommt langsamen Schrittes auf mich zu. Ein schneller Rückzug scheint mir angemessen, ich sprinte den Kiesweg zurück zu meinem Studio. Hinter mir höre ich die Jungs ein Triumphgeheul anstimmen. Ich kann ihre Freude verstehen, schließlich haben sie einen kaffeeschlürfenden Heiden in die Flucht geschlagen. Als ich den Schlüssel ins Schloß stecke, springt der Gärtner aus dem Gebüsch, und mir bleibt das Herz stehen. Er ist über seinen gelungenen bösen Streich derart glücklich, daß er sich beim Lachen verschluckt und röhrend nach Luft schnappt. Ich klopfe ihm auf den Rücken und reiche ihm ein Taschentuch, mit dem er sich die Tränen aus den Augen wischt. Ho avuto un incidente, sage ich, può chiamare un carro attrezzi? (Ich hatte einen Unfall, können Sie einen Abschleppwagen rufen?) Er grinst und antwortet mir auf deutsch: Salat! Essig! Öl! Katholisches Nasenbluten! Dann klärt er mich darüber auf, daß er ein Befürworter der Erziehung mit der Peitsche sei, und daß ich bei meinen abendlichen Spaziergängen durch den Garten auf mich achtgeben solle.

An diesem Palmsonntag habe ich mir viel vorgenommen – erst geht es zur Lateran-Basilika. Auf der Fassade steht, natürlich auf Latein, der Leitspruch des größenwahnsinnigen Vatikans: Der ganzen Stadt und des ganzen Erdkreises Kirchen Mutter und Haupt. Ich stehe vorm verschlossenen Tor und ärgere mich maßlos. Schließlich werden in dieser Kathedrale die Schädel der Apostelfürsten Petrus und Johannes in silbernen Kopfreliquien aufbewahrt. Ein Münchner Reliquienjäger in gelben Bermudashorts schlägt vor, gemeinsam zur Santa Croce in Gerusalemme zu sprinten, im Souterrain der Kirche könne man Splitter vom Kreuze Jesu, zwei Dornen seiner Krone und einen Nagel der Kreuzigung besichtigen. Ich bin Feuer und Flamme, wir rennen los, um vor den Pilgern anzukommen. Doch auch hier ist mir der Eintritt verwehrt, ich schaue wütend zu der Statue der hl. Helena hoch, die ein übermannsgroßes Kreuz umfaßt. Wenig später sitzen der Münchner und ich auf der Terrasse einer Kaffeebar.

Er versucht mich mit Schauergeschichten über die Kriminalgeschichte der Reliquienbeschaffung zu beeindrucken. Es habe in der Vergangenheit regelrechte Blutorgien gegeben, und die Herrscher hätten einander die Köpfe eingehauen, beispielsweise bei dem Versuch, den Finger des ungläubigen Apostels Thomas abzugreifen. Woher er das alles denn wisse? frage ich ihn. Er habe so seine Quellen, sagt er, und überhaupt treffe er sich heute nacht mit einem Händler, der ihm den unverwesten Daumen Johannes des Täufers verkaufen wolle. Ich danke ihm für den Kaffee und mache, daß ich von ihm wegkomme. Wahrscheinlich wird man dem Münchner den Daumen eines brutal verwarnten Mafia-Fußsoldaten verscherbeln. Auf dem Nachhauseweg nehme ich mir vor, bald zum Hauptquartier des Papstes vorzustoßen.

Der Vatikan ist der Kreml des Martialkatholizismus, dort finde ich Antworten auf all die Fragen, die ich mir noch nie gestellt habe.

V. Tierliebe

Am Karfreitag haben die Geschäfte geöffnet – die Katholiken Roms setzen weniger auf die Kreuzigung als auf die Auferstehung Jesu. Eine schöne Einstellung, denke ich und nehme mir auch vor, nicht in Sack und Asche zu wandeln. Auf dem Weg zur Villapforte fällt mich ein Foxterrier an und schnüffelt an meinem Schritt. Sein Frauchen zerrt an der Leine, läßt dem Hund aber weiterhin die Freiheit, an meinem Hosensaum zu nagen. Wir kommen ins Gespräch, ich und die Frau, und sie erzählt, ihr armer Rüde werde nachts von der Hündin derart in Anspruch genommen, daß ihm das Herz im Halse schlage. Sie habe dem Weibchen sogar vier Männerunterhosen und eine Babywindel angezogen, doch der Rüde würde alles zerbeißen und zur Sache kommen. Er müsse jetzt sein Mittagsnickerchen im Kofferraum des Smart halten. Schön, sage ich, ich muß jetzt weiter, kann der gute Rüde vielleicht meine Socke freigeben? Erst als sie ihm eine Hundepastete hinhält, läßt der Foxterrier von mir ab.

Überhaupt Hunde – an manchen Tagen gleicht Rom einer einzigen Auslauffläche für Tölen aller Mischungen. Gefönte Pudel und Huskies werden an kurzer Leine geführt, Dackel gelten als Qualzüchtungen. Auf der Via del Corso kann man am Stand militanter Tierschützer Hundewelpen adoptieren. Die Afrikaner des Viertels verkaufen dagegen Poster, auf denen der dicke Duce den Arm zum römischen Gruß erhebt. Die Hauptattraktion ist aber ein Mann, der eine Elster darauf abgerichtet hat,

Münzen aus seiner Tasche zu klauben. Dann stellt er ihr eine Rechenaufgabe: Was, mein Vögelchen, macht zwei plus zwei? Das Vögelchen hackt ihn unsanft vier Male auf die Unterlippe, die Menge applaudiert, der Mann preßt ein Taschentuch auf den blutenden Mund.

Ich ziehe weiter und grübele über das besondere Verhältnis der Italiener zu Tieren an und für sich. Und genau in diesem Moment passiert das Unglaubliche, ich würde es nicht glauben, wenn ich es nicht mit eigenen Augen gesehen hätte: Ein eisschleckender Überfünfziger stößt mit einer tief fliegenden Taube frontal zusammen. Die Taube knallt gegen, was sage ich, in die Stirn des Mannes, der im Reflex sein Eis in der Waffel in den Körper der Taube bohrt. Dann fliegt der Vogel hoch, das Eis klatscht aufs Pflaster, und der Mann sieht aus, als wolle er auch abheben und dem Federvieh hinterherflattern. Im Nu ist er von besorgten und kichernden Bürgern umgeben. Es kommt, was kommen muß – die lautstarke Nachbesprechung der dramatischen Szene. Der Mann winkt mich herbei, und als ich ihm gegenüberstehe, fängt er auch gleich an, auf mich einzureden. Ich versuche es erst auf deutsch, dann auf englisch. Er deutet auf das rote Mal auf seiner Stirn, dann klopft er mit dem gekrümmten Zeigefinger an meine Stirn, verhakt die Daumen ineinander, läßt die Hände wie zwei Flügel flappen. Langsam dämmert mir, daß ich als Unfalldummy herhalten muß, ich drehe mich um und gehe weg.

Auf der Via Condotti drücken sich die Frauen an den Schaufenstern teurer Modefilialen die Nasen platt. Ich zähle die drei Zahlen auf der Preisliste zu Füßen einer knapp bekleideten Schaufensterpuppe zusammen und komme auf die Summe von viertausend Euro. Der Herrenausstatter nebenan bietet vergoldete Krawattennadeln für vierhundert Euro. Fast rechne ich damit, auf eine Dependance des Meisters Mooshammer seligen Angedenkens zu stoßen. Ich weiche Zigeunerinnen aus, die Andachtsbilder mit dem Martial-Märtyrer Longinus verkaufen, ich schüttele den Kopf, wenn der fünfzigste Albaner mir eine Plastiknelke andrehen will; und endlich stehe ich vor der Spanischen Treppe mit den hundertachtunddreißig Stufen. Ein feiner Anblick, zweifellos. Nur glaube ich nicht, daß man seine Seligkeit verspielt, wenn man die Angebertreppe nicht besichtigt hat. So etwas Ähnliches hatte vor gut fünfundzwanzig Jahren meine Sozialkundelehrerin behauptet. Damals war ich im Hochsommer meiner Jugend und hielt Italien-Schwärmer für Gottes Heuschreckenplage. Heute aber bin ich selber ein Romtourist mit Künstlerdomizil in einer Villa – was ist wohl schlimmer?

Ich verscheuche die bösen Gedanken, kaufe einen Spinat-Mozzarella-Toast, beiße einen Bissen ab und versenke die Weißbrotschnitte sofort im Mülleimer. Alles wird gut, denke ich zum dutzendsten Mal an diesem Tag, die Kirschblüten stehen in voller Blüte, die Halbstarken pubertieren öffentlich, und die Teenager-Mädchen zupfen ihre Jeans nach unten, damit man das tätowierte Arschgeweih oberhalb der Pospalte bewundern kann. Es strömen immer mehr Menschen auf die Freitreppe, und als ich den Atem einer entzückt quiekenden Japanerin an meinem Nacken spüre, beschließe ich zur Villa zurückzukehren. Erst komme ich seitlich ab und stehe vor der Palazzo di Propaganda Fide. Hier also sitzen die Werbeagenten des Papstes! Ich stehe eine Weile vor dem Palast, doch Gott tut mir nicht den Gefallen, es läßt sich kein Inquisitionsscherge in schwarzer Kutte blicken.

Zwei Stunden irre ich herum, knülle vor Wut die Stadtkarte zusammen, streiche sie reumütig wieder glatt, mache halt in Stehcafés und schütte Espresso in mich hinein. Endlich sperre ich die Villapforte auf. Die Coffein-Überdosis macht mich paranoid, ich luge vorsichtig hinter jeden Busch, vielleicht hat sich der Gärtner auf die Lauer gelegt. Eine Stipendiatin bewirft mit Kieselsteinen einen hohlen Baum, in dessen Krone sie den nachts rufenden Kauz vermutet. Na gut, denke ich und schlüpfe in mein Studio, dieser Tag steht im Zeichen der Tiere. Im Bett frage ich mich im stillen, ob die Taube bleibende Schäden von dem Frontalzusammenstoß davongetragen hat. Dann schlafe ich ein.

VI. Wahre Liebe

AN DER PFORTE DER VILLA

Die Reinemachesignora Maria schließt wie jeden Freitagmorgen um 10.30 Uhr sich selbst auf, schiebt die Rollkarre hinter sich her und stülpt die Gummihandschuhe über ihre Hände. Ostern ist längst vorbei, der Papst sitzt zur Rechten des himmlischen Vaters, trotzdem rufe ich ›tante auguri!‹ und klatsche in die Hände. Meine herzlichen Glückwünsche mag Signora Maria nicht so recht entgegennehmen – sie bekreuzigt sich, einmal, zweimal, dreimal. Komisch, denke ich, die Menschen auf dem Petersplatz haben applaudiert, als ein Erzbischof mit einem schiefen Samtkäppi auf dem Kopf den Tod des Hohepriesters verkündete. Also sage ich: il papa, bravissimo!, springe hoch und mache dabei die Bewegung einer emporflatternden Engelsputte nach. Sie reißt die Augen auf und kreuzt die Zeigefinger. Jetzt sieht sie aus wie eine Exorzistin im Putzkittel, ich halte es für das Beste, mich aus dem Staub zu machen.

Kaum trete ich aus der Tür der Pförtnerloge heraus, brüllt ein Mann ›Stop!‹, und schon pralle ich gegen einen Zwei-Meter-Riesen und gehe zu Boden. Er schiebt seine Yachtbesitzerbrille in die Stirn, schaut auf mich herunter. Zwei Frauen und drei Männer auf weißen Campingstühlen schieben ihre großen dunklen Brillen in die Stirn und schauen mich an. Ich rappele mich hoch und entdecke den Pförtner, der an der Mauer lehnt und sich die Sonne ins Gesicht scheinen läßt. Du bist so blöd, daß man vom bloßen Zuschauen Nasenbluten kriegt, sagt er, du bist in die wichtigste Szene des Films hineingelatscht. Wenn er will, kann er im perfekten Deutsch sprechen – wie alle Italiener, die ich kenne (der Gärtner, der Pizzeria-Kellner), ist er nicht der, der er vorgibt zu sein.

Zwei echte Polizisten haben die Straße abgesperrt, fünf Statisten in Polizistenuniformen stehen um einen limettengrünen, völlig verbeulten Peugeot herum. Aha, sie sichern den Unfallort. Noch ist mir nicht ganz klar, ob der Wagen, mit einem neugierigen Gaffer am Steuer, in die parkenden Autos hineingekracht ist – oder ob der junge aufstrebende Inspektor die Kontrolle über seinen Peugeot verlor. Der Zwei-Meter-Yeti nickt mich stumm weg, ich stelle mich neben den Pförtner. Ein Assistent brüllt Parolen in den Lautsprecher, die falschen Bullen machen die Rücken steif, ein Junge mit naß angeklatschtem Haar knallt die Aufnahmeklappe zu, und dann folgt die wichtigste Filmszene: Sie, friseur-blond, schlank, nachgebesserte Oberweite, die Beine in abgeschnittenen Jeans, küßt ihn, verträumter Inspektor, Anzug, Druckknopfhemd, Narbe an der Schläfe. Sie, erschrocken, Filmblut an der Schläfe, nagt an seinem Schnauzbart, ihre Oberlippe stülpt sich wie eine Saugglocke über die Nasenflügel des Mannes. Für meine Begriffe ist es ein völlig verrutschter Kuß, wieso macht sie sich an seiner Nase zu schaffen? Und was tragen die fünf Eulen auf den Campingstühlen zur Handlung bei? Weshalb stehen die Statisten stramm? Würden sie wenigstens sich durch Zurufe bemerkbar machen, würde ich denken, gut, sie feuern ihren Chef an, sie sind gerührt von seinem Liebesglück. Der Regisseur brüllt ›Stop!!!‹, ich bombardiere den Pförtner sofort mit meinen Fragen. Du denkst zu deutsch, sagt er gedehnt, du mußt dich entspannen. Entspannung ist Romantik, und Romantik ist Italien. Vielleicht hat der Mann recht, vielleicht zählt allein der Kuß, und alles andere, die falschen Polizisten, die fünf Eulen und die Sonnenbrillen in ihren Gesichtern, sind nur notwendige Kulisse.

Der Regisseur verletzt sich am Reißöffner einer Bierdose, und die Kabelträger (Typ: Ich-arbeite-beim-Film) flitzen los, um ihrem Herrn und Meister ein Wundpflaster zu besorgen.

An dieser Stelle ein paar Worte zu Typ und Charakter des italienischen Gaffers: Er, der Gaffer, schleicht sich meist von der Seite heran und streckt im nämlichen Moment, da das Filmlicht angeht, seinen Kopf neben den des Berichterstatters vor Ort. Er grinst nicht, er hält kein Schild mit Grüßen an die Mamma hoch – nein, er weiß im Dreiviertelprofil ungerührt in die Kamera zu glotzen. Sie, die Gafferin, sucht dagegen lieber Filmsets auf, wartet den Kurzdreh ab und stürzt sich auf den Hauptdarsteller, um ihn anzufassen. Nicht alle Schauspieler lassen sich gerne berühren: Als eine enthemmte Gymnasiastin den Inspektor in den Po zwickt, fährt dieser herum und zieht das Mädchen an den Zöpfen. Die Nase des Superermittlers glänzt speichelnaß, seine Augen fallen ihm fast aus dem Kopf. Der Pförtner sagt, Leidenschaft hinterlasse Spuren, und der Kuß der Frau mit den Teigrollenwaden habe den Mann erweckt. Ich will von ihm wissen, ob alle Italienerinnen sich beim Kuß an der Nase ihres Geliebten festsaugen würden. Wie küßt ihr in Deutschland? fragt er zurück. Na ja, sage ich, Mann und Frau pressen die Lippen aufeinander, und dann geht's los. Der Regisseur zieht an der Bierdosenlasche, die Büchse explodiert in seinen Händen, der Schaum ergießt sich auf seine tolle Markenhose. Die fünf Eulen wollen mit Papierservietten zur Hilfe eilen, doch sie werden niedergebrüllt. Die echten Polizisten geben den Verkehr wieder frei, die Statisten kämmen sich Haar und Oberlippenbart. Einige

Seitwärtsschleicher haben es bis in die Nähe des Inspektors geschafft.

Sie erstarren zu Statuen und warten einfach ab, daß er sich die Nase trocknet. Der Pförtner hat über meine Worte nachgedacht, er bittet mich ausnahmsweise in seine Loge. Er fegt die Sportzeitung von seinem Chefsessel, zeigt auf den Monitor der Überwachungskameras: Sie küßt ihn, seine Nase verschwindet in ihrem Gesicht. Ich hab's doch gewußt, schreit der Pförtner, sie sind auch im echten Leben Liebende. Tränen schimmern in seinen Augen, und er räuspert sich die Rührung von der Kehle, dann trällert er fröhlich los. Mein Blick geht zwischen ihm und den beiden Liebestäubchen auf dem Monitor hin und her.

Ich stehe auf, schließe die Tür leise hinter mir zu, schleiche seitwärts am Filmset entlang, bis ich endlich bei den Gaffern ankomme. Dort warte ich mit Gleichgesinnten auf meine Chance. Bei der nächsten Drehpause werde ich auf Autogrammjagd gehen. Vielleicht überläßt mir auch einer der falschen Polizisten seine Mütze.

VII. Regensonntag

FONTANA DI TREVI

Was unternimmt man an einem verregneten Sonntag in Rom? Diese Frage stellt sich für einen Römer nicht – er liest morgens seine Sportzeitung und verflucht den Trainer der gegnerischen Mannschaft bis ins siebte Glied. Er geht in die Bar seiner Wahl, trinkt zwei Täßchen Elefantentöter-Mokka, besingt mit dem Wirt und zufällig anwesenden Sportsfreunden den gottgleichen Mittelstürmer seines Clubs. Dann aber wird es langsam Zeit, daß er mit seiner Schmutzwäsche seine Mamma aufsucht. Erst gegen Abend ruft er bei seiner Freundin an, aus Prinzip von seinem Handy aus, da ihm seine Angebetete lieb und teuer ist.

Ich schlüpfe in meinen Nahkampfparka, ziehe die Kapuze über den Kopf, schleiche vorsichtig von einem Baum zum nächsten. Der Kiesweg macht eine leichte Kehre nach rechts, und genau in diesem Moment läßt sich der Gärtner vom Ast vor meine Füße fallen. Der Pförtner eilt mit einem Glas Wasser herbei, und nach vier Schlucken habe ich mich wieder einigermaßen erholt. Biber waten im Kirschsirup, sagt der Gärtner grinsend; il Papa è morto, brülle ich ihm ins Gesicht. Nach einer Schweigeminute entlassen sie mich mit den besten Wünschen für diesen Sonntag.

Auf dem Weg zum Stadtzentrum kommen mir einige wenige Jogger und frei flitzende Hunde entgegen, der Himmel über Rom ist grau und trüb, und sehr bald verwünsche ich mich, weil ich es satt habe, über große

Pfützen zu hüpfen. Der Gärtner rechnet bei diesem Wetter mit meiner baldigen Rückkehr, und bestimmt hat er sich in einem Maulwurfshügel versteckt und wird mich brüllend anfallen. Also setze ich meinen Fußmarsch fort, warte brav an jeder roten Ampel und lasse mich von Autorallyefahrern naßspritzen. Dann aber stehe ich vor dem Fontana di Trevi. Hier ist er also, der Trevibrunnen, denke ich, hier hat die dralle Anita Ekberg in der Rolle eines amerikanischen Filmstars im Wasser gewatet. Marcello Mastroianni stand am Geländer und schaute ihr dabei zu, im Fieber der Liebe zu diesem robbengleichen Wesen.

Im Zentrum der Brunnenanlage reckt sich Neptun, zu seinen Füßen kämpfen Meerestitanen gegen geflügelte Monsterrösser; die Nischenheiligen, eingezwängt zwischen baumstammdicken Säulen, blicken weihevoll auf die Wasserschlacht. Irgendeine antike Szene wird hier wiedergegeben, denke ich, schade nur, daß ich nicht den geringsten Schimmer von den Mythen des Altertums habe. Immer mehr Touristen drängen zum Brunnenrand, sie halten die Glücksmünze in der Hand hoch und erstarren grinsend in dieser Pose. Einige Schnappschüsse später machen sie endlich Platz, und dann rückt schon der nächste Touristentroß an. Ich passe genau diesen Augenblick ab, arbeite mich ein paar Schritte zum Brunnenplatz vor und bekomme einen Fausthieb voll auf die Neune. Eine Japanerin in gelber Stretchhose funkelt mich böse an, schließlich habe ich ihren Glückswurf verpatzt. Ihr Mann ist sofort zur Stelle, er sagt auf englisch, er werde mich töten. Ich sage auf deutsch: Du Eimer, mit dir schöpfe ich Wasser aus dem Brunnen und gieß es über die Kröte mit den gelben Beinen. Wir stehen uns fast Nase an Nase gegenüber, da zupft ihn seine Frau am Ärmel. Sie unterhalten sich miteinander, dann fragt der Mann mich, ob ich sie vielleicht beim Münzenwerfen fotografieren könne. Natürlich bin ich so freundlich, und nach fast zehn Schnappschüssen klopfen wir uns gegenseitig ab. Zum Dank überreicht mir die Japanerin eine seifenblasenspuckende Plastikpistole, die sie von einem Straßenhändler gekauft hat. Jetzt bin ich wirklich gerührt. Ich lade sie kurzerhand zu Handpizza und Dosencola ein, wenig später sitzen wir vor einer Touristen-Imbißbude und grinsen uns höflich an. Meine Nase ist rot angeschwollen, der Mann gießt Cola auf seine Papierserviette und legt sie mir auf die Schwellung. Die Verkäuferin starrt mich an, die Männer und Frauen an den Nebentischen glotzen mich an. Wenn ich diese verdammte Serviette abnehme, verletze ich vielleicht das Ehrgefühl der Japaner. Wenn ich sie dagegen lasse, wo sie ist, schreibe ich als Knallkopf der Saison Geschichte in Rom. Also täusche ich einen dringenden Termin vor, haste ins Freie und wische mir endlich die Serviette vom Gesicht.

Wenig später stehe ich auf dem Quirinale, dem höchsten der sieben Hügel Roms. In der Mitte der großen Aussichtsplattform ragt – natürlich – ein Obelisk, flankiert von zwei fast nackten Titanen, die sich als Pferdeflüsterer versuchen. Die Römer haben es mit Pferden, das ist mir nach der Besichtigung Dutzender Brunnen klargeworden. Einige großbürgerlich aufgemachte Damen kichern in die hohle Hand, dann schauen sie hoch, in der Hoffnung, etwas Bestimmtes hinter dem Feigenblatt der Titanen zu entdecken. Sie winken mich herbei, ich lehne ihre Einladung dankend ab. Weil ich wie ein Priesterseminarist knallrot anlaufe, lachen die Damen Tränen und zeigen mit dem Finger in Richtung des knapp bedeckten Titanengemächts. Ich aber stelle mich in die Schlange vor den ehemaligen Stallungen, in denen die

Guggenheim-Sammlung gezeigt wird. Als ich die Bilder der modernen Klassiker abgehe, weiß ich, was mich an der Kunst der Achtziger und Neunziger gestört hat: die Abwesenheit von Farbe und Leinwand. Ein Mann mit Zopf und Saxophonanstecker am Revers schaut auf ein Frauenporträt von Matisse. Er kommt – natürlich – aus Deutschland, er ist aber vor fünfzehn Jahren nach Rom umgezogen und hat vier Scheidungen hinter sich. Vier Scheidungen, sage ich, das ist ein teurer Spaß. Kein Problem, erwidert er, ich habe das nötige Kleingeld. Dann läßt er mich einfach stehen. Toll, denke ich, erstens Klischee, zweitens bestimmt wahr, wieso sollte der Mann auch mir etwas vormachen?

Draußen recke ich mein Gesicht zum Himmel, lasse es in einem Anfall von Deppen-Romantik naßregnen. Der Mann mit dem Zopf steigt in einen schwarzen Porsche, gurtet sich an und gibt Gas. Das Klischee ist stärker als die Realität, denke ich. Die Erkenntnis trifft mich hart, hilft mir aber auch nicht weiter. Eine Stunde Fußmarsch im Regen steht mir bevor, und die Plastikpistole beult meine nasse Parkatasche.

VIII. Vier Wimpernschläge Liebe und Vergessen

PONTE GARIBALDI

Der Pförtner, das arme Schwein, hat sich am Henkel einer Porzellantasse verletzt – er humpelt. Bevor er mich ziehen läßt, will er den Unfall rekonstruieren. Also, sagt er, ich stehe barfüßig in der Küche, knülle wie jeden Morgen den Politikteil der Zeitung zu einem kleinen Ball zusammen. Ich werfe den Ball hoch, bin hochkonzentriert, weil ich mit dem Außenrist abziehen will. Doch dann stoße ich mich an der Küchenspüle, die große Kaffeetasse – ein Erbstück meiner Mutter seligen Angedenkens – fällt vom Bord herunter, prallt an der Kante der Arbeitsfläche ab, der Henkel fällt auf meinen Fuß und hobelt mir den großen Onkel ab. Schlimm, oder? Echt schlimm, sage ich, ein Henkel kann dich doch so schwer nicht verletzen. Ich hätte am besten den Mund halten sollen, denn er sieht jetzt aus, als wolle er mir mit einem Stirnstoß die Nase brechen.

Möge der Papst deine Großzehenverwundung als Opfer annehmen, füge ich hinzu und sprinte los; der Pförtner verwünscht mich bis ins siebte Glied und ahmt einen röhrenden Hirsch nach. So sind sie, die Italiener: Wenn ihnen die Flüche ausgehen, imitieren sie Tierlaute. Und wenn alles nichts hilft, geben sie mit Cousins dritten Grades aus Sizilien an.

Wenn man einen Treffpunkt ausmachen will, schlägt man meistens den Bürgersteig unter dem Balkon im zweiten Stock des Palazzo Venezia vor: Von hier aus hat Mussolini zu den Massen gebrüllt, und die Massen auf dem Platz brüllten begeistert zurück. Heute lassen sich Neofaschisten und halbirre Japaner unter dem Balkon fotografieren. Der Mut zum Wahnsinn scheint auch die Stararchitekten des Landes im letzten Jahrhundert angetrieben zu haben: Die Piazza Venezia wird von dem ›Vaterlandsaltar‹ dominiert, dem Monumental-Denkmal zu Ehren des Königs Vittorio Emmanuele II. Es sieht aus wie eine kitschige Hochzeitstorte, ich muß breit grinsen: Auf die Ultra-Patrioten ist Verlaß, sie blamieren sich immer, weil sie Gesinnung mit Geschmack verwechseln. Knatternde Fahnen, vaterländischer Barock und Einschüchterungsarchitektur – irgendwann, denke ich, wird man wohl die Knochen des Unbekannten Soldaten im Ehrendenkmal umbetten und den pompösen Blödsinn einebnen …

Mein Handy klingelt, und als ich die Annahmetaste drücke, höre ich ein mehrmaliges Röcheln in der Leitung. Dann meldet sich Sergej mit dünner Stimme: Ja, er wüßte, er habe mich eine Dreiviertelstunde unter dem Führerbalkon warten lassen, und nein, er sei schon in der Laune, sich doch mit mir zu treffen, nur bitte an einem anderen Ort. Ich solle mich bis zum Fluß durchschlagen und an der Garibaldi-Brücke die Treppe heruntersteigen, dann könne ich mich bei ihm melden, Ende des Gesprächs.

Ich falte meinen Stadtplan auseinander und laufe im strömenden Regen los. Sergej ist Ukrainer und verdient seinen Lebensunterhalt damit, daß er russische Oligarchen durch Rom führt. Vielmehr zeigt er ihren Ehefrauen, wo sie echte Gucci-Satteltaschen und Versace-Halstücher kaufen können.

Er hat in der Sowjetarmee gedient, und vielleicht hat er deshalb den Killerblick, der Eis zum Schmelzen bringt. Nichts kann ihn erschüttern, die Schmerzen hat er hinter sich gelassen. Bis vor kurzem konnte man dieser seiner Selbsteinschätzung glauben, oder nicht. Aber dann trat eine Römerin in sein Leben, und das scharfe Schwert der Sowjetmacht, als das er sich sah, wurde stumpf. Er nennt sie Tamara, ihren wirklichen Namen will er mir nicht verraten. Sie hat ihn wissen lassen, daß sie eine lange Beziehung hinter sich hat und keine Lust verspürt, mit ihm die nächste Langzeit-Liaison einzugehen. Sergej versprüht den typischen ukrainischen Charme, und also hat er ihr beim zweiten Treffen erzählt, daß er sie heiraten, dreimal hintereinander schwängern wolle. Seitdem entschuldigt sich Tamara mit Kopfschmerzen oder chronischer Müdigkeit.

An der Ponte Garibaldi steige ich die Treppen herunter und greife zum Handy, doch ein schriller Schafshirtenpfiff läßt mich zusammenfahren. Sergej steht auf der Plattform des mittleren Betonpfeilers und winkt mich stumm zu sich. Das ist leichter gepfiffen als getan, ich stehe unten an der Kaimauer, zwischen mir und Sergej fließt der Tiber. Ich gehe wieder hoch, laufe bis zur nächsten Brücke, gehe die Treppen herunter und arbeite mich entlang einer Kirche und eines Spitals bis zur Inselspitze vor. Dann muß ich um den Pfeilersockel vorsichtig herumschleichen, ich presse meinen Rücken an den Beton, der Tiber führt Hochwasser, ein falscher Schritt, und der Fluß reißt mich mit.

Sergej steht mit unbewegter Miene auf der Kante des Sockels, er raucht schweigend, und ich zünde mir eine Zigarette an. Hier, an der Spitze der Tiberinsel, teilt sich das Wasser am Pfeilersockel und fließt im Licht der Laternen auf der Kaimauer dahin. Ein herrliches Gefühl, hinabzustarren, ein herrliches Gefühl, an nichts anderes zu denken als an vier Wimpernschläge Liebe und Vergessen. Ich summe ein melodramatisches Lied, Sergejs Sowjet-Blick läßt mich verstummen. Eigentlich bist du die falsche Besetzung, sagt er, wie gern hätte ich jetzt Tamara hier gehabt, nur sie und ich, mehr brauche ich nicht zum Glück. Ich weise ihn darauf hin, daß er es verpatzt hat, Sergej treten fast die Augen aus den Höhlen, und er schnickt seine halbaufgerauchte Zigarette weg. Das ist der Platz der Verliebten, der Romantiker, der Nachtvergessenen, sagt er, achte auf deine Worte. Der Ukrainer hat recht, und ich achte sogar auf meine Atmung, um ihn nicht noch mehr zu verstimmen. Zu unseren Füßen teilt sich der Tiber, fließt um die kleine Insel, und die Wassermassen vereinigen sich dann wieder. Wer Schönheit schaut, sollte nicht wider die Liebe lästern, denke ich. Der verliebte Sergej raucht eine Zigarette nach der anderen, irgendwann wird es aus ihm herausbrechen, und es wäre schlecht, mich jetzt von ihm zu verabschieden. Ich setze mich auf einen Steinvorsprung, schließe die Augen und warte auf den Liebesausbruch des Ukrainers.

IX. Harte Hunde

Es gibt Tage, da möchte ich am liebsten liegenbleiben und die Mücken zählen, die morgens durch das offene Fenster ins Zimmer fliegen. Aber ich stehe immer auf, trinke zwei Tassen Kaffee und schaue dem Gärtner dabei zu, wie er mit seiner Maschine sein Sternzeichen in den Rasen mäht. Dann treibt's mich hinaus in die Stadt, denn in Rom müssen sich die Faulen und die Fleißigen öffentlich zeigen. Heute ist mein freier Tag, heute will ich durch den Kleidermarkt in San Giovanni streifen. Am Himmel über Rom zeigen sich die ersten Quellwolken, aber es wird noch ein Weilchen dauern, bis der Platzregen einsetzt. Ich verlaufe mich wie üblich, irre durch enge Gassen, die alten Frauen stützen sich auf die Fensterbänke und schauen auf mich herunter. Oder sie hängen weiße Herrenhemden an die Wäscheleine, die zwischen den Holzläden gespannt ist; ihre Hände tauchen in die Klammerbeutel, tauchen wieder auf mit einer Hand voll Klammern. Ein Pudel tollt vor mir her, ich breche einen Keks zu Krumen und streue sie vor seine Schnauze. Sein Frauchen stürmt aus der Bar, sammelt die Krümel vom Boden auf und drückt sie mir in die Hand. Ich habe gegen eine fremde Sitte verstoßen, denke ich – ich bin nicht sicher, ob sie mich für einen Giftmörder hält, der ihre Atomratte meucheln wollte.

Nach einer Stunde mache ich Rast in einer Bar, ich bestelle Kaffee, die Betonung liegt auf der letzten Silbe, soviel habe ich begriffen. Die Männer gaffen hoch zum Fernseher, und als ich es ihnen nachmache, sehe ich, wie ein Mann die Karosserie seines Wagens küßt, es läuft also Werburg. Der nächste Werbefilm hat es in sich: Eine Frau kämmt sich in langen Strichen das Haar. Von hinten schnürt der Würger mit einem schwarzen dünnen Seil heran. Die Frau schaut in den Spiegel und schreit. Der Würger legt ihr von hinten den Strick um den Hals. Doch dann: der Strick ist kein Strick, der Strick ist ein teures Halsband. Die Frau lacht vor Glück.

Wenig später trotte ich schlechtgelaunt und verwirrt durch eine Gasse, und ich kann weit und breit kein Straßenschild entdecken. Eine Limousine kommt mir entgegen, ich drücke mich an einen parkenden Wagen, halte mich am Seitenspiegel fest. Die Limousine fährt langsam vorbei, der Fahrer würdigt mich keines Blickes. Ich will meinen Weg fortsetzen, da schnellt eine Hand aus dem Wageninneren und packt mich am Handgelenk. Der Mann am Steuer des geparkten Autos nickt mir zu, ich verstehe seine Geste als eine knappe Aufforderung, mich vorzustellen. Also gebe ich ihm einen kurzen biographischen Abriß, ich versteige mich sogar zu dem Lob, Italien ohne Italiener und Rom ohne die Römer, das sei wie ein Salat ohne Öl und Essig. Alles im akzentfreien Germano-Englisch. Er läßt mich ausreden, dann sagt er, ich hätte ihm den Lack zerkratzt, der Hippie-Ring an meinem kleinen Finger wäre über die Seitentür gefahren, und wie ich mir die Wiedergutmachung vorstelle. Ich linse hinüber auf die Beifahrerin, doch sie sitzt wie gelähmt und starrt durch die Windschutzscheibe hinaus. Willst du ihr imponieren? fragt er mich. Nein, sage ich, ich trage heute keinen Ring am Finger, sonst ja, aber heute zufällig nicht. Dann war's dein Fingernagel, sagt er, oder der Knöchel, oder die blöde Hippie-Armkette. Mittlerweile tut mir vom Bücken der Rücken weh, und am liebsten würde ich den gegelten Idioten aus dem Wagen zerren und dem Pudel, der in diesen Moment vorbeihuscht, als menschgewordene Holzlatte in den Weg stellen. Statt dessen bitte ich ihn, mich loszulassen, ich würde ihm schon nicht davonlaufen, es sei für mich eine Ehrensache, einen Streit bis zu Ende auszufechten. Er aber verstellt mit seiner freien Hand die Lamellen des Gebläsefensters, die kalte Luft bläst ihm ins Gesicht. Jetzt weht mir der Jungbullenduft seines Aftershaves in die Nase.

Die Frau ist mittlerweile völlig weggetreten, sie döst und schnarcht. Was macht Bruce Willis in solch einer Situation? Er bricht dem fiesen Schwein die Hand oder ballert so lange auf die Schulter des Typen, bis er mit dem ganzen abgetrennten Arm abziehen kann.

Ich beuge mich noch tiefer, gehe mit meinem Mund ganz nahe an sein Ohr und halte, leise flüsternd, folgende Ansprache: Hör mir mal zu, und merk dir jedes Wort, Italiener. Mein Land hat den neuen Papst gestellt. Er ist ein harter Hund, und er ist kein untypischer Deutscher. So sind wir alle in Deutschland, harte Hunde. Wir sind nett, wenn die anderen nett sind. Wir sind höflich, wenn es die Verhältnisse erlauben. Wir spenden, wann immer wir können. Flut, Erdbeben, Armut, kein Problem, wir überweisen das Geld, egal wohin. So sind wir, dort, wo ich herkomme. Aus Deutschland. Der Papst ist Deutscher, er kann fließend Italienisch, zwar mit einem fast slawischen Akzent, aber ihr versteht ihn. Das ist kein slawischer Akzent, das ist ein bayrischer Akzent. Wo war ich stehengeblieben? Beim deutschen Papst. Er ist nett, aber er kann auch ganz anders. Wenn man ihm krummkommt, entzieht er dir den Segen. Bumm, und du bist draußen. Verstehst du? Bumm, Exkommunikation, Fegefeuer. Kein Trick, aber echte Tragik. Du weißt, was es bedeutet, oder nicht? Der Papst ist Deutscher. Ich komme aus seinem Land, aus dem Land, wo die ganz harten Hunde leben. Die Entscheidung liegt bei dir – entweder oder, Papst oder Teufel. Überleg nicht zu lange.

Plötzlich geht alles sehr schnell: Der Jungbulle läßt mein Handgelenk los und schlägt dreimal in rascher Folge das Kreuz, die Frau sitzt kerzengerade im Sitz und lächelt mich sehr freundlich an. Sie wollen wissen, wohin sie mich fahren können, nein, es würde ihnen ganz bestimmt keine Umstände machen, und ja, in San Giovanni gäbe es Jeans und Unterhemden zu ganz tollen Preisen. Ich steige hinten ein, wir fahren los, das Holzkruzifix baumelt am Rückspiegel, der sehr nette Italiener streckt mir seine rechte Hand nach hinten hin, und ich schlage ein. Ja, sagt er, Deutschland mache jetzt von sich reden als römisch-katholisches Land. Bloß nicht verraten, daß du Moslem bist, denke ich und erzähle ihm von der Neuen Deutschen Barfüßerbewegung, die dem Geist des neuen Papstes verpflichtet sei. Scham und Buße, rufe ich aus, das sind die deutschen Tugenden von heute. Eine Viertelstunde wettere ich gegen die Ketzer und des Teufels Vasallen, ich schreie, nur im Fegefeuer würden wir Erlösung finden. Der Mann und die Frau hören mir stumm zu und setzen mich, wie versprochen, am Kleidermarkt ab. Kaum bin ich ausgestiegen, fahren sie auch schon mit quietschenden Reifen davon. Danke, Benediktus.

X. Tag der Arbeit

UKRAINER-MARKT IN GARBADELLA

Sowjet-Sergej mustert mit hartem Blick das Motten-loch im Kragen meines Hemdes. Nicht genug, daß ich an diesem 1. Mai nicht im Anzug erschienen bin – mein schwarz-weiß gestreiftes Ringelhemd mißfällt ihm, und am liebsten würde er mich wie einen Schulbuben sofort zum Umziehen nach Hause schicken. Doch wir haben keine Zeit zu verlieren: Ostern fällt im russisch-orthodo-xen Kalender dieses Jahr auf den 1. Mai, und ich habe ihm versprochen, ihn – den zerrütteten Liebhaber ohne Frau – zum Ukrainermarkt in Garbadella zu begleiten. Er hüllt sich in Schweigen, und als ich ihm sage, daß man vom Unglück dünne Haare bekommt, kneift er mich nur kurz und schmerzhaft in die Wange. Als wir endlich ankommen, ist es erst kurz vor neun Uhr morgens, statt der versprochenen Ostblockmasse stehen ein gutes Dut-zend Männer unter Gartensommerschirmen herum. Nur manchmal traut sich ein Mann an die Sonne, trägt schwer an großen Hanftragetaschen, verhandelt mit einem ande-ren Mann und übergibt ihm nach einer Fast-Schlägerei die Tragetaschen. Zwei Scheine wechseln den Besitzer, ich stoße Sergej von der Seite an, er sagt, beim nächsten Stoß würde er mir beide Oberlider umklappen. Er trottet mit dem kleinen grünen Koffer in der Hand in Richtung der Männer, ich folge ihm in einem Abstand von sieben Schritten. Beim ersten Sonnenschirm macht er halt und spricht einen Ukrainer an, der auf einem Reissack sitzt und aus der Flasche Wodka trinkt. Sergej kommt richtig in Fahrt, so lange habe ich ihn noch nie reden gehört. Schließlich legt er den Koffer auf den heißen Asphalt, läßt die Schlösser zurückschnappen und richtet sich wieder auf. Ich starre auf den Inhalt des Koffers, Sergej klärt mich auf: Der Kaffee ist für den Onkel, den älteren Bruder seiner Mutter – ihm zollt er damit Respekt.

Das Parfüm – Chance von Chanel – geht an seinen Vater, er wird es auf dem Schwarzmarkt gegen Wurst und Eier eintauschen. Die vier Schachteln Pralinen? Eine Schachtel bekommt der dicke Ukrainer auf dem Reissack, er ist der Fahrer, er wird die Busladung Landsmänner zurück in die Heimat fahren. Zwei Schachteln erhält der Großvater, er kaut nachts, da er nicht schlafen kann, an den Pralinen. Und die vierte Schachtel? frage ich. Wenn ich zu Besuch bei meinen Eltern bin, bietet mir meine Mutter Pralinen an, sagt Sergej, ich sorge also vor.

Ich beschließe, den liebeskranken Sergej ab sofort für einen klugen Mann zu halten. Einen Moment überlege ich, ob meine nächste Frage ihn beschämen könnte, doch meine Neugier ist stärker. Was ist mit den beiden Perücken? sage ich. Sergej zieht Luft durch die Zähne ein, dann atmet er langsam aus. Sie sind für meinen Bruder bestimmt, flüstert er mir zu, und wenn du das denkst, von dem ich glaube, daß du es denkst, soll dich Gott in zwei ungleiche Teile spalten! Wir warten auf Gottes Urteil, und als es zu meinen Gunsten ausfällt, bittet er den dicken Ukrainer um die Flasche, er nimmt einen großen Schluck, dann reicht er mir die Flasche. Ich fülle meinen Mund mit Wodka, schlucke alles auf einmal herunter, und dann glaube ich, es müßten zwei Fontänen aus meinen Ohren schießen.

Es fing alles damit an, daß mein kleiner Bruder seinen Zeh in einen Plastikeimer mit Kaulquappen hineintauchte, setzt Sergej an – ich bin mir bewußt, daß mir

Sergej ein dunkles Familiengeheimnis verraten wird, also unterdrücke ich meinen Schluckauf und höre ihm genau zu. Mein Bruder also, fährt er fort, war schon immer tierlieb, er spielte nicht mit anderen Kindern, er spielte mit Ameisen, Katzen, Hühnern und Gänsen. Später hat er wenig Interesse an den Mädchen gezeigt, dafür liefen ihm im Dorf die Gänse hinterher. Na ja, irgendwann entdeckte er einen Kauz auf dem Ast, und es war wohl Liebe auf den ersten Blick. Du weißt, daß Käuze unverdauliche Nahrungsreste hochwürgen, das nennt sich Gewölle. Nun kommt der seltsame Teil der Geschichte. Mein Bruder fand heraus, daß dieser Kauz auf dem Ast Haare zum Fressen gern hat, er liebt es zu würgen, der Kauz, nicht mein Bruder …

Natürlich, will ich sagen, und komme nicht weiter als eine Silbe, dann schüttelt mich der Schluckauf durch.

Hör mir zu, sagt Sergej ungerührt, für diesen Kauz sind aber die Haare vom Schweif des Pferdes eine Delikatesse. Frag mich nicht, wie mein Bruder darauf gekommen ist, er ist eben darauf gekommen. Und diese Perücken sind aus echtem Roßhaar gemacht.

Diese Perücken bekommt also der Kauz auf dem Ast, stelle ich fest. Seltsam, ich habe plötzlich keinen Schluckauf mehr. Sergej überreicht dem Busfahrer eine Schachtel Pralinen, schließt den Koffer und stellt ihn neben den Reissack. Mir fällt auf, daß der Ukrainer schief sitzt, er macht Anstalten, aufzustehen, doch der Versuch schlägt fehl, er geht zu Boden und kringelt sich wie eine Katze ein. Sergej steckt ihm einen Zehneuroschein in die Hosentasche, gibt den Männern unterm Sonnenschirm zum Abschied die Hand und bedeutet mir, mitzukommen. Wir sehen uns auf dem Platz um – Handy-Aufladegeräte und Schneeketten sind im Angebot, wir lehnen dankend ab. Unter allen Sonnenschirmen wird getrunken, eine falsche Blondine singt ein herzzerreißendes Volkslied, ihr Mann klopft sich rhythmisch auf die Schenkel. Wir hören eine Weile zu, und als die Frau zum fünften Mal ansetzt, um das gleiche Lied zu singen, wird es uns langweilig. Wir gehen los, und irgendwann finden wir uns vor einer kleinen Pyramide, der Piramide di Caio Cestio. Sie ist die Grabstätte eines hohen römischen Beamten, sie wurde später in die Stadtmauer integriert. Der Schutzwall gegen die Barbaren steht noch, doch wir sind längst in die Stadt eingedrungen, Horden von Slawen und Germanen strömen nach Rom.

Plötzlich fängt Sergej an, über Roberta alias Tamara zu reden, er habe sie im Verdacht, ihn, den Russisch-Orthodoxen, von seinem Glauben abzubringen. Dann könne sie nämlich mit ihrem superaufgeschlossenen Ukrainerfreund angeben. Das aber werde er, Sergej, nicht zulassen, er, Sergej, habe nicht umsonst in der Sowjetarmee gedient und kenne sich im übrigen auch aus in den Techniken des Nahkampfes …

Ich lasse ihn schimpfen und wettern, ich weiß ja, daß er vor Aufregung stirbt: Er hat sich von mir einen Nadelstreifenanzug ausgeliehen, morgen trifft er sich mit seiner angebeteten Roberta. Sie hat ihm eine einzige Bedingung gestellt – diesmal bezahlt sie, seine Männerehre könne er sich in die Haare schmieren.

XI. Beim Papst

IN DER GRUFT

Coco, der gestreifte Kater der Villa, hat mir einen Vogelkopf vor die Tür gelegt. Ich weiß, daß es eine noble Geste
ist und daß er seine Beute mit mir teilen möchte. Er hat
sich hinterm Brombeerstrauch versteckt und wartet meine Reaktion ab. Ich bette den Vogelkopf auf ein Stück
Taschentuch, mache mich auf den Weg zum hinteren
Garten, Coco trottet mir hinterher. Am Grab des halben
Vogels schaut Coco hoch, sein Blick spricht Bände: Er
hält mich für einen Deppen erster Güte. Erst macht er
sein Häufchen, dann flitzt er Eidechsen nach, die auf
der Steinmauer sonnenbaden. Nach den Begegnungen
mit Vogel, Kater und Eidechse bin ich in der richtigen
Stimmung für einen Besuch im Vatikan.

Eine Stunde später stehe ich in der Schlange, sie reicht
vom Eingang des Petersdoms bis zur Piazza Pio XII., dem
kleinen Vorplatz, von dem man eine gute Aussicht auf
die Domfassade hat. Vor mir steht ein papsttreuer Deutscher, auf seinen Rucksack hat er mit Sicherheitsnadeln
einen Aufkleber angeheftet. Darauf steht: Ich bin Christ.
Ich bremse auch für den Heiligen Geist. Wunderbar,
denke ich, der Mann hat vielleicht keinen Führerschein,
aber er kann sich trotz seiner geschätzten sechzig Jahre
immer noch begeistern. Die Schlange schiebt sich sehr
langsam voran, die Tafel Schokolade in meiner Tasche
ist zu Nougat geschmolzen. Immer wieder versuchen ein
paar aufgeweckte alte Damen, in einer kleinen Schleife
nach vorne auszubrechen. Plötzlich steht auch vor mir

eine Frau mit Helmschnitt, zwischen ihr und dem deutschen Papisten drängeln sich ihre Freundinnen.

Was soll das? sage ich, ich stehe genauso an wie Sie. Sie haben mit offenen Augen gepennt, antwortet sie mir, wir haben Sie dann einfach überholt. Gar nicht wahr, sage ich, ich war nur in Betrachtung der Säulen versunken.

Die Helmfrisur dreht sich grinsend zu den anderen Frauen um, als erwarte sie Anerkennungsklapse auf die Schulter. Ich sehe eine Hand über meine Schulter greifen und eine Betonsträhne der Frau zupfen. Die Hand gehört einer kurzbeinigen Matrone, die schon als Kind beschlossen haben muß, zur Ochsenkröte auszuwachsen. Der Kopf sitzt auf einem Bottichrumpf, auf ihrem Doppelraketenkopfbusen prangt ein monströses Kreuz. Ich starre sie an, jemand zieht mich von hinten am Haar, die Matrone schiebt mich zur Seite. Jetzt stehen sich Frau Helm und Frau Doppelrakete gegenüber, ich rechne mindestens mit einem Nasenbeinbruch, doch zunächst einmal geschieht nichts. Sie rühren sich nicht vom Fleck, sie starren einander seelenruhig an. Dann spucken beide fast gleichzeitig aus, die Spucke landet auf dem kleinen Kampfgelände zu ihren Füßen. Der Streit ist ausgefochten, Frau Helm biegt die abstehende Betonsträhne zurück in den Helm, Frau Doppelrakete beißt schon an ihrem Schinkenbrot. Während des Blickduells habe ich mich heimlich vorgearbeitet und stehe wieder an meinem Platz hinter dem Papisten. Frau Helm bläst mir wütend ihre heiße Atemluft in den Nacken, doch ich halte die Stellung. Immer wieder kommt es wegen der Drängler zu häßlichen Keilereien, die deutschen Pilger mischen gerne mit. Nach einer weiteren Stunde stehe ich vor dem ersten Kontrollposten und muß wegen der Überfüllung der Basilika noch lange warten. Ich nutze die Wartezeit und betrachte die Heiligenstatuen auf der Brüstung des gegenüberliegenden Säulenganges. Jede Statue ist 3,20 Meter groß – würde sich ein Heiliger vom Sockel lösen und herabfallen, gäbe es einen großen Scherbenhaufen. Unweigerlich wandert mein Blick zu dem Obelisken im Zentrum des Petersplatzes: Er ist ganze fünfundzwanzig Meter hoch und wiegt sage und schreibe dreihundertdreißig Tonnen. Das Kreuz an seiner Spitze, so geht die Legende, berge Holzsplitter vom Originalkreuz.

Als mich nach drei Stunden der Polizist endlich durchwinkt, klebt mir das schweißnasse Hemd am Leib. Frau Helm sieht aus, als habe sie einen Tintenfisch auf dem Kopf, der Haarspray hat sich wegen der Hitze verflüchtigt. Im Schatten der Säulen stürmt unser Haufen vorwärts, ein paar Schlaumeier schieben die Absperrgitter zur Seite und wollen die Abkürzung nehmen. Sie werden von Polizisten in Empfang genommen und angepampt, zur Strafe müssen sie sich wieder anstellen. Ich laufe weiter und pralle auf einen Afro-Römer. Er ist ein Sicherheitsmann, und es gehört auch zu seinen Aufgaben, rammdösigen Touristen aufzuhelfen.

Er fragt, woher ich komme, ich sage: aus Deutschland, er sagt, so wie ich aussähe, tippe er eher auf Kosovo oder die Karpaten. Ich stürme an ihm vorbei und stelle mich wieder an. Mittlerweile haben sich drei Schlangen gebildet, ich stehe etwas abgeschlagen auf einer Treppenstufe und habe es fast bis in die Vorhalle geschafft. Wieder gerate ich an Sicherheitsmänner, sie sehen aus wie Kaufhausdetektive, die nach Sockendieben Ausschau halten. Plötzlich geht es sehr schnell, die Schlange, in der ich stehe, wird am Haupteingang vorbei umgeleitet. Die Menge reißt mich mit, und ehe ich mich versehe, stolpere ich die Treppen herunter in die Vatikanischen Grotten.

Der Gang, in den die Grabnischen münden, ist ver-

stopft, weil viele Frauen in religiöse Verzückung geraten.
Frau Rakete hat sich vor der Grabplatte Johannes Paul II.
hingekniet, sie rasselt mit ihrem Rosenkranz und schreit,
was sag ich, brüllt Ave-Marias, daß es in der Krypta nur
so hallt. Ich bin erschüttert, Frau Helm und Anhang
sind es auch. Sie versuchen doch tatsächlich, unter der
Sperrsamtkordel durchzuschlüpfen, eine junge Hyste-
rikerin – Typ: Ich heul mir die Augen aus und brauch'
dafür kein Grund – bricht in der Papstgrotte zusammen.
Sie wird von den Vatikangorillas einfach an den Füßen
weggeschleift. Frau Rakete fängt an zu schnarchen – als
ich genauer hinsehe, bemerke ich, daß sie sich nur in ihr
Tränentüchlein schneuzt. Die Gorillas scheuchen uns
weiter, und wir ziehen im geduckten Galopp an weiteren Grufthöhlen vorbei. Es riecht wie in einem herunter-
gekommenen Herrenclub, und ich bin verwundert, daß
ausgerechnet die Frauen mit dankbaren Robbenaugen
um sich blicken, als hätte man sie ins Paradies eingelassen. Wieder draußen hole ich erst einmal tief Luft.
Was ist das? Das Haupttor der Basilika ist unbesetzt. Ich
schließe mich einer Gruppe Skandinavier an und schlüpfe grinsend in den Petersdom …

XII. Beim Papst

Der erste Eindruck, der sich beim Eintritt in die Basilika einstellt, ist verheerend: Es sieht aus wie in der vollgestellten Wohnung eines Neureichen. Stein, Marmor, Gold; Bilder, Putten, Statuen, halbnackte Engel. In diesem Tempel, so heißt die Botschaft, bist du, Mensch, geringer als eine geschälte Krabbe. Geringer als ein Haar in der Dielenritze. Und geringer als die plattgelatschte Sohle deiner Sandale. Bei fast allen Touristen kommt die Botschaft an: Sie bleiben abrupt stehen und ziehen den Kopf ein. Nach dem ersten Schreckmoment fangen sie an, sich verstohlen umzuschauen. Manch einer blickt in die Tiefe des Raumes, der Blick bleibt am Alabasterfenster haften, in das eine Taube eingearbeitet ist. Ich weiche in das rechte Seitenschiff aus, gleich in der ersten Kapelle stoße ich auf die Pietà von Michelangelo. Ein sichtlich gerührter Mann neben mir will näher treten, verschätzt sich und knallt mit den Kopf gegen das kugelsichere Glas. Kein Herz ist derart verhärtet, daß er sich der Wirkung des Meisterwerks entziehen könnte. Und doch: Maria sieht aus wie die jüngere Schwester Jesu, dessen Leichnam sie auf ihren Schoß gebettet hat. Auf ihrer Schärpe entdecke ich die Signatur des Meisters: MICHAEL ANGELUS BONAROTUS FLORENT (inus) FACIEBAT. Da immer mehr kunstsinnige Katholiken zur Pietà drängen, kehre ich zum Mittelschiff zurück. Am Pfeiler des hl. Longinus (der römische Soldat durchbohrte mit seiner Lanze den Gekreuzigten und entging der Verdammnis durch Reue und Bekehrung) finde ich die Bronzestatue des Petrus, der die beiden Schlüssel in seiner Linken an die Brust preßt. Die Rechte ist in einer segenspendenden Geste erstarrt. Komisch – der Starapostel des Vatikans hieß eigentlich Simon, der Fischer. Im Markus-Evangelium geht der Meister mit ihm hart zu Gericht: »Weg mit dir, Satan, geh mir aus den Augen! Denn du hast nicht das im Sinn, was Gott will, sondern was die Menschen wollen.« Die Herde ficht das aber nicht an, sie bestaunt die Hirten, hier im Petersdom verhält sie sich nicht anders als an anderen Kultstätten: Man gebe mir einen Glaubenssatz, an den ich mich halten soll, und ich werde gehorchen. Das Dogma ist das eine, die bittere Realität das andere. An das Zölibat, das die Kirche propagiert, haben sich in all den Jahrhunderten die wenigsten Päpste gehalten. Im rechten Seitenschiff steht das Grabmal zu Ehren Gregors XIII. – der Mann tat sich nicht nur in Vetternwirtschaft hervor, er hatte auch einen außerehelichen Sohn. Im linken Seitenschiff entdecke ich das Grabdenkmal Innozenz VIII., dieser Papst verging sich an seinen acht Töchtern. Weiter geht's mit Paul III., ihm ist im Dom ein Mordsmonument gewidmet: vier Kinder und sechzehn Enkelkinder. Weil er maßlos war im Essen und Trinken, hat er jeden Tag eine reguläre Kotzstunde eingerichtet. Ich kann es nicht fassen, in diesem großen Tempel stoße ich auf Statuen von Päpsten, die alle ›Todsünden‹ gelebt haben: sie beschliefen ihre Söhne, Töchter und Nichten; sie beschliefen Nonnen und Minderjährige, verheiratete Frauen und verheiratete Männer. Sie erließen Edikte gegen Juden, veranlaßten Zwangstaufen Tausender von Kindern, verfolgten Hugenotten und andere ›Ketzer‹. Wieder wende ich mich ab, mein letzter Blick gilt dem Baldachin über dem Papstaltar, der von vier gewundenen Säulen getragen wird. Wenigstens, denke ich, hat der Künstler – in diesem Falle Bernini – nicht hungern müssen. Er stand zwar im Dienste unheiliger Herren und hat die Lügen und Legenden der Kirche bebildert. Aber es ist seine Kunst, die die Pilger bestaunen, und nicht die Heiligkeit der Päpste.

Als ich auf dem Petersplatz stehe, schaue ich die Priester böse an. Dann besinne ich mich eines Besseren: Eigentlich sind auch sie nur Beamte, sie gehen jeden Tag zur Arbeit und bekommen am Ende des Monats ihr Gehalt. Eine geschummelte Erkenntnis, ich weiß, aber sie hält mich davon ab, wie ein brüllender Berserker arme Priesterseminaristen aus Korea anzufallen. Statt dessen vergifte ich mich fast an einem Mozzarellasandwich, das ich in einem Imbiß in der Via della Conciliazione kaufe. Eine Weile gehe ich auf und ab und kämpfe gegen die Magenschmerzen an. Ich stoße einen Fluch aus, sofort dreht sich ein deutscher Tourist nach mir um. Ob ich die Pilgerreise nach Rom wegen des Aussatzes an meinen Armen unternommen hätte, will er wissen. Ich bin kein Aussätziger, sage ich, und die roten Pusteln sind Mückenstiche. Ob ich bei ihm einen Satz heißer Ohren abholen wolle, will er wissen. Wieso denn das? frage ich zurück. Ob ich ihn für einen Arschkopp halten würde, der eine Nadeleinstichstelle nicht von einem Mückenstich unterscheiden könne. Arschkopp? sage ich, haben Sie gerade Kopp gesagt? Kommen Sie zufällig aus dem Norden Deutschlands? Nein, er komme aus Berlin, und wie er die Sache sehe, würde er mir was auf die Glocke geben, und dann würde es richtig laut in meinem Kopp läuten. Ich nehme den Mann genauer in Augenschein: Er trägt eine Baseballkappe, über dem Schirm prangt ein schlecht gestickter Wolf, der Romus und Romulus säugt. Sein Gesicht ist gerötet, sogar die Ohren sind knallrot, und seine Halsschlagader tritt deutlich hervor. Der

Mann sucht eindeutig Ärger, denke ich, es fehlt ja noch, daß sich zwei Deutsche auf dem Petersplatz balgen. Ich will keinen Streit, sage ich, und wenn Sie mich in Ruhe lassen, werde ich ganz sicher niemandem verraten, daß Sie ein Irrer auf Freigang sind. Gut, sagt der Mann, abgemacht. Ich starre ihn an, er meint es ernst. Eine falsche Bewegung von mir, und der Irre verbeißt sich in meiner Kehle – ich weiche nach hinten, ganz langsam, ich rede auf ihn beruhigend ein, doch sein rechtes Lid fängt an zu zucken. Ich sprinte los, hinter mir das dreckige Lachen des Irren. Etwas später sitze ich auf der Terrasse eines Touristennepplokals und schlürfe an einem kalten Minzgetränk für vierzehn Euro herum. Ein Komiker mit Badekappe und Schwimmflügeln beendet seine Darbietung und verstreut Konfetti, ein paar Schnipsel landen in meinen Glas. Das Leben, denke ich, spielt sich außerhalb der Tempel ab. Ein einfacher Gedanke, doch mehr brauche ich nicht, um wieder gute Laune zu bekommen.

XIII. Auf der Post

PIAZZA BOLOGNA

Die Goldfische im großen Brunnen sind verschwunden, und ich stehe im Verdacht, sie heimlich nachts mit dem Spaghettisieb herausgefischt und im Gefrierschrank gelagert zu haben.

Ich gehe von Tür zu Tür und erkläre mich für nicht schuldig – wenn ich die Wahl zwischen Karpfen und Krapfen hätte, würde ich mich für das Schmalzgebäck entscheiden. Man hört mir zu und rät zur Besonnenheit. Nur die Künstlerin – jene, die den Kauz mit Kieselsteinen bewirft – zeigt vollstes Verständnis: Sie habe von Anfang an gewußt, daß einer der »zehn Negerlein« – sie meine uns Stipendiaten – ein verkappter Psychopath sei. Ich bin nicht krank im Kopf, sage ich, und ich brate auch nicht Goldfische in der Pfanne. Sie gehe auch davon aus, daß ich ein ›nettes Negerlein‹ sei, doch das reiche nicht aus, um mich völlig zu entlasten; ich könne ja mit ihr im Garten auf der Lauer liegen, so würde ich wenigstens meinen ehrlichen Willen zur Besserung zeigen. Wieso Besserung? frage ich. Als sie mir eine verwickelte Geschichte über ihre Erfahrungen mit ›bösen Negerlein‹ erzählt, wünsche ich ihr verwirrt einen guten Tag.

Der Gärtner schenkt mir einen Quietschfisch, ich könne daran nuckeln, ich könne ihn mit sanftem Druck quietschen lassen, aber essen dürfe ich den Plastikfisch nicht. Fast bin ich versucht, einen Rundbrief zu verfassen: Ich, Studio 10, schwöre bei Gott und den Knochen der Heiligen, daß ich in meinem Leben noch nie (NOCH

NIE) an einem Goldfisch genagt oder ihn sogar vollständig aufgegessen habe. Ich, Studio 10, habe Aal, Froschschenkel, Wal, Schafskutten, Stierhoden, Rinderherz und -nieren und sogar kross gebratene Dünndarmstükke gegessen. Aber!!! NIE!!! GOLDFISCH!!! Dafür bürge ich, Studio 10, mit meiner Unterschrift. Der Komponist redet mir aber so lange ins Gewissen, bis ich davon absehe. Der Fall sorge schon für einiges Aufsehen, sagt er, ich dürfe aber in dieser kritischen Phase nicht durchdrehen; ja, er wisse, als Goldfischräuber stehe man ungefähr auf derselben Stufe wie ein Mensch, der fremde Socken aus der Waschtrommel klaue und daran schnüffele, er wolle mir nicht zu nahe treten, nur, es ärgere ihn maßlos, daß er mittlerweile gezwungen sei, zwei unterschiedliche Socken zu tragen, sein Strümpfeschwund gehe ihm auf die Nerven. Er zieht seine Hosenbeine hoch, und ich sehe, daß seine nackten Füße in Sandalen stecken. So weit ist es mit mir gekommen, sagt er, ich habe die Barfußhippies gehaßt, und jetzt bin ich selbst einer. Ich versuche ihn zu trösten, doch er ist für Trost unempfänglich: Wenn er den Sockenschnüffler erwische, würde seine Vergeltung blutig werden, ich solle also am besten aufpassen. Wieso soll ich aufpassen? frage ich. Ein völlig unwichtiger Versprecher, sagt er, aber schon interessant, daß du so heftig darauf anschlägst ... Eigentlich habe ich mir für heute vorgenommen, das Einschreiben aus Deutschland abzuholen: Gestern vormittag war ich die ganze Zeit im Studio, auch die Pforte war besetzt – der Postbote aber hatte wohl keine Lust und warf einen Benachrichtigungsschein in den Briefkasten. Ich bummele eine Weile herum, stehe am großen Villabrunnen und bemerke aus dem Augenwinkel, wie mich jemand aus dem ersten Stock des Verwaltungsgebäudes heraus mit einem Fernrohr beobachtet. Als ich mich schnell umdrehe, zieht sich der Späher hastig ins Zimmerinnere zurück. Ich krieg dich, denke ich und trotte aus der Villa und in Richtung Piazza Bologna. Unterwegs spreche ich mir still Mut zu, es wird alles halb so schlimm werden. Pfeifend und fast schon guten Mutes laufe ich die Treppen hoch, trete ein und ramme eine Frau mit Kinderwagen, die mir sofort aus Rache den Ellbogen in die Weichteile stößt. Erstaunlich, der Kinderwagengriff befindet sich genau auf ihrer Kinnhöhe, ich sehe zum ersten Mal eine Liliputanermutter, und auch wenn mich die Neugier fast umbringt, ich verkneife es mir, in den Wagen zu glotzen. Ich umschleiche die Zwergin, ziehe eine Nummer, gaffe auf das Dutzend Hinweisschilder und kann mich schließlich zum richtigen Schalter durchfragen. Ich schaue auf das von der Decke baumelnde Display, dann auf meinen Zettel in der Hand: ich bin der achtzehnte in der Schlange, na toll. Weggehen kommt nicht in Frage, die Postbeamten nehmen es einem sehr übel, daß man nicht wie alle anderen auch schwitzt, stöhnt und sich stehend mit dem Kopf an der Wand abstützt. Zweimal mußte ich eine neue Nummer ziehen.

Nach anderthalb Stunden winkt mich der Mann am Schalter heran. Die Glasscheibe trennt uns, trotzdem steigt mir sein Geruch in die Nase, er riecht wie angespülter alter Tang. Erst muß ich ihn davon überzeugen, daß ich mich nicht vorgedrängelt habe. Er vergleicht die Nummer auf dem Display mit der Nummer auf meinem Zettel. Dann reiche ich ihm den Schein, er setzt seine Brille auf, grunzt, setzt die Brille ab, grunzt, wendet sich einem Karteikasten zu und grunzt. Er hört nicht auf zu grunzen, dabei kräuselt er seine dicke Nase. Dann steht er auf und geht weg, weiterhin grunzend. Nach zehn Minuten werde ich leicht nervös und spreche die Postbeamtin am Nebenschalter an. Sie hört mir zu und vertieft sich wieder in ihre Arbeit. Die darin besteht, daß sie Zahlenkolonnen von einem Blatt auf ein anderes überträgt. Sie berührt beim Schreiben das Papier mit der Nase, und wenn sie eine neun schreibt, saugt sie geräuschvoll an ihrer Oberlippe. Ihr Anblick fesselt mich weitere zehn Minuten, doch dann wird mir langweilig. Ich scheuche Fliegen weg, zupfe einen abstehenden Faden vom Hemd, wackele mit den Zehen in den Schuhen. Dann, wie durch ein Wunder, erscheint der Postbeamte und händigt mir einen Brief aus. Ich muß dreimal den Erhalt bestätigen, genau zwischen einem großen und einem kleinen Stempel. Draußen öffne ich den Brief: Eine empörte Leserin beschimpft mich wegen meines Papstartikels als ignorante Knallpfeife und ›Khomeinis Knecht Ruprecht‹. Die gute Frau möchte am liebsten meinen Mund mit einer Hostie stopfen. Schöne Poesie, denke ich und lege den Brief zu Hause in der Akte »Arschtritte« ab. Da klingelt das Telefon. Das Rätsel hat sich gelöst, schreit die Sekretärin von der Verwaltung, es sind die Möwen, sie haben sich die Goldfische geschnappt, Sie sind rehabilitiert …

XIV. Der Eber im Weingarten des Herrn

ST. MARIA IMMACOLATA IN FRASCATI

Ihr schlendernder Gang, ihre Raubtieraugen, der verschmierte Lidstrich im Hochsommer, ihre Blässe im Winter, ihr verschnittenes Haar, ihr Englisch, das sie mit hartem Akzent spricht ...

Der Mönch vom Orden der Geringen Brüder tippt Sergej auf die Schulter und bedeutet ihm stumm, das Reden einzustellen. Wir sind in St. Maria Immacolata in Frascati, der Kirche der Unbefleckten Jungfrau, wir sitzen auf einer harten Bank, und wenn es nach Sowjet-Sergej ginge, würde er den Eber im Weingarten des Herrn spielen. Doch er zügelt sein Temperament: Roberta singt im Kirchenchor, der heute abend zum ersten Mal vor ein Publikum tritt. Erst nach einer mehrtägigen Belagerung nötigte Sergej seiner Angebeteten eine Einladung ab. Ich bin sein Sekundant und Souffleur, ich soll im Falle einer drohenden Wahnsinnstat, zu der er sich im Liebeseifer hinreißen lassen könnte, dazwischengehen.

Du mußt rauskommen aus der Stadt, hat er mir am Telefon gesagt, und ich muß bei ihr endlich ankommen, wir haben ungefähr dasselbe Ziel. Ich war verschnupft und hatte einen trockenen Keuchhusten, aber ich konnte ihm die Bitte schlecht abschlagen. Also sitze ich neben ihm, schneuze und schniefe und nicke weise, wenn er Roberta mit Venus, der Schaumgeborenen, vergleicht. Jetzt watschelt der Mönch nach vorne, redet sich, wild mit den Armen rudernd, in Rage. Dann übergibt er das Wort an die Chorleiterin: Sie kommt aus Hamburg und

63

spricht ein eigenartiges Italienisch – wenn sie das R rollt, hört es sich an, als würde sie trockene Zweige übers Knie brechen. Ihre zwanzig Schäfchen, erklärt sie, würden heute abend Kirchenlieder von Händel über Rossini bis Schumann singen, sie bitte das verehrte Publikum, nicht zwischen den Stücken, sondern erst am Ende des Konzerts zu klatschen.

Bei den Italienern hat sie sich aber mit dieser Bitte sofort alle Sympathien verscherzt. Der Erfolg Berlusconis und des Polenpapstes seligen Angedenkens bestand darin, daß sie die Italiener nach Herzenslust applaudieren ließen. Die Chorleiterin zuckt zusammen, als das Publikum ihr johlend und mit den Füßen trampelnd Beifall spendet. Sie kehrt kopfschüttelnd an ihren Platz zurück und ruft ihre erste Schülerin auf. Zwanzig Stücke später bin ich mit den Nerven am Ende, die Reihen haben sich gelichtet, doch die Chorleiterin ficht das nicht an: Sie dirigiert sitzend ihre krächzenden Schüler, und wenn einer ihrer Schützlinge sich besonders schlimm im Ton verhaut, klopft sie mit der flachen Hand unerschütterlich den Takt vor. Als Roberta nach vorne geht, um das Agnus Dei aus Mozarts Requiem anzustimmen, erwacht der bislang gelähmte Sergej zum Leben. Er steht auf und feuert sie mit ukrainischen Hochrufen an, ich folge seinem Beispiel und brülle deutsche Schlachtengesänge. Darauf haben die Italiener nur gewartet, sie begleiten unser Gebrüll mit rhythmischem Klatschen, der über diesen Ausbruch entgeisterte Mönch ruft seine Ordensbrüder zu Hilfe. Im Nu sind wir von vatikanischen Häschern umstellt, sogar Sowjet-Sergej hält es für das Beste, sich nicht mit den dicken Geringen Brüdern anzulegen. Roberta singt fünf Minuten, Sergej atmet währenddessen durch die Nase, seine rechte Hand hat er flach auf die Brust gelegt, als würde er der Nationalhymne lauschen. Der letzte Ton verhallt in der Kirche, Sergej und ich klatschen Beifall, bis die Mönche uns nach draußen scheuchen.

Sie war eindeutig die Beste, sagt Sergej und schaut mich drohend an; sie war sogar besser als die Chorleiterin, sage ich, die hat zwar nicht gesungen, aber hätte sie gesungen, hätte sie ganz bestimmt schlechter abgeschnitten als Roberta. Plötzlich erstarrt Sergej, ich drehe mich um und sehe seine Angebetete die Kirchenstiegen herunterkommen. Sie ist in düsterer Stimmung, der Mönch hat für Sergej und mich für alle künftigen Konzerte ein Kirchenverbot ausgesprochen. Sie will sich von uns verabschieden, doch der Ukrainer kann sie zu einem Ausflug nach Aracchia überreden. Wir fahren mit seinem Auto, und unterwegs schiebt er eine Kassette in den Rekorder, eine ukrainische Punkband besingt grölend den einfachen Soldaten. Sergej übersetzt: »Soldat, du hast mit deinen Händen Barbaren erwürgt, doch deine Hände umschlossen auch sanft den Hals einer Wodkaflasche. Deshalb, o Soldat, sind deine Hände zärtlich!« Roberta auf dem Beifahrersitz stellt den Ton auf minimale Lautstärke und sagt, sie verstehe jetzt besser, was in Sergejs Kopf los sei. Als habe sie ihm das Stichwort geliefert, tritt Sergej mitten auf der Landstraße auf die Bremsen, steigt mit einer vollen Wasserflasche aus und bittet uns, ihm zu folgen. Die Autos fahren hupend an uns vorbei. Sergej legt die Flasche auf den Boden, sie rollt – nicht wie erwartet – den Abhang herunter, sondern die leichte Steigung hoch. Dann fahren wir wieder weiter. Diese Stelle zwischen Marino und Aracchia nenne sich Salita Discesa (Aufstieg Abstieg), erklärt der Ukrainer, man wisse nicht, was das Wunder bewirke, vielleicht ein magnetisches Feld oder eine unterirdische Wasserader, oder sogar die Nähe zu Castello Gandolfo, der päpstlichen Sommerresidenz. Roberta schweigt während der Fahrt, und auch als wir in Aracchia auf Anhieb freie Plätze in der erstbesten Taverne finden und Wildsau im Plastikteller bestellen, hellt sich ihre Laune nicht auf. Es ist Samstagabend, Hunderte von Menschen sind auf den Straßen, die Italiener gehen ihrer Lieblingsbeschäftigung nach: fare un giro, eine Runde drehen, sehen und gesehen werden. Roberta verputzt ihre Wildsauportion, und nach dem zweiten Glas Weißwein sagt sie, sie würde jetzt gerne nach Genzano di Roma am Lago di Nemi fahren wollen. Natürlich erfüllt Sergej ihr diesen Wunsch, nach einer halben Stunde sitzen wir am Strand des Kratersees. Ein erloschener Vulkan, denke ich, das ist der rechte Ort. Die Häuser hoch oben am Kraterrand sehen aus, als hätte ein Maler mit der Kelle Spachtelkitt hingeklatscht. In der Ferne steigt Rauch auf, oder es ist dichter Nebel, so genau will ich es nicht wissen. Ich stehe auf und gehe in Richtung einer Taverna, und als ich sie erreiche, sehe ich, daß es sich eigentlich um ein Holzdach auf Pfosten handelt, das nach drei Seiten offen ist. Ich bestelle kaltes Wasser, blicke zu der Stelle, von wo ich gekommen bin: Zwei Menschen verschmelzen zu einer Figur, als würden sie sich küssen – so genau will ich es nicht wissen.

XV. Der Tag der Republik

Der Gärtner steht an der kranken Zypresse hinter der
Villapforte, sticht mit der Hohlnadel einer großen Spritze
in den Stamm und drückt den Kolben durch. Bislang ist
nur dieser Baum von Zypressenkrebs befallen, doch wenn
man den Gerüchten glaubt, ist die Krankheit ansteckend.
Die Möwen haben den Goldfischbrunnen leergefressen,
die Kaulquappen im Molchteich wollen nicht so recht zu
Kröten auswachsen und jetzt auch noch die kranke Zypresse. Der Gärtner brummt mir über die Schulter zu, ich
solle ihn nicht bei der Arbeit begaffen, und überhaupt Arbeit – wisse ich eigentlich, wovon er spreche? Wenn man
ihn nach seiner Meinung frage, müßte man mich zum
Statuenputzen verdonnern, so oft, wie ich geistig weggetreten täglich durch den Garten trottete, würde ich außer
halbschwulen Liebessonetten nichts zustande bringen.
Der Pförtner kommt hinzu und gibt dem Gärtner ungefragt recht. Ein neugieriger Rentner stellt sich außen ans
Tor und beteiligt sich selbstverständlich sofort am Gespräch: Er verstehe schon die Herren Gärtner und Pförtner, der Herr Dichter tue nichts anderes, als zwei hart
schuftende Männer bei ihrer Arbeit zu behindern. Dann
meldet sich seine Frau zu Wort, die sich bis dahin hinter seinem Rücken versteckt hat. Der Herr Dichter solle
doch mal hier und jetzt ein Gedicht aufsagen, er habe ja
ein Publikum, Besseres könne ihm nicht passieren. Der
Pförtner macht sie darauf aufmerksam, daß ich ein deutscher Ausländer sei. Der Rentner und seine Frau mustern

mich lange, dann sagen sie: Autobahn, Sturmtruppen, Kinderwagen. Ich trotte davon, stehe wenig später am Molchteich und starre auf die keulenköpfigen Kaulquappen. Es ist der dalmatinische Südwestwind, denke ich, der Scirocco, der dieser Tage weht, bringt die Menschen durcheinander, und man kann schon froh sein, daß man nicht von einem Amokläufer zerhackt wird. Ich starre in das trübe Brunnenwasser, es erinnert mich an den trüben Kaffee, den ich heute morgen ohne Milch trinken mußte. Mein Kühlschrank ist leer, die letzten Kekskrümel habe ich über einem Ameisenhaufen ausgestreut. In weniger als fünf Minuten hatten die Ameisen die Krümel weggetragen.

Ich werfe ein paar Kieselsteine ins Wasser, und da es mich sehr schnell anödet, mache ich mich auf den Weg zum Supermarkt.

Zwei Touristen erregen die Aufmerksamkeit der Italiener, sie greifen mit ihren Langlaufstöcken weit aus, machen aber halb so große Schritte. Aha, Nordic Walker. Wie, in Gottes Namen, kann man in der brütenden Mittagshitze diesen Sport treiben? Die Römer scheint diese Frage nicht besonders zu interessieren, sie feuern die Langläufer an, und ein Witzbold reicht ihnen eine Plastikflasche Wasser.

Der Tourist wendet sich seiner Frau zu und sagt: Diese Italiener können mich am A... lecken! Wahnsinn, ich hätte auf heimwehkranke Finnen getippt, aber es sind Landsmänner! Sofort rufe ich ihnen ein herzliches ›Glück auf!‹ zu, die Frau brüllt mir ein ›Maul halten!‹ zurück. Nun gut, die Hitze setzt ihnen zu, vielleicht ist es auch der Scirocco. Ich winke ihnen zum Abschied hinterher, der Mann zeigt mir den Stinkefinger, der Langlaufstock dient ihm als verlängerter Mittelfinger.

Wenig später verlasse ich das Lebensmittelgeschäft,

ich habe mich an meinen Vorsatz gehalten, nicht mehr als eine große volle Tüte einzukaufen: Milch, Brot, Aufschnitt, sardischer Käse, löslicher Kaffee, sechs Tafeln Schokolade, vier Schachteln Kekse, eine Schachtel Pralinen, ein großes Jubiläumsglas Nutella, zehn Sesamriegel und Zahnstocher. Zahnstocher sind wichtig in Rom, ich weiß es, seitdem ich nach dem Verzehr eines getoasteten Baguettes einen halben Tag mit spinatverklebten Schneidezähnen herumgelaufen bin. Keiner der Italiener, die ich angegrinst habe, hat mich darauf hingewiesen, sie haben nur herzhaft gelacht und mir äußerst erheitert auf die Schulter geklopft ...

Ich setze mich auf eine Treppenstufe vor dem Postamt auf der Piazza Bologna, zünde mir eine Zigarette an und schaue mich um. Heute sind seltsamerweise sehr viele Männer unterwegs, die kleine italienische Flaggen tragen: Entweder haben sie den Nationalwimpel statt eines Einstecktuches in die Jackettasche gestopft oder ihn um den Hals gebunden. Ich sehe eine Frau eine große Fahne schwenken, eine Handvoll Halbwüchsiger läuft ihr grölend hinterher. Die Post und fast alle Geschäfte haben geschlossen, ich grübele darüber nach, ob ich einen wilden Streik oder sogar den Abgang Berlusconis verschlafen habe. Mein Handy klingelt, es ist die Freundin eines Bekannten, die mich im leicht verständlichen Idioten-Italienisch auffordert, nach Fregene mitzukommen, sie und einige Freunde wären mit zwei Autos unterwegs und würden mich sogar abholen. Zwanzig Minuten später sitze ich im Auto, das ihr Freund fährt, alle Scheiben sind heruntergedreht, der Fahrtwind knallt mir ins Gesicht. Die beiden Jungs neben mir auf dem Hintersitz kauen an ihren Zahnstochern im Mundwinkel und beäugen mich, als wäre ich eine Mumie, mit der sie Freundschaft zu schließen gezwungen sind. Wir fahren durch die halbe Stadt, ich sehe Soldaten paradieren und frage, ob es heute einen besonderen Grund zum Feiern gebe. Die beiden Jungs fangen an zu schimpfen, mein Bekannter verstellt den Rückspiegel und starrt mich an. Der 2. Juni, sagt er, ist selbstverständlich ein besonderer Grund zu feiern, es ist der Tag der Republik, in der Abstimmung 1946 hat sich das Volk gegen die Monarchie und für den republikanischen Staat entschieden. Dann fragt mich seine Freundin, ob mir tatsächlich klar sei, daß ich nicht mehr in Deutschland, aber in Italien lebte. Wir fahren stumm weiter, und kaum sind wir auf der A 12 Richtung Civitavecchia, geraten wir in einen mächtigen Stau. Die Schokolade und die Pralinen sind in der Hitze geschmolzen, ich biete Kekse an, alle lehnen dankend ab, also esse ich meine Kekse alleine. Ich biete den Jungs neben mir Zahnstocher an, diesmal greifen sie zu. Vier zernagte Zahnstocher später haben wir uns fünf Kilometer weiter bewegt. Stunden später kommen wir endlich an, der Strand ist voll mit Tagesausflüglern, die Händler verkaufen Freundschaftsbänder und Markenuhrenimitate, es geht zu wie auf dem Jahrmarkt. Ich bin der einzige ohne Badehose und Badetuch, und weil ich nicht in der weißen Schießer-Unterhose ins Meer gehen will, krempele ich die Hosenbeine meiner Jeans um und springe brüllend ins Wasser. Ich schwimme kraulend hinaus und wieder zurück, schwer atmend steige ich aus dem Wasser und lasse mich auf den schwarzen Vulkansand fallen. Die Jungs, mein Bekannter und seine Freundin tuscheln miteinander, sie steht schließlich auf, kommt zu mir und sagt, ich hätte mich durch mein ›deutsches‹ Verhalten zu einer Belastung ausgewachsen, ich solle mich zusammenreißen, sonst müßten sie mich hier in Fregene lassen. Ich bedanke mich fürs Mitnehmen und mache mich auf den Weg zur Autobahn. Ich weiß, daß sie mich jetzt

für eine beleidigte deutsche Leberwurst halten. Sollen
sie doch, denke ich und halte an der Autobahnausfahrt
den Daumen raus.

XVI. Schwäbische Pilger

VIA APPIA ANTICA

Der Mann lutscht einen kandierten Orangenscheiben-
streifen, schiebt die Krempe seines Schlapphuts hoch
und betrachtet zufrieden die Männer und Frauen seiner
Gruppe: Sie lecken und knabbern an den Fruchtscheiben.
Nach fünf Minuten erklärt der Mann die Ruhepause für
beendet, auf seinen Zuruf hin schwingen sich die braven
Schwaben auf ihre Leihfahrräder und treten kräftig in die
Pedalen. Ich sehe ihre schweißnassen Waden, die weißen Frottee-Tennissocken und die dicksohligen Sandalen
– und ich schreibe in mein Notizbuch: ›Heute, Sonntag,
ist die Via Appia Antica fest in deutscher Hand!‹ Ich muß
breit grinsen, zum ersten Mal seit meiner Ankunft vor
viereinhalb Monaten habe ich keine Sprachprobleme.
Wie alle rechtschaffenen Deutschen habe ich mich an
den Leitsatz gehalten, daß man nur sieht, was man weiß:
Ich las mich in gut einem Dutzend Stadtführer klug. Die
Via Appia Antica, eine Fernstraße aus altrömischer Zeit,
beginnt an der Porta San Sebastiano, an einem der achtzehn Tore, die einst Kaiser Aurelius in die Stadtmauer
einfügen ließ. Laut Gesetz mußten die Toten ›fuori le
Mura‹, das heißt außerhalb der Mauern, begraben werden. Also befinden sich an der Via Appia heidnische und
christliche Grabstätten. Heute aber wird viel Aufhebens
allein um die Mausoleen der frühen Christen gemacht.
Das römische Imperium ließ die große Ausfallstraße aus
rein militärischen Gründen bauen – wenn wieder ein
Beutezug oder eine Strafexpedition fällig waren, durften

die Legionäre natürlich nicht durch Schlamm und Morast stolpern. Die Via Appia war ein Prestigeobjekt, die Zeiten haben sich nicht wirklich geändert.

Also gut, denke ich, dann wollen wir's mal anpacken. Doch mir fehlt die Lust, in der Mittagshitze die kilometerlange Strecke zu Fuß zurückzulegen. Ich leihe mir ein Fahrrad für drei Euro die Stunde, sitze auf, trete heftig los, schließe vor Freude die Augen, weil mir der Fahrtwind ins Gesicht weht. Im nächsten Moment holpere ich über die großen antiken Pflastersteine, das Fahrrad hat einen Rechtsdrall, ich lenke dagegen und ramme zwei Nachzügler der schwäbischen Pilgergruppe. Es folgt eine unschöne Szene: Der Chef der Schwaben ist sofort zur Stelle und rupft an meinem Druckknopfhemd, das dann auch gleich aufgeht. Der Mann beschimpft mich auf deutsch, ich bitte ihn zu warten, bis ich mich zugeknöpft habe. Die Schwaben vermuten eine volle Absicht und umringen mich, manch einer nutzt die willkommene Pause, um an einer kandierten Orangenscheibe zu lutschen. Nach langem Hin und Her und meinem Versprechen, nie wieder in ihre Nähe zu kommen, lassen sie mich frei.

Endlich komme ich an der Kirche Domine Quo Vadis an, leider ist sie sonntags geschlossen. Der Legende nach soll Petrus sich hastig aus dem Staub gemacht haben, als er hörte, daß die Häscher ihn ergreifen wollten. Auf der Höhe der heutigen Kirche erschien ihm Jesus, Petrus fragte ihn, wohin er gehe, dieser antwortete ihm: ›Ich gehe nach Rom, um mich ein zweites Mal kreuzigen zu lassen.‹ Daraufhin soll Petrus auf dem Absatz kehrtgemacht haben. In der Kirche befindet sich im übrigen eine besondere Reliquie, die in Stein eingedrückten Fußstapfen ›Jesus‹. Ich will mich nicht von meiner Route abbringen lassen und fahre die antike Straße stadtauswärts, immer wieder schaue ich mich nach den irren Schwaben um. Bei der Kirche San Sebastiano habe ich mehr Glück, ich schlüpfe in die Basilika und schaue aus Gewohnheit hoch: In der zentralen viereckigen Vertiefung an der Dekke ist die Figur des heiligen Sebastian eingelassen, der von Pfeilen durchbohrt seinen Blick gen Himmel richtet. Erstaunlich, was ein Mönch anrichten kann, wenn er seiner Phantasie freien Lauf läßt. Mitte des fünften Jahrhunderts nämlich gefiel es einem Arnobius Minor, aus einem einfachen Frühchristen einen Prätorianer-Offizier zu machen, der unter dem Kaiser Diokletian den Märtyrertod erleidet. Nichts davon ist wahr. Nur, wer kümmert sich um die Wahrheit, wenn in einer der Reliquienkapellen der heutigen Kirche ein Pfeil gezeigt wird, mit dem der vermeintliche Märtyrer getroffen worden sein soll? Aber ist das alles wirklich so wichtig? Der von Pfeilen durchbohrte Zeuge Jesu wurde für viele Maler das Motiv schlechthin, es wird sie nicht weiter interessiert haben, ob es den Heiligen tatsächlich gegeben hat.

Die nächste Etappe meiner Route sind die Kalixtus-Katakomben, benannt nach einem Papst, der Anfang des dritten Jahrhunderts die Gräberanlagen verwaltet und ausgebaut hat. Ich verlasse die antike Hauptstraße, es geht steil bergan, und dann fahre ich eine Baumallee entlang. Aus fünf Bussen quellen polnische, ukrainische und deutsche Touristen heraus und laufen zielstrebig zum kleinen Eingangshof der Katakomben. Es kommt fast zu einer Pilger-Stampede, ich radele schnell vor den Devotionalienladen, springe ab und stürme hinein. Geschafft, denke ich, als der Troß der sakralliederträllernden Gläubigen vorbeizieht. Ich drehe mich zum Postkartenständer um und blicke in das Gesicht des Chefs der Schwaben. Wir mustern uns gegenseitig, dann streckt er die Hand und sagt: ›Bernhard‹, ›freut mich‹, sage ich, ›Friedrich‹. Die braven Schwaben kaufen den Laden leer, fast jeder ersteht eine Maria-Gipsfigurine und ein Rosenkreuz. Der Chef sagt, das wäre doch wirklich eine düstere Partie gewesen, dort unten in der Leichenhalle; es wäre wahrlich kein Zuckerschlecken, die dunklen Gänge mit den Grabnischen links und rechts geduckt entlangzuschleichen. Wissen Sie, was Sie da unten erwartet? fragt er. Ich werd mich überraschen lassen, sage ich, doch er hört nicht wirklich hin und legt los. Da unten, mein Freund, sagt er, liegen die frühen Päpste begraben, dann ist da noch die Krypta der hl. Caecilia, in den fünf Stockwerken sind 170 000 Grabstellen, da kommt man ganz durcheinander und weiß am Ende nicht, ob man vor einem Heidengrab steht oder dem Grab eines Heiligen. Wir sind jedenfalls runtergestiegen, zwei von uns haben einen klaustrophobischen Anfall gekriegt und sind schreiend rausgelaufen. Aber mich persönlich interessieren Grüfte nicht besonders, die Symbole, die in die Mauer eingraviert sind, haben es mir angetan. Sagt dir das Fischsymbol etwas? fragt er mich und wartet die Antwort erst gar nicht ab.

Fisch heißt auf griechisch: Ichthys, die einzelnen griechischen Buchstaben untereinander geschrieben ergeben ein sogenanntes Akrostichon, einen Leistenvers: I-Ch-Th-Y-S gleich Jesus-Christus-Gottes-Sohn-Erlöser ... Der Chef der Schwaben ist ganz in seinem Element, er redet von den Geheimchiffren und Piktogrammen der Frühchristen, ich schaue hinaus auf die lange Schlange vor der Katakombe. Eine polnische Pilgergruppe stimmt ein Loblied auf den verblichenen Polenpapst an, zwei äthiopische Nonnen schreien den Namen des deutschen Papstes. Der ordnungshabende Katakombenbeamte ruft sie per Lautsprecher zu pietätvollem Verhalten auf. Will ich wirklich herunter in die Nekropole? Ich beschließe, mal lieber unter den Lebenden zu wandeln, und kaufe Postkarten, auf denen Jesus ein blutendes Herz mit Strahlenkranz in den Händen hält. Dann gehe ich mit den Schwaben zum Appia Antica Café, sehr bald gelingt es uns durch lautes Auftreten, die Amerikaner von den Nebentischen zu vertreiben. Wir bestellen alle Schoko-Eisbecher, und während wir löffeln, erzählt uns der Führer der Schwabenschar, wie es sich für einen Ausländer in Rom mit der Liebe verhält. Gar nicht, sagt er, du kannst nur zuschauen, wie die Römer miteinander turteln, überall sieht man Romeos und Julias, ihr Glück ist perfekt, sie brauchen die Fremden nicht. Die Sonne geht hinter den Pinien mit der schirmförmigen Krone unter, die Schwaben und ich bestellen eine zweite Runde Eisbecher. Die Liebe kann warten.

XVII. Mehr als schön geht nicht in unserem Leben

Am Osthimmel der Stadt zeigen sich die ersten Quellwolken, es ist die Stunde kurz vor dem Regen, und die
Schwalben fliegen in Kopfhöhe der Menschen. Die Rei-
nemachesignorina Maria sagt, erstens sei das Gewitter
Gottes Probelauf für den großen Krach am Jüngsten Tag.
Zweitens, die Schwalben würden im Tiefflug Jagd machen auf die Insekten, die wegen der Luftturbulenzen
nach unten gescheucht würden. Ihre Erklärung leuchtet mir ein, immer wieder gerate ich in einen Mücken-
schwarm und muß Signorina Maria erklären, daß ich
nicht der Herr der Fliegen bin, für den sie mich hält. Ich
biete ihr Kaffee und einen Teller Butterkringel an, doch
sie starrt nur auf die Mücken, die meinen Kopf umfloren
wie einen schwarzen Heiligenschein.

Die Macht des Vatikans ist in Rom ungebrochen, denke ich beim Gang zur Villapforte. Diesen Samstagnach-
mittag verschlägt es mich zur ehemaligen Hinrichtungs-
stätte des Papstes, zum Campo di Fiori, auf dem auch
Giordano Bruno im Jahre 1600 als Ketzer verbrannt wurde. Doch die Zeit der Papistenherrschaft ist vorbei, und
die Römer von heute genießen wie die Römer der Antike das süße Nichtstun: Der ›Blumenplatz‹ liegt auf dem
Marsfeld, das sich vom Quirinal, einer der sieben Hügel
Roms, bis zum Tiber erstreckt.

Mittlerweile hat sich der Himmel ergossen, kleine Putzwagen mit rotierenden Rundbürsten neben der
Stoßstange fahren den Platz rund um die Bronzesta-

tue des Ketzers Bruno ab. Die Händler haben ihr Obst und Gemüse in ihren Wagen verstaut, langsam strömen Einheimische und Touristen auf die Terrassen der Bars, bestellen die Aperitifs, lockern die Krawatten und legen die Jacketts ab. Heute gibt es weniger Tauben als sonst, vielleicht liegt es an den bellenden Qualzuchtprodukten. So viele Nackthaar-Chihuahuas auf einem Haufen habe ich noch nie erlebt – sie lugen meist aus den Chanel-Täschchen ihrer Herrinnen und kläffen sich halb tot, wenn Bulldoggen und andere kalbähnliche Hunde vorbeilaufen. Kaum ist das Gebell der Pinscher verklungen, geht ein höllischer Rummel los: Eine elfköpfige Blechbläserformation stellt sich vor der Statue auf, ein Mann und eine Frau geben per Megaphon kund, daß sie, die Berliner Band ›beat'n blow‹, hier und heute den Sound of Blasmusik hochleben lassen werden. Die Musiker greifen zu ihren Instrumenten – drei Saxophone, zwei Trompeten, eine Posaune, eine Tuba, eine Bass- und eine Schnarrtrommel. Der Baßtrommler schlägt mit den Schlegeln aufeinander, dann spielt die Truppe auf – ein Wahnsinn. Sofort bilden die Passanten einen Halbkreis, und nach dem ersten Stück haben sich einige Hundert Menschen versammelt. Die Römer hält es nicht mehr auf den Stühlen, und jene, die sitzen bleiben und ihre Aperitifs trinken, wippen im Takt mit den Stöckelschuhspitzen. Auch die Musikanten der Zigeunerkapelle mischen sich unter das Publikum, sogar der seltsame Rastafari, der sonst mit der Nase Flöte spielt, ruckt völlig entrückt den Kopf hin und her.

Eine Stunde und vier Zugaben später bedankt sich der Sänger und verspricht, am nächsten Abend wieder zu kommen. Und er hält sein Versprechen – Sonntag nacht, Punkt zehn Uhr, legen die Jungs wieder los. Im Nu sind sie von Hunderten von Nachtschwärmern umringt, die ihre Handys hochhalten und das Konzert der Jungen Wilden Deutschen aufnehmen. Im obersten Stock des Hauses, das gegenüber der Statue Brunos steht, zeigt sich am Fenster eine Frau, sie winkt kurz herunter, und der Sänger widmet ›der unbekannten Julia auf dem Balkon‹ ein Liebeslied. Als er leise in das Megaphon spricht, ist es fast still auf dem Platz; die Liebe ist kein Wort, sagt er, die Liebe ist keine Melodie, die Liebe ist mehr als all das. Ich will euch in einen schönen Traum singen, und aus diesem Traum, so wünsch' ich es mir, sollt ihr nur kurz zwischendurch erwachen, um dann in einen Schlaf zu fallen, der mehr ist als nur ein Schlaf. Teilt meine Träume, denn ich will auch eure Träume teilen, mehr als schön geht nicht in unserem Leben … Er flüstert, er beschwört, er bespricht die Römer, und dann spielt die Gruppe ein Liebeslied auf, daß man niederknien und den Limonenscheibenmond anheulen möchte. Einige Südländer – großes Kreuz an dünner Goldkette – brüllen denn auch den Songtext mit – ich stehe direkt neben ihnen und kann in der Menschenmenge weder vor noch zurück. Die Frauen in der ersten Reihe springen vor und tanzen, ihre Freunde bekommen fast einen Herzinfarkt und lassen ihren Kontrollblick über die anfeuernden Männer wandern. Die anonyme Julia am Fenster ruft begeistert herunter, dann geht das Zimmerlicht aus, und wenig später steht sie auf dem Platz. Sie hat ihren Mann mitgebracht, er heißt nicht Romeo, und sie heißt nicht Julia, doch sie umschlingen sich in einem Engtanz, als hätten sie gerade eben einander in die Augen gesehen. Auch der Sänger hat sich in einen Liebesrausch gesungen, heute abend werden alle Mädchen von ihm träumen, und vielleicht weiß er es in diesem Augenblick und singt, damit der Moment nicht vergehe. Die Musiker sind völlig entfesselt, der Trompeter läuft über den Platz, lacht die Tanzenden an und bittet sie, bloß nicht aufzuhören, nicht jetzt, bloß nicht.

Als die letzte Silbe des Liebeslieds ausklingt, rauscht für eine kleine Ewigkeit die Stille, dann aber klatschen sich die Römer die Hände wund: Sie sind ergriffen, sie sind berührt, sie haben die kleine quälende Angst vergessen, die Berliner haben sie die kleine quälende Angst vergessen lassen, daß der morgige Tag vielleicht nicht ganz sorgenlos verlaufen könnte. Sie stehen herum, sie sind gebannt und möchten es eigentlich nicht wahrhaben, daß die Zeit so schnell vergangen ist. Ich weiß, wie seltsam es klingt, aber ich habe wirklich das Glück in Hunderten von Gesichtern gesehen. Und weil auch ich ratlos bin und auch möchte, daß die Jungs aus Berlin weiterspielen, streune ich auf dem Platz herum. Ich trinke aus dem Brunnen Wasser, und als ich mich aufrichte, steht Dennis neben mir. Sein Vater ist Neapolitaner und seine Mutter Deutsche, vor sechs Jahren hat er beschlossen, ins Land seines Vaters zu reisen, seitdem lebt er in Rom.

So etwas Schönes habe ich auf diesem Platz noch nie erlebt, sagt er, und ich räuspere mich, pflichte ihm mit fester Stimme bei. Er taucht den Kopf in das Brunnenwasser, ich folge seinem Beispiel, und während das Wasser in dünnen Rinnsalen über unsere Gesichter läuft, während es auf unsere Hemden tropft, versuchen wir beide, ein unverfängliches Thema zu finden. Fußball wäre gut, oder auch die Wettervorhersage für morgen, doch es ist manchmal besser, still zu sein, als über Quatsch zu reden. So etwas Schönes, wiederholt Dennis, wie kann es zu Ende sein? Wir setzen uns auf zwei freie Stühle und bestellen Wasser, die Kellnerin ist nach dem Platzkonzert gnädig gestimmt und straft uns nicht mit dem harten Blick, mit dem sie alle ›billigen Bargäste‹ sonst bedenkt. Die Berliner packen ihre Instrumente ein, verstreut über die ganze Piazza stehen junge Frauen in kleinen Gruppen zusammen und werfen den Jungs Blicke zu. Ich wische über mein nasses Gesicht, trinke das Wasser in einem Zug aus, doch der Brand will nicht vergehen. So etwas Schönes, sagt Dennis wieder und schließt die Augen. Als Kind habe ich geglaubt, daß ich unsichtbar werde, wenn ich die Augen schließe, und daß man mir mein Geheimnis nicht ansehen würde, wenn ich mich nicht regte. Jetzt, da ein leichter Wind weht und mit den Tischdeckenzipfeln spielt, lehne ich mich zurück und schließe auch die Augen.

XVIII. Der Italiener ist der Tod des Kreisverkehrs

VIA NOMENTANA

In Rom ist es nun so heiß wie in der Wüste, und wenn man nicht einen Hitzschlag riskieren will, bleibt man am besten in den Mittagsstunden zu Hause. Ein Gecko hat sich in meinem großen Studio eingenistet: Er liegt auf dem kühlen Marmorboden, dann trippelt er von einem Winkel zum anderen, klebt eine Weile an der Wand, kommt wieder herunter und flitzt zum Sonnenbaden hinaus. Dann hat er genug davon und nagt an welken Magnolienblütenblättern, die über die Kieswege der Villa verstreut sind. Ich habe ihm ein Nest aus Magnolien-blättern, Pinienzapfen und Löwenzahnstengeln für die Abendruhe gebaut. Doch der Gecko zupft die Blätter heraus und trampelt das Nest nieder. Ich erkläre ihm, daß er sich zügeln und mal zwischendurch seine klei-nen Raubtierzähne an den Zapfen schärfen soll. Er hört mir seelenruhig zu, peitscht mit dem langen dünnen Schwanz den Boden und verkriecht sich unter dem Sofa. Nun gut. Es wird auch für mich Zeit, einen kühlen Platz zu suchen. Jede Bewegung will gut überlegt sein, denn egal, ob ich mir eine Zigarette anstecke oder mit meinem Hausgecko spreche, der Schweiß bricht mir immer aus. Also lege ich ein weißes Badetuch um den Hals, schlüp-fe in die Ballonseide-Trainingshose und ziehe ein Ripp-unterhemd an: Ich sehe aus wie ein Salonhooligan. Der Pförtner stößt bei meinem Anblick Affenschreie aus, und als ich ihn nach dem Grund seiner Erheiterung frage, sagt er, die Kresse, die aus meinem Ausschnitt hervorquelle, würde mich als Nichtrömer verraten. Der römische Mann rasiere sich nämlich die Brust, oder er stutze das Gestrüpp auf eine Länge, die die Römerinnen nicht gleich verschrecke. Er gibt mir den Ratschlag, einen Frisierladen aufzusuchen – dort könne man mir mit der Serviceleistung ›Naturkrause für den brustbetonten Mann‹ dienen. Ich gehe auf die Provokation nicht ein, soll man mich doch für einen Tagelöhner aus Kalabrien halten.

Auf dem Weg zu meiner Lieblingsbar glotzen mich die Passanten an, ich gebe es meinem Charme und meiner Auftrittsstärke. Ich bestelle wie üblich einen Toast mit Mozzarella und Pfefferfischchen, die Ladenbesitzerin starrt mir in den Ausschnitt und versteckt sich hinter der großen Registrierkasse.

Ein fürchterlich lautes Hupkonzert läßt uns alle in der Bar zusammenzucken, dann stürmen die Dame an der Kasse, die vier Angestellten, das halbe Dutzend Gäste nach draußen. Mein Sandwich steckt noch zwischen den Röstplatten, ich weiß, daß es zwecklos ist, auf mich aufmerksam zu machen. Also trotte ich hinaus und stelle fest: Der Italiener ist der Tod des Kreisverkehrs. Aus drei Straßen schießen die Autos hervor und halten ohne Rücksicht auf Kratzer am Lack auf die Verkehrsinsel zu. Im letzten Moment reißen sie einhändig das Lenkrad um, die andere Hand brauchen sie für die gestische Untermalung ihres Zorns. Wer kuscht, ist eine Memme. Wer abbremst, wird vom Hintermann niedergehupt. Wer darauf besteht, bei Rot wie vorgeschrieben an der weißen Markierung zu halten, wird, an besonders heißen Tagen, aus dem Wagen gezerrt. Ich recke den Kopf, kann aber keinen Unfall entdecken. Vorne an der Kreuzung stehen ein Abschleppwagen und ein Bus, dessen Fahrer einen nagelneuen nachtblauen Maserati bewundert. Der Italiener tut seine Bewunderung spektakulär kund, das ist eine weitere Regel: Der Busfahrer hat quer über die Fahrbahn geparkt, die Räder sind nach außen ausgerichtet; er ist ausgestiegen und versucht jetzt, mit dem Fahrer des Maserati ins Gespräch zu kommen. Soweit ich es beurteilen kann, pfeift der Maseratifahrer auf das Lob des Verkehrsgesindels, seine Hände stecken im perforierten Leder, die Fingerstulpen reichen bis zum Mittelglied. Er brüllt den Busfahrer an, ein großer Fehler, denn dieser geht, enttäuscht über die unerwiderte Liebe, seelenruhig weg, seinen Bus läßt er einfach stehen. Die Ladenbesitzerin sagt, das sei das wahre Leben, es schreibe die wirklich spannenden Geschichten von Liebe und Tod, von Tod und Teufel. Die Geschäftsführerin des Dessousgeschäfts steht an ihrer Seite und erklärt, daß sie – wäre sie fünf Jahre jünger, also fünfunddreißig – sich unaufgefordert in den Beifahrersitz des Maserati fallen lassen würde: Der Mann am Steuer würde sie, die junge fremde schöne Frau, in den Sonnenuntergang fahren. Die Barbesitzerin erwidert, sie sei zwar im Fach Mathematik immer sehr schwach gewesen, doch neunundvierzig minus fünf ergebe vierundvierzig. Die Dessousdame macht eine obszöne Geste, ich gehe instinktiv auf Abstand. Tatsächlich fangen die beiden Damen an, kreischend zu schimpfen. Ich frage einen gaffenden Angestellten der Bar, ob ich endlich mein Panino haben könne. Er wischt sich mit dem Zipfel des Handtuchs, das ich um meinen Hals trage, die schweißnasse Stirn und starrt den Busfahrer an: Er steht jetzt keine vier Schritte vor uns, er ist umringt von Männern, die ihm auf die Schulter klopfen. Der Maseratifahrer steigt aus, achtet nicht auf die Flüche der anderen Fahrer, rennt herbei und stellt den Busfahrer zur Rede. Dann kehren beide lachend zur Kreuzung zurück. Sie lassen sich vom Gebrüll der Menschen nicht aus der Ruhe bringen und halten, zwischen Bus und Maserati,

ein Pläuschchen. Ich gehe weiter, weiche zwei rotge-
sichtigen Joggern aus und übertöne den Hinweis zweier
Schüler, daß es im Supermarkt um die Ecke Badetücher
im Sonderangebot gebe. Der Verkehr fließt an der Kreuzung, dafür schlagen sich an der nächsten Straße zwei
Motorinofahrer. Ein Polizist treibt sie mit Kopfnüssen
auseinander. Die Ampel ist ausgefallen, ein Mann, dem
ein Mini-Cooper die Vorfahrt nimmt, hämmert mit der
Faust aufs Armaturenbrett. Vielleicht verhält es sich in
Rom genauso wie in jeder anderen Hauptstadt auch: Bei
Extremtemperaturen drehen die Leute durch, und wenn
man ihnen in die Quere kommt, wird man abgeschossen
wie ein Vogel. Leider tappe auch ich in die Falle. Eine
nicht mehr taufrische Frau steht am Geldautomaten und
schimpft auf Gott und die Welt – sie hat drei Male hintereinander die falsche Geheimzahl eingegeben, und nun
ist das Konto gesperrt. Sie bittet mich, ihr zu helfen; ich
nehme erst die Sonnenbrille ab, und da das Display des
Automaten verschmiert ist, wische ich es mit dem Handtuch ab. Irgendwie muß diese Tat die Frau an ein weit
zurückliegendes Trauma erinnert haben. Kaum beuge
ich mich, um die Displayanzeige besser sehen zu können,
saust mir ihre Handtasche auf den Kopf. Natürlich tut es
weh. Ich drehe mich zu ihr um, nenne sie eine ›idiota be-
stia‹, bekomme einen gepfefferten Handtaschen-Schlag
auf die Wange. Für außenstehende Beobachter muß es
so aussehen, als würde sich eine Frau gegen einen Sit-
tenstrolch zur Wehr setzen. Nicht zum ersten Mal laufe
ich einfach weg, die Badelatschen knallen mir gegen die
Fersen.

Auch am späten Nachmittag ist es derart heiß, daß
die Fliegen benommen auf dem Boden krabbeln. Mein
Hausgecko schnappt sie sich, er schaufelt sie mit der
Vorderpfote einfach vor das Mäulchen. Ich schaue ihm

eine Weile zu, er kriegt den Hals nicht voll. Nach der elften Fliege läßt er sich in die Wasserschüssel fallen, die ich ihm hingestellt habe. Ich greife mir das Handtuch vom Hals, breite es auf dem Boden aus. Der Gecko flitzt nach kurzem Zögern hin und nagt an einem Tuchzipfel. Das Alien und ich kommen gut miteinander aus – wenn es so weitergeht, werde ich den Italienern meinen dressierten Gecko vorführen und viel Lob einheimsen. Jetzt schaufelt er wieder Fliegen ins Mäulchen, ich schlafe glücklich ein.

XIX. Fisch und Schaumwein

CAPOCOTTA

Sergej ist von seinem dreiwöchigen Ukraine-Urlaub zurückgekehrt. Am Telefon sagte er mir, er habe keine Lust,
auf meine blöden Fragen nach seiner Gesundheit einzugehen – er feiere am Samstagabend seinen sechsunddrei-
ßigsten Geburtstag, er sehe mich als einen Freund auf
Probezeit an und müsse also auch mir eine Einladung
aussprechen. Ich solle ein vernünftiges Geschenk mitbringen, kein selbstgehäkeltes Sonnenbrillenetui, keine
bunt gefärbten Kichererbsen im Weckglas, kein Nippes
für den Setzkasten: Er habe so seine Erfahrungen mit
den Spaßdeutschen, er aber, Sowjet-Sergej, habe keinen Sinn für Scherzartikel. Er gab mir die Adresse eines
Russenfreundes aus Sankt Petersburg durch, in seinem
Strandhaus würde man im kleinen Kreis einen Aperitif
einnehmen, dann sehe man weiter.

Ganze vier Stunden dauert die Anfahrt, das Kaff Ca-
pocotta ist in keinem Reiseführer und auf keiner Land-
karte verzeichnet. Als ich vor dem kleinen Reihenhäus-
chen stehe, kläfft mich der scharfe Schäferhund vom
Nachbargarten an. In eine Reihe zugespitzter Pfähle ist
eine dicke Tür eingelassen, sie öffnet sich nach mehrmaligem Klopfen, und der Gastgeber bittet mich herein.
Er sieht gar nicht wie ein Russe aus, über mein Kompli-
ment ist er aber alles andere als begeistert. Er nuschelt
Sergej ein paar Sätze ins Ohr, jetzt starren sie mich an.
Um die Stimmung etwas aufzulockern, überreiche ich
Sergej mein Geschenk, ich habe mit roter Textilfarbe

auf ein weißes Rippunterhemd die Initialen der Sowjetunion gepinselt und darunter Hammer und Sichel gemalt. Der Hammer ist mir zugegebenermaßen nicht ganz gelungen, er sieht aus wie ein Singvogel am Spieß. Roman und Sergej wechseln Blicke, dann sagt Roman, die Deutschen seien einfach zu geizig, um für ein Geburtstagsgeschenk mehr als fünf Euro auszugeben. Außerdem sehe der Hammer aus wie ein Stück Kohle am Schürhaken. Zur Strafe muß ich von dem süßen Schaumwein probieren, der riecht, als habe man darin alten Fisch konserviert. Doch den furchtbaren Gestank dünsten drei getrocknete Fische aus, die der Russe aus einem Plastikbeutel zieht und auf einen Teller legt. Der Fisch muß schwimmen, sagt Sergej, er beißt in einen stinkenden Fisch und trinkt sein Glas mit Schaumwein leer. Leider fehlt mir ein Enzym, lüge ich, wenn ich von eurer Delikatesse probiere, bekomme ich einen Proteinschock, und ihr müßt mich zum Krankenhaus fahren. Macht nix, sagt Sergej, so etwas wie das hier kriegst du nicht alle Tage vorgesetzt. Als ich würge, ohne auch nur einen Bissen probiert zu haben, schauen sie mich wieder nur an. Langsam gehen sie mir auf die Nerven. Wahrscheinlich unterziehen sie mich irgendeiner Männlichkeitsprüfung, aber eher lasse ich mir den kleinen Finger umknicken, als daß ich von den Stinkefischen probierte. Gott sei Dank rettet mich Roberta aus dieser Situation, sie kommt durch die Tür, ihr Auftritt wird vom Gekläff des Schäferhundes begleitet. Ich habe mit einem Stein nach ihm geworfen, sagt sie, und wenn ihr doofen Russen nicht sofort die Fische wegbringt, gehe ich weg. Die Russen haben ein Einsehen, ich sehe, wie Sergej in der Küche heimlich einen Fisch verputzt. Er fordert uns auf, zum Restaurant vorzugehen, er habe noch etwas zu erledigen. Seine Angebetete schenkt ihm einen Motorradhelm, er setzt ihn auf und nimm ihn trotz der Hitze erst einmal nicht ab.

Das Restaurant Oasi naturista liegt am FKK-Strandabschnitt, Roman, Roberta und ich ziehen an den Nudisten vorbei und versuchen, nicht hinzusehen. Nackten Männern sollte verboten werden, Beach-Tennis zu spielen. Jedes Mal, wenn sie hochspringen, hüpft alles, womit sie von der Natur gesegnet sind, auch mit – ein unschöner Anblick. Ich mache eine Bemerkung in diese Richtung und entlarve mich in den Augen der anderen einmal mehr als Spießerteutone. Natürlich möchte Roberta jetzt erst recht kurz im Meer baden, Roman und ich legen uns zwischen den hüpfenden Genitalien auf den Sand und starren geradeaus. Es will auch kein Gespräch in Gang kommen. Wenig später sitzen wir alle auf der Terrasse des Restaurants, Roberta trocknet sich die nassen Haare mit der Stoffserviette ab, Roman knackt Muscheln, schlürft sie aus, als würde es sich um Austern und nicht um Venusmuscheln handeln. Die Muschelschalen häuft er im Aschenbecher auf. Die Gäste treffen hintereinander ein: ein Pärchen, das noch an die Diktatur des Proletariats glaubt, obwohl es in Italien größtenteils rechts wählt; schließlich Wassili, auch er ein Russe – man nennt ihn Elektro, weil er in einem Geschäft für Rasierapparate an der Kasse steht. Die anderen eingeladenen Gäste, verkündet Roberta, würden leider nicht kommen, sie seien verhindert, wieso auch immer. Plötzlich taucht wie aus dem Nichts ein indischer Gaukler mit einem schwarzen Toupet auf. Erst schluckt er ein Schwert, zieht es würgend heraus und verbeugt sich – kein Applaus. Dann zeigt er eine Miniguillotine vor, in die untereinander zwei Löcher eingelassen sind. Er steckt eine Karotte in das Loch oben, läßt das Fallbeil fallen, eine Karottenscheibe fällt zu Boden. Dann steckt er seine Hand in das Loch unten, das Fallbeil saust herunter, und siehe da, die Hand des Inders bleibt unversehrt. Kein Applaus, keine Münzen. Elektro sagt, er habe Respekt vor dem Inder, sein Berufsrisiko sei hoch, in der Aufregung könne er mal die Löcher verwechseln. Ich lache matt, Roman stellt fest, daß das Geburtstagskind fehle. Wir schauen uns um, und natürlich paßt Sowjet-Sergej genau diesen Moment ab und erscheint wie ein Geist. Vielmehr schleicht er sich über den Sandstreifen rechts an, hüpft auf die Terrasse und setzt sich schweigend auf den einzigen freien Platz. Er hat unsere volle Aufmerksamkeit, denn was wir sehen, ist nicht Sergej, sondern der durchgeknallte Sergej: Er hat sich eine Glatze rasiert, und überall, im Gesicht, auf dem kahlen Schädel, am Hals, an den Händen und Unterarmen, steht, mit rotem Filzstift geschrieben, ein Wort: Roberta. Der Kellner schaut ihn an, alle Gäste starren ihn an, und noch immer schweigt Sowjet-Sergej und probiert seelenruhig eine Venusmuschel. Roberta steht auf und geht weg. Das Pärchen, das eben noch auf das Proletariat angestoßen hat, verabschiedet sich hastig. Ich bestelle vier Antipastiteller, behalte meine Gedanken über klinikreife Ukrainer für mich und frage Roman, ob Sergejs abwaschbare Schädeltätowierung eine tiefere Bedeutung habe. Wassili sagt, Sergej sei eben ein Mann, der auch fern seiner Heimat nicht verweichliche. Roman steht auf und bringt brüllend einen Trinkspruch aus: Stoßen wir an auf Sergej, den Mann, der aus der Kälte kam und dessen Herz aber keine Perestroika kennt. Nieder mit der Perestroika des Herzens! ... Wassili brüllt mehrmals: Nieder!!!, und Elektro glänzt mit einer italienischen Weisheit: non e vero ma si credo – Nichts ist wahr, es sei denn, man glaubt es. Ich sage, bei uns in Deutschland würde man davon sprechen, daß der Glaube Berge versetze. Berg bleibt Berg, sagt Sergej, ihr in Deutschland verschenkt nur Krempel. Daraufhin bricht ein erbitterter Kulturkampf am Tisch aus, ich werfe den Russen vor, sie seien slawische Wodkarüpel, die Russen nennen mich ein schnapsdeutsches Reptil. Die Schriftzüge auf Sergejs Schädel leuchten im Abenddämmer phosphorrot, und mittlerweile halten ihn die Kellner und alle Gäste des Restaurants für einen Verliebten, der den Mut zum Wahnsinn aufgebracht hat. Der Koch schaut vorbei, um sich von Sowjet-Sergej ein Autogramm abzuholen. Irgendwann wechseln die Russen von Anglo-Italienisch auf Slawisch. Es wird Zeit, einen Schlafplatz am Strand zu suchen. Ich schüttele Hände, ermuntere Sergej, in seiner Liebesverrücktheit nicht nachzulassen. Zum Abschied drückt mir Roman einen stinkenden Fisch in die Hand, ich bedanke mich und werfe ihn wenig später in hohem Bogen fort. Sofort stürzen sich die Möwen auf die Beute.

XX. Der Brustkorb des hl. Blasius

Eine ganze Woche lang habe ich die Hitze ertragen, tagsüber lag ich auf dem kühlen Steinboden, atmete flach durch den Mund und stellte mich viermal täglich unter die Dusche. Nachts verdunkelte ich das Zimmer, hängte eine schwere Wolldecke vor die Holzläden, sprühte mich mit Chemie ein – und erwachte morgens doch völlig zerstochen in einem wüstenheißen Tag. So geht es nicht weiter, denke ich vor dem Spiegel, die Mückenstiche an meinen Armen sehen aus wie die Brustspitzen einer säugenden Mutter, und weil ich schlecht schlafe, habe ich Ringe unter den Augen, als hätte ich mir braune Schuhcreme hingerieben. Ich probiere ein Dutzend Geldautomaten, bekomme einige wenige Scheine zusammen und kaufe mir erst einmal eine Italien-Straßenkarte: die A 1 führt von Rom bis nach Neapel, hier wechselt man auf die A 3, um dann hinter Salerno über die Schnellstraße an die tyrrhennische Küste zu gelangen. Mein Plan müßte eigentlich aufgehen, meine Reiseroute führt mich über die Regionen Lazio, Kampanien, Basilicata und Kalabrien auf die Insel Sizilien – ich würde einfach der Straßenkarte und den Schildern folgen, die Westküste herunterheizen und in Palermo ein paar Tage Stadturlaub einlegen. In der Hochsaison fährt halb Rom raus ans Meer, und Zwei-Sterne-Absteigen fordern wegen des Andrangs plötzlich Preise wie Fünf-Sterne-Hotels. Die Zeit ist günstig, also packe ich meinen Rollkoffer voll und mache mich auf den Weg. Die wenigen Freunde, die ich in Rom gewonnen habe, warnen mich davor, touristische Städte wie Maratea und Tropea anzulaufen. Da ich mich auf die Seelenlage des Italieners verstehe, habe ich mir genau diese beiden Städte auf der Karte angekreuzt. Der Italiener nämlich, wie überhaupt alle Südländer einschließlich der Bayern, will alle außerhalb der Familie auf die falsche Fährte setzen. Er findet meinetwegen Steinpilze irgendwo im Wald und erklärt einem ungefragt, er habe sie hinter der verfallenen Holzhütte am verhexten Hügel bei den blitzverkrüppelten Pinien gefunden. Man glaubt ihm aufs Wort, folgt seiner Ortsbeschreibung und findet höchstens Köteln von Eichhörnchen und Kaninchen. Wenn man den Südländer mit »seiner« Wahrheit konfrontiert, wird er achselzuckend feststellen, er habe in Bildern gesprochen und die Dämlichkeit seines Gegenübers nicht mit einkalkuliert.

Tatsächlich dauert es anderthalb Tage, bis ich halb tot in Maratea ankomme. Es rauscht und dröhnt in meinen Ohren, das kommt natürlich daher, daß dieses Bergdorf sechshundertdreiunddreißig Meter über dem Meer liegt. Ich stoße zum Dorfplatz vor, die damenbärtige Polizistin verweist mich auf das Hotel ihrer Cousine, die trotz ihrer Schwerhörigkeit immer noch frisch gewaschene nasse Wäsche auswringen könne wie ein Mann, außerdem bügele und stärke sie die weißen Überwürfe des Herrn Pfarrer. Die Polizistin begleitet mich bis zum Hoteleingang und führt mit ihrer Cousine brüllend ein Gespräch. Ich folge der Herrin des Hauses bis zum dritten Stock und dann auf die Terrasse – dort, links oben, ist unser Jesus, schreit sie, und dort, rechts unten, der Golf von Policastro. Mein Blick bleibt an der monströsen Stahlbeton-Figur auf der Bergspitze des San Biagio hängen: Die Christusstatue ist, so belehrt mich die Signora Chiara, ganze einundzwanzig Meter und dreizehn Zentimeter hoch, ein Professor vom Institut der Schönen Künste in Florenz habe sie geschaffen.

Mein Gott! rufe ich vor Schreck aus, doch Signora Chiara mißversteht meinen Ausruf als fromme Parole und kneift mich herzlich und fest in die Wange. Das tut weh, ich verkneife mir einen zweiten Gottesruf, sonst muß ich vielleicht mit ihr den Rosenkranz beten.

Bald treibt mich der Hunger ins Freie. Bevor ich zu Abend esse, will ich mir aber das Dorf kurz ansehen. Ich gehe durch eine enge Gasse und stoße auf die Statue irgendeines Papstes in der üblichen verzückten strengen Pose, man muß den Kopf in den Nacken legen, denn sie steht auf einer Säule, die auf einem übermannsgroßen Sockel ruht. Die Marmortafel weist ihn als den heiligen Blasius aus – nun bin ich verwirrt: ist das nicht der Hausheilige der Bayern? Also doch kein Papst, denke ich und gehe weiter, da entdecke ich eine Frauenstatue, in deren Brust ein Dolch steckt. Seltsam. Der Bambi-Jesus auf dem Berg, ein bayrischer Heiliger auf hohem Sockel und eine Madonna mit einem Bruststigma – das Dorf gibt mir Rätsel auf, ich aber will mir nicht den Kopf darüber zerbrechen, sondern endlich essen. Direkt vor meinem Hotel, auf der Piazza Buraglia, ist ein bescheidenes Lokal, das sich als Fischrestaurant ausweist. ›Fresher Fiis fur 7 Oro‹ steht auf der kleinen Kreidetafel geschrieben, ich bestelle den frischen Fisch und einen Korb Weißbrotscheiben. Im Abenddämmer spazieren die Dorfjugendlichen, sie haben ihr Haar zum Hahnenkamm hochgegelt und an den Schläfen gestutzt, und sie tragen große weiße Hornissenaugen-Sonnenbrillen. Die Polizistin auf dem Marktplatz hat alle Hände voll zu tun, sie scheucht die Autos weg, die in die Altstadt fahren wollen. Am zentralen Brunnen hat sich ein Künstler versucht, den man wegen Verbrechen am guten Geschmack mit Zementeimer an den Füßen im Meer versenken müßte: Eine nacktbusige Meeresjungfrau hält ein Wappenschild hoch, auch sie hat ein debiles Bambi-Gesicht, sie wird von Wasserspeiern am Beckenrand angespritzt. Als ich schon daran denke, einfach aufzustehen und wegzugehen, setzt mir der Herr Wirt einen Teller vor. Auf dem Teller liegt ein sehr dünner Fisch, von dem ich erst einmal annehme, daß er beim Braten eingeschrumpft sein muß. Ich steche mit der Gabel hinein, der Fisch ist noch roh, ich rufe den Herrn Wirt und erkläre ihm mein Problem. Umstandslos nimmt er mir den Teller ab und eilt in die Küche. Seien Sie bloß froh, daß Sie nicht die Fischkopfsuppe bestellt haben, sagt der Mann am Nebentisch, sonst hätten Sie sich allein von dem Gestank sofort … na ja, Sie wissen schon … Er stellt sich mir als interessierter Senior vor, den es hierhin und dorthin verschlage, er würde das angesparte Geld nun endlich ausgeben. Der Wirt bringt mir den Fisch, er ist durch das nochmalige Grillen noch dünner geworden. Bei dem Versuch, in die Brotrinde zu beißen, verletze ich mich an der Lippe. Bestimmt will sich der Wirt dafür rächen, daß ich mich nicht für den Zackenbarsch in Folie oder die Schwertfisch-Rouladen entschieden habe – sie schmecken bestimmt sehr gut, sind aber nicht unter dreißig Euro die Portion zu haben.

Wenig später steige ich einen steilen Bergpfad hoch, der fidele Rentner hat sich mir angeschlossen, denn er will einem glaubensfremden Heiden das sogenannte Sanktuarium des San Biagio zeigen. Mittlerweile weiß ich, um wen es sich bei dem Heiligen handelt – tatsächlich ist es der bekannte Blasius, dessen Brustkorb (!) in einem Reliquienschrein aufbewahrt wird. Immer wieder geschehe in der dem Märtyrer geweihten Kirche das ›Manna-Wunder‹: Man fange mit Kristallgläsern das Tau des Himmels auf und verabreiche das Heilwasser den

Lahmen, Kranken und Aussätzigen. Sie wären alle geheilt worden, sagt der Rentner, das allein sei die Hauptsache, wer glaube, könne auch das Morgentau auf den Gräsern ablecken und gesunden. Leider finden wir die Kirchentüren verschlossen und machen uns an den Abstieg.

Nachts liege ich wach, lausche den Geräuschen und dem Geschrei der Signora Chiara, die einem schlaflosen Hotelgast erklärt, wieso es der heilige Basilius war, der das ›Sarazenengesindel‹ in die Flucht schlug und das christliche Abendland gerettet hat. Der Hotelgast ist so klug, keine Einwände zu erheben. Morgen werde ich weiter nach Tropea fahren, der Urlaub hat noch gar nicht angefangen. Bei diesen Gedanken grinse ich und schlafe selig ein.

XXI. Feuerquallen

TROPEA

Die Stadt Tropea, heißt es, wurde von keinem Geringe-
ren als Hercules erbaut. Man muß der Legende nicht
unbedingt glauben, drei Erdbeben und der Fall des Ver-
teidigungswalls haben die Stadt völlig verändert. Und
doch – wenn man am zentralen San-Leonardo-Strand
mit dem Rücken zum Meer steht und hochschaut, wird
man an alte Zeiten erinnert: Die Häuser wachsen wie
Zahnstummel aus dem großen Felsen, Tropea wurde als
Wehrdorf und Trotzburg gegen die Heiden angelegt. Der
Feind kam vom Meer her, der Feind – das war natürlich
der Sarazene. An der kalabrischen Westküste bildet das
Land kurz vor der Stiefelspitze einen Sporn, und Tropea ist das größte Küstenstädtchen. Es war nicht leicht,
hierherzufinden, ich folgte der A3 und fuhr elend lange Landstraßen, mindestens zweimal schloß ich fast mit
meinem Leben ab. Wer mir in Deutschland von der hohen Lebensart der Italiener etwas erzählt, bekommt von
mir einen deutschen Anpfiff: Ich habe noch nie so viele
Psychopathen auf den Straßen erlebt wie in Italien. Es
sind natürlich nur Männer in stinknormalen Familienwa-
gen – sie fahren nicht, sie führen Krieg. Ein rotumrande-
tes Verkehrsschild mit der Zahl 60 in der Mitte verstehen
sie als Reklametafel für eine neu eröffnete Bar. Wenn
man aber die Geschwindigkeit drosselt, wird man rechts
überholt, von der Straße auf die Haltespur abgedrängt
und zum Aussteigen aufgefordert. Ein Mann im kirsch-
pastellfarbenen Anzug wollte sich mit mir schlagen, seine

Frau feuerte ihn kreischend an. Ich gab Gas und ließ ihn in einer Staubwolke stehen, nach einer halbstündigen Verfolgungsjagd ließ er endlich von mir ab.

Nach zwei Stunden vergeblicher Suche nach einem preiswerten Zimmer fahre ich genervt weiter, die Zimmer sind entweder belegt oder sie kosten ab hundertfünfzig Euro die Nacht. Man empfiehlt mir den Badeort Capo Vaticano, dort würden arme Schweine wie ich Unterschlupf finden. Und tatsächlich komme ich in einem Bungalow unter, in dem sechs Familien, auf zwei Stockwerke verteilt, in Kerkerzimmern wohnen.

Besser als nichts, denke ich, die Klospülung läßt sich zwar nicht abstellen, und die zwei Geckos an der Decke scheinen in diesem Loch geboren und großgeworden zu sein. Die Angestellte der Love Calabria Bungalow Vermietungsfirma heißt mich an ›diesem Saint Tropez Italiens‹ herzlich willkommen, sie möchte bitte meinen Paß einbehalten und sofort kassieren. Ich frage sie, ob sie den Hausmeister der Bungalowsiedlung wegen des defekten Klos vorbeischicken könne. Sie sagt, es stehe mir natürlich frei, auf die Dienste der Love Calabria Firma zu verzichten. Ich bedanke mich, sie verabschiedet sich und geht laut schimpfend die Treppen herunter.

Ich folge einem Maultierpfad, rechts und links rascheln Geckos zwischen den Kakteen im trockenen Gras. Nach zehn Minuten stehe ich auf einem schroffen Felsen, vor mir gähnt der Abgrund, ich kann unten gerade noch den Strand sehen. In das schulterhohe Dickicht ist eine Schneise geschlagen worden, ich klettere langsam herunter, manchmal muß ich auf dem Hosenboden rutschen und mich an Wurzeln festhalten. Die Menschen am Strand winken mir zu, ich winke zurück und taste mich vorsichtig durch Busch und Kraut. Als ich schweißgebadet und zerkratzt unten ankomme, zeigt mir ein

Mann mit dickem Goldkruzifix an der Halskette den Vogel; ich sei wohl lebensmüde, in Badelatschen den Felsen wie eine Bergziege herunterzustolpern, es seien, allein in diesem Monat, drei Menschen beim Abstieg verunglückt. Er habe alle Leute am Strand zusammengerufen, und sie hätten mich wild fuchtelnd zur Umkehr bewegen wollen. Ich bedanke mich und klettere erst einmal auf die kleinen Felsen, die die Bucht begrenzen. Zur Rechten entdecke ich deutsche Wohnwagen-Helden in beigen Socken und Sandalen, sie haben einen ganzen Campingplatz besetzt. Deutschland, denke ich und winke freundlich, die Männer starren mich an wie einen Strandhändler, der ihnen eine pinke Haarspange aufschwätzen will. Ich verstehe sie, es ist ihr Reservat, ein fremder Indianer hat da nichts zu suchen. Ich kehre zurück, breite mein Badetuch in den Farben des A. S. Roma aus und lege mich hin. Der Kapitän eines Fischkutters setzt eine Gruppe von Touristen an der Bucht ab, zur Feier der geglückten Landung gibt er Sekt und Cracker aus. Nun gut, Zeit, ins Meer zu gehen. Es ist meine Art, mich brüllend ins Wasser zu stürzen, ich weiß, daß die Menschen vor Schreck zusammenfahren, aber ich kann nichts dagegen tun. Also renne und schreie ich los und lasse mich dann ins Wasser fallen – um brüllend wieder zurückzulaufen, der Schmerz ist unbeschreiblich. Ich habe das Gefühl, als hätte mir ein Hai die halbe Schulter abgebissen. Der Kapitän ist sofort zur Stelle, auch der Mann mit dem Kruzifix kommt herbei. Seine Frau holt einen Kosmetikspiegel aus ihrem Täschchen und verstellt ihn in einem Winkel, daß ich meine Schulter sehen kann: Darauf prangt, wie ein Relief, der Abdruck einer Feuerqualle mit Kopf und Tentakeln; es sieht aus wie eine stilisierte Nachttischlampe, von deren Schirm Troddeln herunterhängen. Die Medusa, sagt der Kapitän und lacht auf, Signor Kruzifix zückt sein

Taschenmesser und schneidet in eine Zwiebelknolle, die Zwiebelringe legt er mir auf das Brandmal. Er mache seit fast zwanzig Jahren Urlaub an diesem Belvedere-Strand und folge dem Rat der Einheimischen, immer eine Zwiebel mitzunehmen. Ich solle froh sein, daß es mich nicht schlimmer erwischt habe, ich sei wie ein Knallkopf ins Wasser reingehechtet und hätte die Quallen vom Meeresboden hochgescheucht – es grenze an ein Wunder, daß sie mir nicht ins Gesicht geschwommen seien, eine solche Säureattacke hätte ich ganz sicher nicht überlebt. Zum tausendsten Mal an diesem Tag bedanke ich mich artig und mache mich an den Aufstieg, meine Schulter brennt höllisch, die verdammte Strandtasche zieht mich auf halber Strecke fast herunter. Ich mache kurz Rast und blicke zurück, Signor Kruzifix stochert mit einem langen Ast im Wasser, und dann reißt er den Ast herum und hält eine aufgespießte Qualle hoch.

Am Abend flaniere ich, wie einige Hundert Touristen auch, durch die Altstadt. Die Neppläden verkaufen Bastfüllhörner, Schneekugeln, Zwiebeln und Pepperonis aus Keramik. Für die Frau von Welt gibt es Korallencolliers, für den gehobenen Touristen Handtäschchen mit rotem Lederriemen. Ich finde ein kleines Restaurant, setze mich auf die Terrasse. Am Nebentisch feiert eine junge Frau mit ihren Freundinnen ihren Geburtstag. Irgendwann ruft ihr Ex-Ex-Freund aus Amerika an, sie sagt: I finished my love story with the Californian man, you know?! Dann haucht sie ihm Schweinereien zu, die Freundinnen sind völlig aus dem Häuschen, sie bewerfen den Kellner und mich mit Papierkugeln, die sie aus der Serviette rupfen. Ich esse seelenruhig meinen ›calabrian starter‹, das ist scharf gewürzte Pferdesalami, und trockne mir die Tränen aus den Augen, meine Lippen schwellen an, ich kippe ein Glas Wasser nach dem anderen in mich hinein. Als alles nichts hilft, renne ich zum Brunnen auf der gegenüberliegenden Straßenseite und tauche meinen Kopf in das Wasser. Der Kellner und die Frauen sind sehr erheitert.

Wenig später schlendere ich zur Kirche der heiligen Maria auf der Insel, die aber längst keine Insel mehr ist, da mittlerweile viele Wege zur Kernstadt auf dem Hauptfelsen führen. Die Marienstatue, so geht eine andere Legende, habe die Besatzung eines Handelsschiffes einfach am Strand zurückgelassen. Die Bürger der Stadt hätten sich kurz beraten und entschieden, die Maria voller Gnaden in einer Felsgrotte aufzustellen. Doch die Grotte war viel zu klein, also wollte man die Füße der Madonna absägen. Den damit beauftragten Tischler traf der Schlag, der ihm zur Seite stehende Bischof und der Bürgermeister wurden vom Blitz Gottes getroffen und verbrannten vor den Augen der Bürger. Seitdem sind die Menschen von Tropea sehr vorsichtig, wenn sie auf zurückgelassene Geschenke stoßen. Ich umrunde die Kirche, gehe wieder zurück in die Altstadt und vorbei an den Jahrmarktsbuden und kaufe eine Tüte gebrannte Mandeln. In meinem Bungalowzimmer wartet die laufende Klospülung auf mich, morgen werde ich Kalabrien hinter mich lassen und nach Sizilien fahren. Der Tag ist noch jung, meine Schulter riecht nach Zwiebel, und ich nehme mir vor, am Hauptstrand zu laufen und mich brüllend ins Wasser zu stürzen. Es heißt, das Meer sei an diesem Abschnitt frei von Feuerquallen.

XXII. Bluttränen

Von Villa San Giovanni setze ich mit der Fähre nach Messina über – Kalabrien und das italienische Festland liegen hinter mir, ich bin auf Sizilien. Mein Gott, Sizilien! Ich gehöre zu den Menschen, die den Film ›Der Pate‹ zwanzigmal gesehen haben und die Dialoge im Schlaf aufsagen können. Jetzt endlich bin ich auf der Heimatinsel aller kriminellen Elemente, nicht umsonst nennt sich die sizilianische Mafia Unser Haus – Casa Nostra. Nein, falsch, sie heißt Cosa Nostra, und das bedeutet: Unsere Angelegenheit. Egal, es gilt, so oder so eine Entscheidung zu fällen – entweder fahre ich von Messina aus die Ostküste herunter, mache halt in Catania, besichtige den Vulkan Ätna und ziehe weiter nach Siracusa; oder aber ich entscheide mich für die Nordküste, um ein paar Tage in der Stadt aller Städte, in Palermo, zu verbringen. Was gibt es da zu grübeln? denke ich, es geht selbstverständlich in die Hochburg der Mafia-Rüpel im teuren Anzug.

Auf der Autobahn zeigt mir ein Mann beim Überholen kurz seine Waffe. Sofort nehme ich den Fuß vom Gaspedal, schalte das Warnlicht an, stoppe in einer Haltebucht, verriegele alle Türen und mache eine fünfminütige Atemübung. Das da eben war keine Filmszene. Das da eben war ein Mann mit einer echten Pistole. Ich wische mir den kalten Schweiß von der Stirn und fahre mit klopfendem Herzen weiter. Erst in Cefalù lege ich eine Pause ein: Die Kleinstadt schmiegt sich an einen Muschelkalkfelsen, der, vom Meer aus betrachtet, einem menschlichen Kopf ähneln soll, daher also der Name (griechisch: Kephale). Die Sarazenen müssen Sizilien in Angst und Schrecken versetzt haben, denn alle Küstenstädte sind als Wehrburgen auf hohem Plateau angelegt. Die nachkommenden Fremdherrscher, die Normannen, haben zwar jede Menge Araber niedergemetzelt; sie nahmen aber arabische Architekten in ihre Dienste und ließen sie statt Moscheen Dome und Kathedralen bauen. Der normannisch-arabische Stil prägt ganz Sizilien, und es scheint, als ob die Sizilianer von heute daher die Festlanditaliener inbrünstig hassen. Tatsächlich ist die Insel ein anderes Land: Man sieht in orientalische Gesichter, man ißt orientalisch gewürzte Speisen, man stößt auf eine orientalische Düsternis, zu der die normannischen Höllenfratzen der Steinfiguren in den Kirchen bestens passen. Na endlich, denke ich, Schluß mit der eitlen Eleganz, wie sie Rom und Mailand vorweisen! Andererseits schaue ich mich immer wieder um – es könnte sein, daß der irre Raser in bester Vendetta-Tradition hier und jetzt Rache übt.

Cefalù ist ein Touristenkaff, soviel ist mir nach einer halben Stunde klargeworden. Eine weitere halbe Stunde später bin ich allerdings vor Ehrfurcht erstarrt. Hierhin hätten die Tempelritter den Heiligen Gral gebracht, erzählt man sich, der Kelch, aus dem Jesus getrunken habe, sei dann in die Bretagne mitgenommen worden. Dann aber habe ihn Friedrich II. freigekauft, zurück nach Cefalù gebracht, den Gralsorden des Greifs gegründet und die Ordensritter mit dem Schutz des Heiligen Grals beauftragt. Natürlich sind auch die Cefalùenser davon überzeugt, daß der Heiland seine schützende Hand über ihre Stadt hält. Schließlich ist Cefalù vom großen Erdbeben im Jahre 1783 verschont worden. Über kleine Gassen gelange ich auf den zentralen Domplatz, die Piazza Duomo, der mit geweihter Erde aus Jerusalem versetzt sein soll. Nach einem flüchtigen Blick auf die Fassade der Kathedrale mit ihren beiden Türmen setze ich mich wieder ins Auto und fahre weiter. Palermo! Endlich! Na gut, ich kann froh sein, daß man mich nicht aus dem Wagen zieht und verprügelt, weil ich an der roten Ampel brav halte. Auch daß die pakistanischen Händler in der Via Vittorio Emanuele Weichplastik-Brustschalen für Frauen mit kleiner Oberweite verkaufen, paßt nicht so recht ins Bild. Aber: Die Männer tragen Armbänder und Halsketten aus Gold, und die Heiligen und Märtyrer, mit Lametta und Dollarnoten behängt, sind in Hausfassadenaltären im Augenblick des Todes oder der Verzückung festgehalten. Überall stehen Statuen von Padre Pio, dem italienischen Schutzheiligen aus Appulien, zu seinen Füßen hat man Blechherzen und -tränen abgelegt. Die Blutträne ist das Zeichen der Sizilianer: Ein Mann schneidet erst seinem Feind die Kehle durch, wäscht sich gründlich die Hände, inspiziert seine Fingernägel und begibt sich zur Taufe seines Neffen. Den Verstand braucht der Mann in dieser heißen Klimazone, um den Lottoschein auszufüllen oder seinen Wagen zu reparieren – alles andere erledigt er, indem er sich auf die althergebrachten Gesetze der Väter beruft. Das sind zwar tolle Erkenntnisse, ich sollte mich aber lieber nach einem Hotelzimmer umsehen. Die Geschäfte sind in der Mittagshitze geschlossen, hier auf Sizilien merkt man, daß man nicht mehr auf abendländischem Grund geht.

Ich quartiere mich im Ambasciatori Hotel in der Via Roma ein, das ist die Prachtstraße Palermos. Dann kaufe ich als allererstes ein Fußballtrikot des SS Calcio Palermo und ziehe mich in einem dunklen Hauseingang um. Ich gehe durch die Straßen, und mir scheint, als ob das Trikot eher als Versuch eines Touristen gewertet wird, sich bei den echten Tifosi-Hooligans anzuflanschen. Irgendwann stehe ich auf einer großen Kreuzung, zwei Hauptstraßen schneiden sich hier und bilden die ›Quattro Canti‹, die vier Ecken. Jede Ecke weist an ihrer Fassade drei Stufen auf. In der ersten Stufe steht über einem Brunnen die Statue der vier Jahreszeiten; in der zweiten Stufe sieht man die Steinfigur eines Monarchen, in der obersten Stufe kann man, allerdings mit Hilfe eines Fernrohrs, die Statue einer heiligen Frau bewundern. Es findet sich auf diesem Platz kein schattiger Winkel, völlig verkocht wanke ich in Richtung Piazza Pretoria. Hier stehe ich an einem Skulpturenbrunnen, der von den vatikantreuen Palermitanern gemieden wird: nackte Frauen und Männer aus der Mythenwelt schmücken den Platz. Der Mann an der Hotelrezeption hatte mich davor gewarnt, die Piazza Vergogna (Platz der Scham, Schandfleck) aufzusuchen. Ich wurde natürlich sofort neugierig …

Plötzlich fallen Schüsse, ich ducke mich und suche Schutz hinter einer Steinfigur. Du hast geglaubt, du kommst ungeschoren davon, denke ich, hier ist Palermo, hier ist die Schießerei. Gleich fühlst du die kalte Mündung einer Waffe an deinem Hinterkopf, und dann wird man dich an Händen und Füßen fesseln, in den Kofferraum einer Limousine werfen und mit dir zur Müllverbrennungsanlage hinausfahren – hättest du doch nur den Ätna besichtigt! Ich wage von meinem Versteck aus einen Blick auf den Platz, einige Kleinkinder schießen mit Platzpatronen aufeinander. Als ich mich aufrichte, lachen sich die Carabinieri halb tot über mich. Ich ziehe mein Fußballtrikot glatt, nicke ihnen stumm zu und eile in schnellen Schritten davon.

Auf der Piazza Bellini bleibe ich lange Zeit stehen, versunken in den Anblick der Kirche San Cataldo. Auf einem normannisch wuchtigen Quader wölben sich drei zinnoberrote maurische Kuppeln. Allein schon dieser kleinen Kirche wegen lohnt die Reise nach Palermo. Im kleinen schmucklosen Innenraum entnehme ich einem Handzettel, daß die Kirche dem Ritterorden des Heiligen Grabes von Jerusalem gehört. Ich bin beeindruckt. Neben der S. Cataldo nimmt sich die barocke Martorana wie die Fassade eines verfallenen Bahnhofs aus.

Es gibt noch andere Bauten zu besichtigen, den Normannenpalast beispielsweise, oder die Kathedrale, doch mir reicht es erst einmal. Überall ziehen Touristengruppen wie kleine Söldnertruppen umher, sie werden, wo auch immer sie eintreten möchten, zur Kasse gebeten. Ich erstehe eine ›Trinacria‹, einen Dreizack aus drei gewinkelten Beinen, in dessen Mitte ein Frauengesicht prangt: Das Zeichen symbolisiert Sizilien, das tatsächlich die Form eines stumpfen Dreiecks besitzt. Die Touristenbeute in der Tüte, begebe ich mich zurück ins Hotel, der Mann an der Rezeption ist heilfroh, mich lebend wiederzusehen. Er stellt mir eine Fangfrage, und ich sage: Nein, selbstverständlich war ich nicht auf dem Schamplatz. Zur Belohnung darf ich auf die Dachterrasse, und er stellt mir sogar einen Aschenbecher hin. Ich rauche und blicke hinab auf die Kuppeln und Dächer Palermos und nehme mir vor, mich morgen nach der Schutzpatronin der Stadt, der heiligen Rosalia, zu erkundigen.

XXIII. Der falsche Sarazene

Manchmal denke ich: Die Süditaliener sind die Hindus des Westens – sie stellen Steinstatuen auf, behängen sie mit blauen, roten oder schwarzen Glasperlen und bitten um Gnade, Heilung und Fürsprache. In Palermo wimmelt es von Schutzheiligen, ein Haus, das an der Außenfront keinen Altar besitzt, gilt fast schon als Hort der Gottlosigkeit. Man ist etwas ratlos über die Inbrunst der Sizilianer – sie verstehen keinen Spaß, wenn es beispielsweise um den Papst geht, der in ihren Augen tatsächlich unfehlbar ist. Einerseits. Andererseits halten sie sich nicht an den Buchstaben des Gesetzes und schimpfen wild über die schamlose Nachbarin, die ihre Büstenhalter zum Trocknen heraushängt. Es ist der zweite Tag in Palermo, und langsam komme ich mir vor wie ein Völkerkundler. Die Menschen beäugen mich mißtrauisch, sie fragen, woher ich denn komme, ich sage: aus Deutschland. Sie bohren so lange nach, bis ich zugeben muß, daß meine Eltern aus der Türkei eingewandert sind. Dann aber ist die Hölle los. Turco, flüstern sie, oder rufen laut den Namen der Madonna aus und bekreuzigen sich. Ein sich über mehrere Jahrhunderte erhaltener Ausruf des Entsetzens lautet: Mamma, li turci! – O Gott, die Türken kommen. Ich hätte nicht gedacht, daß ich als wiedergeborener Sarazene für Angst und Schrecken sorgen würde, ausgerechnet in Palermo.

Die Vorbereitungen auf das Santa-Rosalia-Fest sind in vollem Gange, man schmückt jene Häuser aus, an denen die Prozession haltmachen wird. In diesen Häusern haben verdiente Katholiken gelebt, erzählt man mir, man wird sie im Rahmen des Umzugs ehren. Wieder stoße ich auf die Legende einer Heiligen, einer vornehmen Frau aus dem Adelsgeschlecht der Normannen. Sie lebte im zwölften Jahrhundert. Man weiß nicht, was ihr Schlimmes widerfahren ist, doch von einem Tag auf den anderen schloß sie mit ihrem Hofleben ab und zog sich in eine Höhle des Monte Pellegrino zurück. Hier soll sie Buße getan haben, und da sie einen hohen Grad der Heiligkeit erreichte, kamen wilde Tiere in die Grotte und legten sich zu ihren Füßen nieder. Für die Sizilianer war die heilige Rosalie ein gefundenes Fressen, sie erklärten sie gleich nach ihrem Tod kurzerhand zu einer Schutzheiligen, bauten die Grotte zu einer Kapelle um und beteten sie an. Doch der Irrsinn geht noch weiter: Man hat eine bessere Schaufensterpuppe in einen großen Glassarkophag gelegt, sie in Goldbrokat gekleidet, ihre Finger, Arme und ihren Hals mit schwerem Schmuck versehen. Die Santa-Rosalia-Figur wird von einem Kindsengel bewacht, der ihr goldene Lilien überreicht. Neben ihrem ruhenden Körper kann man einen Totenschädel aus Massivgold bewundern, auf kleinen weißen Samtkissen werden Opfergaben wie Perlenketten und Ringe zur Schau gestellt. Rosenkrone, Hirtenstab, das Kruzifix – es ist alles Gold, was glänzt. Natürlich sind auch hier, in der Grotte der Heiligen, meine Landsmänner vertreten, und natürlich verhalten sie sich, ganz im Gegensatz zum Klischee, bravourös lieb. Ihre Blicke huschen zu der ausgestellten Tempelstatue, als könnten sie nicht glauben, was sie sehen. Die Italiener dagegen sind da völlig ungehemmt, sie werfen sich zu Boden, sie geißeln sich, sie vergießen Tränen. Bald gehen mir die barbarischen Schreie auf die Nerven. Als ich vom Berge der Rosalie herabsteige, hat sich Palermo merklich verändert. Überall hängen Fahnen und Wimpel mit Kreuzinsignien, überhaupt macht die Stadt den Eindruck, als rüsteten sich ihre Einwohner zu einem Kreuzzug. Ein deutscher Heide hat da nichts mehr zu suchen. Ich packe meine Siebensachen und fahre die Nordküste weiter bis nach San Vito lo Capo, einem Badeort am äußersten Zipfel einer Landzunge. Der Berg Monaco erhebt sich aus dem smaragdgrünen Wasser, eine Flanke ist aufgrund eines lange zurückliegenden Erdrutsches abgetragen. Ich bin begeistert, alles klappt auf Anhieb, und schon bald kann ich, erst nach vorsichtiger Suche nach Quallen, im Meer baden. Da ich im Wasser gerne faul bin, lasse ich das alberne Schwimmen sein und setze mich auf eine Sandbank, kleine Brandungswellen spülen mich an.

Ein Italiener findet auch Geschmack daran, und ehe ich mich versehe, sitze ich mit acht älteren Herrschaften auf der Sandbank. Ein richtiges Gespräch will nicht aufkommen, wir sind viel zu sehr damit beschäftigt, mit den Zehen unter Wasser zu wackeln. Eine Stunde später geht es im Meer zu wie auf einer Massentaufe, und wer nicht weit hinausschwimmt, muß sich damit begnügen, aus Platzmangel einfach zu stehen. Die Strandhändler schwirren herum, man nennt sie ›Prego Pregos‹, weil sie immer wieder ›Bitte, bitte‹ ausrufen.

Am Abend sitze ich im Cous Cous Café des Hotels Capo San Vito, nur die Reichen können es sich leisten, hier zu wohnen. Die Äste eines Magnolienbaumes bilden einen Baldachin, man ißt und trinkt an niedrigen Tischen. Ein im Laufe der Jahre dunkelbraun gerösteter Sizilianer macht für die Hotelgäste den Sarazenen: Er schenkt Tee aus einer großen Kanne in Tulpengläser ein, der Strahl geht daneben, ein Tourist bekommt ein paar heiße Spritzer ab. Man verzeiht dem Sarazenen. Meinen arabischen Gruß will er nicht annehmen. Na gut. Gegenüber dem Kellner gebe ich mich als Testschmecker aus, ich würde für ein deutsches Gourmetmagazin die Küche des Hauses testen. Er verbeugt sich leicht, muß mir aber den Wunsch, gratis essen zu wollen, leider abschlagen. Ich bestelle einen kleinen Teller Salat ohne alles und Leitungswasser. Nach dem Essen gehe ich wieder hinaus auf die Terrasse. Der Sarazene hat Kanne und Gläser abgeräumt, er starrt mich kurz an und fragt, ob ich Moslem sei. Ja, sage ich. Was wollt ihr wieder hier? sagt er. Na ja, sage ich, ich bin allein hier. Aha, sagt er, sie schicken den Spähtrupp vor, du sollst herausfinden, wo unsere weiche Flanke ist. Und dann strömt die Horde ein. Nöö, sage ich, ich schaue mich bei euch nur um.

Der falsche Sarazene schaut stumm hinaus aufs Meer, ich sehe es ihm an, wie es in seinem Kopf arbeitet. Ich glaube dir kein Wort, sagt er, ich habe vorhin gehört, wie du ein Essen schnorren wolltest, du bist ein Araberspion. Verdammt, denke ich, meine blöden Späße bringen mich in Teufels Küche. Ich bin ein stinknormaler Urlauber, sage ich, ich komme aus Deutschland. Und ich bin der Papst, schreit er und eilt davon. Dann kommt er zurück und stellt mir eine Schale Couscous hin, auf Kosten des Hauses. Der Feind will bewirtet werden, sagt der falsche Sarazene, vielleicht hauen wir uns morgen einander die Köpfe ein, aber heute sollst du erst mal essen. Komische Menschen, diese Sizilianer. Er sieht mir beim Löffeln zu, es schmeckt nicht besonders, und ich überlege noch boshafterweise, ob er vielleicht Zehennägel in den Couscous beigemischt hat. Ich esse tapfer zu Ende, er nimmt die Schüssel und geht weg. Ich bleibe noch eine Weile unter den Magnolienästen sitzen, der weiße Sand strahlt im Dunkeln, und in der Ferne kann man den blaß violetten Horizontstrich erkennen, dort, wo sich Himmel und

Meer berühren. Überall wachsen Zwergpalmen, Feigen- und Johannisbrotbäume, und an den Strunk eines toten Baumes hat ein Künstler bunt bemalte Muschelschalen geklebt. Ich schlendere durch die Innenstadt, Restaurants und Schnellimbißbuden säumen die kleine Straße.

Nachts erhellen Blitze den Himmel, ein Donnerwetter braut sich zusammen, die Bergspitze ist in Regendunst getaucht. Der Leuchtturm am anderen Ende des Badeorts sendet sein grünes Blinklicht hinaus. Der Strand ist voll mit Menschen, die im Sommerregen baden wollen. Ich werfe noch einen letzten Blick auf das Meer und gehe schlafen.

Am nächsten Tag nehme ich die Autofähre von Palermo nach Civitavecchia, von dort sind es nur noch neunzig Kilometer nach Rom. Die Italiener stehen aufgeregt an der Reling und fangen schon eine halbe Stunde vor Abfahrt an, sich die Seele aus dem Leib zu winken. Manch einer ist derart vom Abschiedsschmerz ergriffen, daß er winkt und gleichzeitig per Handy mit seinen Verwandten unten am Kai telefoniert. Langsam fährt die Fähre Excellent aus dem Hafenbecken heraus. Hoffentlich gibt es eine Wiederkehr, denke ich, Palermo, diese Hauptstadt des volkschristlichen Orients, muß man immer und immer wieder sehen. Ob als Sarazene verkleidet oder im Besitz einer Knarre im Handschuhfach – die Sizilianer gehen schwer in Ordnung.

XXIV. Kleine Wunder

CAPO CODA

Am Vorabend meiner Abreise nach Sardinien bekomme ich einen Anruf meiner Mutter aus der türkischen Ägäis: Die Sarden? Was soll das für ein Volksstamm sein? Hört sich nicht gut an – laß das! Nach langem Hin und Her muß ich ihr auf die Seele meiner Großmutter versprechen, jeden Abend telefonisch Meldung zu machen. Und tatsächlich fängt es katastrophal an: Ich nehme die Fähre ab Civitavecchia im Norden Roms nach Golfo Aranci an der sardischen Ostküste, zwänge mich in einen Groß-raumsitz und versuche, zwei gnadenlos gaffende Kleinkinder durch Monstergrimassen zu vertreiben. Sie kommen näher und wollen auch mal an den belegten Brötchen mitbeißen. Der Verdauungsdämmer rafft mich dahin, doch der Angestellte der fähreneigenen Bar hat nur darauf gewartet. Ein ohrenbetäubender Knall reißt mich und die anderen dösenden Passagiere aus den Sitzen. Der Kapitän heißt uns alle an Bord willkommen, dann werden sechs zuckersüße Schmonzetten abgespielt, natürlich in voller Lautstärke. Ein Popsternchen singt, daß ihr Herz morgens, mittags und abends im Rhythmus von shalalala shala la schlägt. Danach folgt der Brunfttruf eines sensiblen Rockers: Er will sein Baby, doch sein Baby soll bei ihm erst anklopfen, wenn der September vorbei ist. Nach dem sechsten Lied wird das Band wieder auf Anfang gestellt und abgespult. Ich schaue mich um, die Italiener sind äußerst entzückt, was sag ich, sie sind geradezu gerührt, bei soviel Liebe müssen sie mitklatschen. Sieben.

112

Stunden. Lang. Die beiden Kinder, die mir das Brötchen aus der Hand gerissen haben, müssen auf Anforderung ihrer Eltern tanzen, das Publikum ist hingerissen. Als ich endlich von Bord gehen darf, bin ich mit den Nerven am Ende, doch ich muß noch durchhalten – ich fahre die Küstenstraße bis nach Monte Petrosu und hole mir den Schlüssel für die Ferienwohnung ab. Der Makler bestellt mich in eine Dorfbar, es könnte allerdings etwas dauern, schreit er ins Handy, ich solle doch einfach Kaffee trinken, die Aussicht genießen und abwarten, was passiert.

Ich starre über eine Stunde lang auf zwei gelbe und drei grüne Müllcontainer, und da ich nur mit einer Gesichtshälfte im Schatten sitze, habe ich bald eine Halbseitenbräune. Dann hält ein Auto neben der Holzbrüstung der Terrasse an, das Seitenfenster an der Fahrerseite wird heruntergekurbelt, und im nächsten Moment versperrt mir ein rotbraun gebranntes Sardengesicht die Sicht auf die Müllcontainer. Er stellt sich als der Makler Luigi (!) vor, ich beschwere mich ein bißchen, er schaut mich an, als hätte ich ihm gerade ein Augenbrauenhaar gezupft. Wir fahren zur Wohnung, unterwegs sehe ich aus dem Wasser den hohen Granitfelsen der Insel Tavolara aufragen. Ihre Form soll an einen großen Tisch erinnern, daher rührt der Name, doch die Sarden kneifen immer ein Auge zu, wenn sie in die Sonne blicken – also sehen sie viel, wenn der Sommer lang ist. Die Insel erinnert eher an ein Urzeittier, das im Meer kurz ruht, um aufzutauchen und brüllend auf die Küste zu stampfen.

Die Wohnung geht in Ordnung, der Makler und ich werden schnell handelseinig – jetzt verweigert er mir nicht den Handschlag. Trotzdem möchte er die Wochenmiete sofort und subito kassieren, ich kenne es nicht anders. Was will ich meinen Koffer auspacken und mich einrichten, frage ich mich laut, und noch lauter: Bin ich ein Spießer? Die Antwort auf diese Frage beschäftigt mich eine Weile, ich setze mich ins Auto und fahre zur Halbinsel Capo Coda Cavallo, die die Sarden diesmal zu Recht ›Pferdeschweif‹ genannt haben. Die für Sardinien typische Mittelmeervegetation heißt Macchia, auf der Insel blühen und wachsen Myrte, Mastix und Wolfsmilch, Ölbaum, Olive und Pinie, Steineiche und Zedern-Wacholder. Man atmet, sollte man die Luft bei geschlossenem Mund tief inhalieren, einen unglaublich herben Duft ein. Ich atme ein und aus, schließe instinktiv die Augen und komme fast auf die Gegenfahrbahn. Aber auf die Italiener ist Verlaß: Auf einen kleinen Regelverstoß reagieren sie mit einem groben Vergehen – man hupt und flucht mich wieder auf die rechte Bahn.

Etwas später habe ich den Wagen im Schatten von mannshohen Büschen geparkt, einen zwei Schritt langen Sandstreifen in Beschlag genommen, meine Kühlbox in den Farben der Deutschlandfahne abgelegt und den Sonnenschirm mit geübten Handgriffen im Sand verankert. Brüllend stürze ich mich ins Wasser. Ein Mann mit Hüftpolstern in der Stärke von Lasterreifen erlaubt sich seiner Freundin gegenüber einen recht groben Scherz: Er ißt, knietief im Wasser stehend, eine große Scheibe Wassermelone, dann bewirft er sie mit der Melonenscheibe und trifft sie am Kopf. Sie ist sauer. Er hält ihre Reaktion für typisch weiblich und trollt beleidigt davon. Später sehe ich ihn sensibel den Rücken seiner Freundin eincremen, sie ermahnt ihn, er möge sie nicht durchwalken wie Teig. Als ich zurückkomme, ist der Sonnenschirm weg. Die Stranditaliener fühlen mit mir. Ja, sagen sie, wir haben es gesehen, es war schrecklich, der Wind hat ihn umgestoßen und mitgenommen, nein, wir konnten unmöglich eingreifen, wir mußten ja auf unsere Schirme aufpassen, und trotzdem sind viele Schirme davongeflogen. Eine junge Frau spricht davon, daß es nicht mit rechten Dingen zugegangen sei, hier habe der Papst – sie meine den Polen seligen Angedenkens – direkt eingegriffen, hier habe man also das Wunder, nach denen die vatikanischen Experten suchten. Das halbe Dutzend Zuhörer nickt fromm. Ich glaube, daß ich sie wegen meiner Existenzminimum-Sprachkenntnisse falsch verstanden habe, und frage nach – sie beschwört wieder den Geist des Polenpapstes. Ich wage einen Widerspruch, und nun richten sich alle Augen auf mich. Der Mann mit den Hüftpolstern verlangt eine Gegentheorie, und als ich sage, eine starke Windböe habe einfach den Sonnenschirm um- und mitgerissen, nennt er mich einen Atheisten. Das deutsche Touristenpärchen zwei Badetücher weiter weg schaut demonstrativ hinaus aufs Meer. Ihr Schweine, denke ich, kommt ihr mir noch einmal mit der Solidargemeinschaft, der Lynchmob ist drauf und dran, mich mit dem Kopf voran in den Sand zu rammen, und ihr – anstatt die Meute mit gespitzten Schirmspitzen auseinanderzutreiben – schlagt euch auf die Seite des Papstes. Ich gebe es zu, sage ich zu den Stranditalienern, ich habe das Wunder nicht sehen können, weil ich geschwommen bin. Die Papisten sind besänftigt und wenden sich ihren schreienden Kindern zu. Kaum habe ich mich auf meinem Badetuch ausgestreckt, reißt der Wind Sonnenschirme um.

XXV. Mohrenköpfe und Italienerrüben

COSTA SMERALDA

Es ist eine Qual, im mittags aufgeheizten Badezimmer meinen Knastbruderbart mit dem Elektrotrimmer auf eine halbwegs ansehnliche Länge zu stutzen. Der Schweiß rinnt mir das Gesicht herunter, und erst nach einer kleinen Ewigkeit ist es vollbracht. Heute, das habe ich mir geschworen, werde ich den Tag ohne Zwischenfälle verleben, und ich werte es als ein gutes Zeichen, daß der Wind nachgelassen hat. Dafür hat die Hitze die Mückenbrut erst so richtig hervorgelockt: Ich verpasse mir gelegentlich Ohrfeigen, weil sich Fliegen und Mücken auf mein Gesicht legen. Der Urlauber in der Wohnung über mir steht mit nacktem Oberkörper am Fenster, bekommt mit, wie ich mich auf dem Weg zum Auto abwatsche, und schüttelt den Kopf. Vielleicht wird er sich beim Makler beschweren, daß er einen Irren im selben Haus einquartiert hat. Gestern fiel der Strom aus, und ich stieg die Treppen hoch und klopfte an seiner Tür. Das erste, was ich bei seinem Anblick bemerkte, waren die kurzen Kräuselhaare, die ihm auf dem Nasenrücken wachsen. Er hat mir das Starren übelgenommen, und er wollte auch nicht eine Kerze herausrücken, obwohl ich weiß, daß er einen großen Vorrat im Supermarkt besorgt hat, redete er sich mit knappen Reserven heraus. Seitdem sind wir Feinde.

Von Monte Petrosu zur Costa Smeralda ist es eigentlich kein allzu langer Weg, doch ich muß immer wieder für Fußgänger bremsen, die sich blind auf die Straße stürzen. Einmal nehme ich fast eine sardische Kleinfamilie mit. Der Vater versucht, meinen Wagen zu treten, und auch seine Frau macht Anstalten, auf die Windschutzscheibe zu klettern. Ich gebe Gas und grinse in den Rückspiegel. Meine Wahl fällt auf die Cala Liscia Ruia – die Millionärsjachten sind in Sichtweite vor Anker gegangen und schaukeln sachte im Wind. Für die Sarden ist die Smaragdküste ein Reizwort, auch nach vierzig Jahren sind sie auf den Prinzen Karim Aga Khan IV. nicht gut zu sprechen. Dieser ›Prinz‹ ist nämlich der Pate einer obskuren Glaubensgemeinschaft, der Ismaeliten, die ihrem geistigen Oberhaupt einen Obolus entrichten müssen. Das hat Aga Khan im Laufe der Zeit zu einem sehr reichen Mann werden lassen, und da er seine Schatulle weiter füllen wollte, kam er auf die Idee, die sardische Nordostküste für den internationalen Jet-set zu erschließen. Er schloß sich mit anderen Firmen zu einem großen Konsortium zusammen, kaufte die schönsten Buchten, ließ Hotels, Villen und Jachthäfen bauen – für Strom, Wasser, Straßen und Kanalisation mußte aber der italienische Staat, also der Steuerzahler, aufkommen. Auf ihn, so glauben die Sarden, läßt sich das Sprichwort anwenden: Wer übers Meer kommt, will uns beklauen. Einerseits. Andererseits lockt der Glanz auch Tausende von Touristen an, die einfach einen Blick auf all das werfen wollen, was sie nur begaffen, aber nicht einmal berühren dürfen. Auch ich liege auf meinem Badetuch und glotze auf die Jachten draußen im Meer, manchmal öffnet sich eine Luke im Heck, und zwei Scooter schießen heraus und rasen übers Wasser. Doch um mich herum liegen Menschen, die sich nicht beklagen können: Bei den Frauen scheint Gesichtsstraffung ab vierzig Pflicht zu sein. Ihre Töchter laufen, wie als würden sie bei ein und demselben Tätowierer unter Vertrag stehen, mit einem Stacheldraht-Tattoo um den rechten Ellenbogen herum. Bei den Männern ist der Wanst schon ab dreißig zugelassen. Ansonsten viel Goldschmuck. Eine Gruppe von weißen Rastafaris mit Zottelzöpfen spricht eine Gruppe von Stacheldraht-Mädchen an – wahrscheinlich werden sie bald das Haschplätzchen miteinander brechen. Ein Manager mit einer Laptop-Ledertasche (!) zieht an ihnen vorüber, man sieht noch den Gummiabdruck seiner Kniestrümpfe auf der nackten Wade. Die Rasta-Freaks sind völlig aus dem Häuschen, sie haben nicht damit gerechnet, daß sich ihr Erzfeind in Badehose sehen läßt. Nette Szenen, denke ich und verschlinge in null Komma nix vier Nektarinen, die Kerne werfe ich über die Schulter in den Busch hinter mir. Leider locke ich damit Wespen und Käfer an, und bald bin ich wieder dabei, mich sachte zu ohrfeigen. Dann mache ich mich davon, von Sonne und Strand habe ich für heute genug. Statt zurückzufahren und mich mit dem Fensterplatz-Späher anzulegen, fahre ich nach Porto Rotondo, rechts und links von der Küstenstraße zurückgesetzt ragen Granitfelsen auf, die, von Wind und Wetter angegriffen und ausgehöhlt, bizarren Skulpturen gleichen. Jeder sieht darin, was er sehen will, und damit sind wir bei einem Wesenszug der Sarden: Sie sind freundlich, aber wehe dem, der ihre Insel Italien zuschlägt – es schlägt ihm offener Hohn entgegen. Jeder soll auf seine Weise glücklich werden, nur die Italiener werden von dieser Regel ausgenommen.

Die Sarden und die Sizilianer sehen sich als Kolonien und verwünschen die Zentralregierung. Am besten kommt diese Einstellung bei der sardischen Fahne zum Tragen: Ein rotes Kreuz teilt das Banner in vier gleichmäßige Felder, auf denen jeweils ein ›Mohrenkopf‹ mit Stirnbanner zu sehen ist. Auf manchen Fahnen tragen die Mohren Augenbinden. Ich habe eine Befragung vorgenommen und bin dabei fast wahnsinnig geworden.

Der Zeitungskioskbesitzer sagt, es handle sich um vier abgeschlagene Muselmanenköpfe, der Sarde schmücke sich eben gerne mit Trophäen, ob mit Augen-, Stirn- oder Nasenbinde, das sei wurscht, und überhaupt würde man bald die Mohrenköpfe gegen Italienerrüben eintauschen. Seine Tochter findet es schade, daß die Männer, statt ›ihren Arsch‹ hochzukriegen, nur von besseren Zeiten in tausend Jahren schwätzten … Überhaupt ist der Sarde ein Meister der Dialektik: Er richtet Vogelschutzgebiete ein und ist stolz auf den Gänsegeier, die Flamingos und den Mäusebussard. Auch auf seine langhaarige Hochgebirgsziege läßt er nichts kommen. Dann sieht man aber Fabrikschlote, die unglaublichen Dreck in den Himmel spucken. Wie jeder gute Deutsche auf Urlaub gehe ich in Gedanken die Umweltsünden durch, mittlerweile sitze ich auf der Piazza San Marco in Porto Rotondo, ich habe ein pistaziengrünes Angeber-Frappé bestellt und einen weiteren Hemdknopf aufgemacht, um unter den Angeber-Touristen nicht übermäßig aufzufallen. Ein Mops mit Fledermausohren – sein Frauchen ruft ihn ›Edouard‹ – kaut an einem Olivenkern und schluckt ihn herunter. Leider erbricht er ihn geräuschvoll vor meinen Augen, ein unschöner Anblick. Ich suche eine Pizzeria, finde das Ristorante Pomodoro und esse hier die schlimmste Pizza meines Lebens – sie schmeckt wie durchweichte Spanplatte, die man mit rotem Lack bestrichen hat. Das Essen fällt trotzdem teuer aus, die Rechnung weist die sogenannte Gedeck-Gebühr auf; man wird auch höflich darum gebeten, ein ›standesgemäßes‹ Trinkgeld zu entrichten. Ich lege zehn Cent auf den Münzteller.

Später liege ich mit gurgelndem Bauch im Bett, immer wieder wedele ich Käfer, Mücken und sogar eine große Heuschrecke weg. Ich habe den Tag fast ohne Zwischenfälle überlebt.

XXVI. Der Wirt und die Dorfschönheit

Natürlich möchte ich gegenüber den Einheimischen nicht den tumben Touristen abgeben, der sich für die Geschichte der Insel kein bißchen interessiert. Tatsächlich bin ich auf Sardinien, um nur im Meer zu baden, Postkarten zu kaufen, die ich doch nicht verschicke, und Mücken totzuschlagen. Der Kioskbesitzer in Porto San Paolo, einem bemerkenswert trüben Kaff, sagt, es gebe auf der ganzen Insel an die sechstausend ›Nuraghen‹ – das sind Steintürme in Form von Stumpfkegeln, die im Zuge oder am Ende einer Völkerwanderung 1500 v. Chr. entstanden seien. Aha, denke ich, ich habe sie für verfallene Häuser gehalten, und jetzt stellt sich heraus, daß sie kleine Wehrburgen kriegerischer Hirten waren. Die Tochter des Kioskbesitzers träumt von einem unabhängigen Sardinien und hat sich also aus rein politischen Gründen einen lupenreinen sardischen Freund zugelegt. Der Mann spricht über nichts anderes als Fußball und nennt gleich nach der ersten Begrüßung alle deutschen Fußballer schwule Mäusebussarde. Ich protestiere milde, ich will kein großes Risiko eingehen, der Kerl sieht aus wie ein wandelnder Baumstamm und hat – den Angaben seiner Freundin zufolge – einem Stier einhändig ein Horn abgebrochen. Er läßt mich zur Strafe seine vier Biere bezahlen.

Meine Wahl fällt heute auf den Strand der Piccolo Pevero, die kleine Pfefferbucht. Hier tummeln sich Frauen mit papageienbunten Hüfttüchern, die Pareos flattern ihnen um die Knie, und wenn ein Kind am Zipfel seiner Mutter zupft, löst sich das Hüfttuch, und man sieht dann aufgeregte Frauen ihren vom Wind davongewehten Tüchern nachjagen. Die reinste Poesie, denke ich und lasse mich auf den einzig freien Platz neben einer Großfamilie nieder. Meine Kühlbox in den Deutschlandfarben erregt sofort ihre Aufmerksamkeit, es sind allesamt Festland-Italiener, die mir versichern, daß die Sarden eigentlich sehr nette Menschen seien, man würde sie auch als die Deutschen Italiens bezeichnen. Sie lachen dann los, und ich grübele darüber nach, ob sie mich gerade eben mal verarscht haben. Sie wollen wissen, wie ich heiße, ich sage: Feridun, das Kleinkind der Großfamilie lallt: Fibi Freak, die Italiener sind daraufhin nicht mehr zu halten und wiehern wie übermütige Pferde auf der Koppel. Meine Badehose sorgt bei ihnen auch für Heiterkeit – zugegeben, sie hat eine Trompetensilhouette und ist im Muster eines Schottenrocks gehalten. Ich habe sie für zwei Euro bei einem zahnlosen Schwarzafrikaner gekauft, der mir sagte, diese Badehose sei der Bademode der Mailänder Modefürsten nachempfunden, ich wäre schön blöd, wenn ich nicht zugreifen würde. Ich griff zu und kaufte mir gleich zehn Stück. Hier, an der kleinen Pfefferbucht, halte ich es nicht mehr für eine gute Idee.

Eine Stunde später bin ich auch nicht mehr sicher, ob es wirklich so toll ist, als Kind in einer italienischen Großfamilie aufzuwachsen. Die Mutter und Großmutter setzen das Kind in ein Schlauchboot, lallen es mit verstellter Stimme an, als handle es sich bei ihm um ein debiles Küken, sie brüllen sofort streng los, wenn das Kind eine kleine Bewegung macht. Der selige Vater macht seinen kleinen Sohn mit Urschreien auf sich aufmerksam, und wenn er erschrocken hochschaut, drückt der Vater auf den Auslöser seines Fotoapparats, der fast sein ganzes Gesicht bedeckt. Der Großvater ist die ganze Zeit damit beschäftigt, seinen Enkel alle fünf Minuten mit Meerwasser zu begießen. Als das arme Kind nicht mehr kann und weint, sitzen sie alle im Kreis um das Kind herum und lallen es mürbe, bis es völlig zerrüttet zur Seite kippt und einschläft. Darauf haben sie alle gewartet, sie packen ihre belegten Brötchen aus und essen. Weil der Italiener beim Mampfen ungern aufs Starren verzichtet, entscheiden die Mitglieder der Großfamilie, daß ich mich am besten dafür eigne, stumm beglotzt zu werden. Ich packe ein und verschwinde. Abends sitze ich auf der Piazza della Chiesa in San Pantaleo, ein wunderschönes kleines Nest. Wenn man draußen auf der Terrasse des Café Nina sitzt, blickt man auf eine Dorfkirche, und zur Rechten auf die Werke des Dorfkünstlers, der bemalte Holzplanken anbietet, die vom Meer ans Land gespült worden sind. Der Wirt hat das Café nach seiner großen Liebe genannt, und natürlich hat er eine Geschichte zu erzählen: Er war zwanzig, sie war zwei Jahre älter, sie kamen zusammen und gingen nach drei Jahreszeiten wieder auseinander. Sie hat geheiratet, er ist Junggeselle, daran seien die Engländerinnen schuld, die ihm schöne Augen machten. Und wie weiter? frage ich nach, er will erst einmal servieren und mir später den Ausgang der Geschichte verraten. Als die füllige Dorfschönheit in einer Wolke schweren Parfüms sich durch die Piazza durchpflügt und Kurs nimmt auf die Terrasse, geht eine Woge durch die Reihen der Sarden: Sie richten sich auf ihren Stühlen auf und ziehen den Bauch ein. Dann steht sie an einem Tisch mit acht Männern, sie hat ihre blonde Mähne hochgetürmt und mit Glitzerspray fixiert – die Männer stimmen ein großes Hallo an. Nein, sie wolle sich bestimmt nicht mit hungrigen Wölfen an einen Tisch setzen, sagt sie lachend, und weil sie dabei den

Kopf schüttelt, sieht ihr Haar aus wie der Schiefe Turm von … Verdammt, denke ich, wie hieß es noch einmal, es will mir aber nicht einfallen. Als der Freund der blondesten Dorfblondine erscheint, verwandeln sich die Jungs am Tisch in Ehrenmänner: Sie nicken der Frau beim Abschied ernst zu, warten ab, bis sie mit ihrem Freund um die Ecke biegt, und schnattern dann aufgeregt los. Also, sagt der Wirt und grinst, weil ich zusammenfahre, Nina und ich, wir haben eine große Liebe gelebt, das ist aber nicht so selten, wie man glaubt, jeder von den Jungs dort am Tisch kann dir seine eigene große Liebesgeschichte erzählen. Na ja, die Zeit vergeht, genaugenommen vergehen fünfzehn Jahre, und dann steht Nina plötzlich vor mir, ich hatte gerade zwei Aperitif-Platten in der Hand, deshalb war es mir auch nicht möglich, sie wenigstens zu umarmen. Ich habe aber alles stehen- und liegengelassen und mit ihr ein Glas Wein getrunken, den besten des Hauses, sie hat gesagt, sie werde wiederkommen. Seither sind zwei Jahre vergangen, ich habe mir den Tag des Wiedersehens rot im Kalender angestrichen, ich weiß es also genau … Wieder in meiner Ferienwohnung denke ich über ihn und Nina nach, die Mücken stören mich nicht dabei.

Morgen früh werde ich mit der Fähre nach Rom zurückkehren, und es ist mir egal, daß der schwule Mäusebussard in der Wohnung über mir meinen Vorderreifen heimlich zerstochen hat und wir uns fast eine Keilerei geliefert haben. Wir Deutschen haben immer einen Kreuzschlüssel, einen Wagenheber und einen Ersatzreifen im Auto, habe ich zu ihm hochgeschrien, natürlich auf deutsch. Er schaute mir beim Reifenwechsel zu, und ich dachte an den Wirt und seine Nina, von der ich hoffe, daß sie an den Falschen geraten ist und bald dahin zurückkehrt, wo sie hingehört.

XXVII. Blitzschlag

Vor anderthalb Wochen bin ich nach Rom zurückgekehrt, ich klopfte beim Pförtner und beim Gärtner an und erzählte ihnen ungefragt, wie sehr es mich freute, meine Abenteuer auf Sizilien und Sardinien überlebt zu haben. Meine Abwesenheit auf dem Villagelände war ihnen nicht aufgefallen, und also konnten sie sich auch nicht so richtig freuen, mich wiederzusehen. Der Gärtner stutzte mit der Heckenschere überstehende Grashalme, der Pförtner kraulte einem vier Monate alten, orange-weiß gescheckten Kater den Kopf. Die wahren Ästheten sind die knallharten Kerle, dachte ich, und dann fiel mir Sowjet-Sergej ein, von dem ich sehr lange nichts gehört hatte. Ich rief ihn übers Handy an, er war nicht erreichbar, ich rief seine angebetete Roberta an, sie war auf ihn nicht gut zu sprechen. Meine Bitte um Kontaktvermittlung ging in ihren Verwünschungen unter, als sie anfing, zu schreien, legte ich auf. Ich versuchte es immer wieder, ohne Erfolg, doch gestern bekam ich von ihm eine kurze Nachricht: ›MAS. Tomorrow afternoon. Three o'clock. I fight for Roberta!!!‹

MAS ist das Kürzel für Magazzini allo Statuto, einem Discount-Großmarkt für Leder und Schnickschnack, der Laden liegt an der Via dello Statuto und ist eine überdachte Auslauffläche für Männer und Frauen der römischen Unterschicht, die für fünfzig Euro hier einen Großeinkauf machen können. Ich finde mich zur bestellten Stunde ein, erschrecke ein bißchen, als mich ein Monster-Transvestit hinter dem Drehkreuz mustert. Noch nie habe ich so viele bunte Vögel auf einem Haufen gesehen. Die Angestellten des Hauses stecken in roten Friseurkitteln, in jeder Abteilung lauern mindestens fünf Angestellte, die Frauen mit den falschen Wimpern und grellgrün lackierten Fingernägeln sind in der Überzahl. Ich streife durch den Laden, ein kaufwilliger Mann in seinen besten Jahren, der hier und da verweilt, um die Sonderposten auf ihre Qualität zu prüfen. Doch die Angestellten lassen sich so leicht nicht täuschen, drei Frauen haben sich an meine Fersen geheftet, der Monster-Transvestit bezieht hinter den Lederimitatmänteln Stellung. Ich drehe eine Runde, dann eine zweite, und schließlich finde ich Sergej vor dem Regal, das mit Antistress-Massagespinnen bestückt ist. Er hat sich eine Spinne über den kahlen Kopf gestülpt, die biegsamen Metallbeine laufen in Schnörkeln aus und zerteilen seine Augenbrauen.

Bevor ich ihn gebührend begrüßen kann, geht der Monster-Transvestit dazwischen und fordert Sowjet-Sergej auf, mit dem Produkt zur Kasse zu gehen und zu bezahlen. Er gehorcht sofort, doch dann bittet er den Transvestiten um ein Autogramm, und weil ich nicht blöd dastehen will, reiche auch ich mein Notizheft her, in das der Transvestit eine persönliche Widmung schreibt: Leider kann ich sie nicht entziffern. Draußen schlendern wir durch die Straßen, Sergej ist schweigsam, aber auch wenn er sprechen würde, könnte ich ihn nicht verstehen. Ein übles Unwetter braut sich zusammen, schwarze Wolken verdunkeln den Himmel, in den sich in der Ferne immer wieder Blitze einbrennen. Doch das Unwetter rückt immer näher – Sergej und ich überqueren gerade die Straße, als der Blitz in die durchhängende Stromleitung über unseren Köpfen einschlägt: Ein grellweißer Strahl hängt für Sekunden in der Luft, ich höre ein Zischen, und dann kracht der Donner derart ohrenbetäubend, daß ich vor Schreck einen Riesensatz auf den Gehsteig mache – direkt vor ein Fahrrad. Die Alarmanlagen der Autos gehen los, der Radfahrer fährt mich über den Haufen, die Pforten der Hölle haben sich geöffnet.

Ich rappele mich hoch, der Radfahrer entschuldigt sich nicht und fährt weiter. Sergej steht wie gelähmt mitten auf der Straße und schaut auf zum Himmel. Ich hake mich bei ihm unter und führe ihn wie ein Schülerlotse zwischen den hupenden Autos zum Bürgersteig. Es regnet jetzt in Strömen, und das Beste wird sein, daß ich den völlig apathischen Ukrainer in eine Bar führe. Tatsächlich sitzen wir wenig später an einem Tisch, da Sergej auf meine Fragen nicht antwortet, starre ich hinaus auf die Sintflut und nippe an meinem Kaffee. Weißt du, sagt er, ich habe mir sehr viele Gedanken darüber gemacht. Ja, sage ich und warte auf die fällige Roberta-Liebeserklärung. Der Blitzschlag von vorhin hat mich darauf gebracht, fährt er fort, irgendwann in der Urzeit schlug der Blitz in einen Bison ein, und die Urmenschen scharten sich um die verkohlten Überreste, aus denen Rauch aufstieg. Der Anführer der Rotte griff hinein und verbrannte sich die Finger. Da verstand er: Aha, das ist nicht rohes, aber vom Blitz verwandeltes Fleisch. Er wartete ein bißchen, die anderen Urmenschen standen herum und gafften, und irgendwann griff der Anführer in den Bison, zerrte und riß ein Stück Fleisch ab, schob es in den Mund, kaute, schluckte den Bissen herunter und nickte. Daraufhin stürzte sich die Meute auf den Bison. So ist das Grillen entstanden. Blödsinn, sage ich, so oft hat es doch damals nicht geblitzt. Doch, sagt Sergej, die Affenmenschen haben nur auf den nächsten Blitz gewartet. Und weil sie auf den Geschmack gekommen sind, haben sie sich nicht mehr vor dem Himmelskrach gefürchtet …

Ich grübele still über Sergejs Blitztheorie, sie hat irgendwo einen Haken, nur ich komme nicht darauf. Er stülpt sich die Massagespinne wieder über den Kopf und pumpt mit der rechten Hand, der Kellner nimmt daraufhin keine Bestellungen mehr von unserem Tisch. Sowjet-Sergej fragt mich, wie wir Germanen grillen, und ich erzähle ihm von der deutsch-orthodoxen Rostbratschule: Der anständige Deutsche hat im eigenen Garten einen selbstgemauerten Grill, und das Feuer wird nach altem Ritus geschürt. Man ordnet das in Streifen gerissene und geknüllte Zeitungspapier auf der Steinplatte zum Kranz, schichtet trockene Reisigzweige darauf und legt die Holzscheite obenauf. Das ergibt die richtige Glut, und man kann den Spieß durch die Würste oder den knoblauchgespickten Hammel stecken und ihn an beiden Enden aufhängen. Ich frage Sergej, wie der gemeine Wodka-Russe zu grillen pflegt, und er sagt, na ja, der Slawe sei kein überzüchteter Grill-Liberaler, er würde einfach den Holzspieß durch die Sau jagen und übers Feuer halten, Punkt. Wir beide sind uns einig, daß man die Rösthoden vom Hammel zu Unrecht dem ungenießbaren Fleisch zuschlage. Zwei deutsche Touristen stehen auf und verlassen eilig die Bar. Sergej packt die Massagespinne wieder ein, er überläßt mir natürlich die Rechnung, und als wir wieder draußen stehen, hat der Regen merklich nachgelassen. Junge Bankangestellte hetzen von ihrer Mittagspause zurück zu ihren Schaltern, das Kabel der Fernsprechanlage zwischen Ohrknopf und Handy in der Hosentasche wippt lässig bei jedem Stechschritt. Die italienischen Männer orientieren sich eindeutig an amerikanischen Nachmittags-Soaps. Die Verkehrspolizisten stecken den Bügel ihrer Pilotenbrille in den Schaftstiefel. Und auch die wenigen Punks, die es in Rom gibt, versäumen es nie, an blank geputzten Schaufenstern stehenzubleiben und ihr Spielbild zu bewundern. So gesehen überrascht es mich nicht, daß Sowjet-Sergej mitten auf der Straße stehenbleibt, eine Duftöl-Phiole hervorholt und das Öl in seine Glatze einmassiert. Ein Afrikaner bittet um ein paar Tropfen, Sergej erklärt ihm, daß es darum gehe, die Kopfkapillaren anzuregen.

Das Fachgespräch unter den Eingeweihten geht in die Länge, ich stehe wie blöde daneben und versuche, ein wissendes Gesicht zu machen. Bald geht es um Frauen. Was läßt sich über Römerinnen sagen? ruft der Afrikaner aus, sie sind katholisch und zeigen gern Dekolleté. Sergej gibt ihm recht, und endlich kommt er auf seine Römerin, Roberta, zu sprechen. Sie habe ihm, dem Sohn des großen ukrainischen Volkes, empfohlen, weniger extremistisch aufzutreten. Jetzt schnalzen beide mit der Zunge und schütteln den Kopf, weil ich mich solidarisch zeigen will, schnalze ich mit. Als Sergej auf mich zeigt und sagt, da sei einer, der sich gegen die orientalische Verrücktheit und für den deutschen Verstand entschieden habe, schnalzt der Afrikaner noch lauter. Mein Protest geht unter, meine lahme Erklärung, der Deutsche würde es zu lieben verstehen, wird von den beiden Alliierten mit großem Gelächter quittiert. Jetzt bin ich wirklich sauer und halte eine Brandrede, natürlich auf deutsch. Sie lauschen andächtig, und als ich mit Tusch und Fanfarenstoß ende, starren sie mich an und klopfen mir anerkennend auf die Schulter. Ich habe mich in ihren Augen als ebenbürtiger Barbar ausgewiesen. Jetzt, da ein leichter Nieselregen niedergeht und uns eine heiße Melancholie verbrennt, einigen wir uns ohne Worte darauf, gemeinsam durch die Straßen Roms zu trotten. Das Donnergrollen aus der Ferne peitscht uns voran.

XXVIII. Knochenkunst

KIRCHE DER HL. MARIA
DER UNBEFLECKTEN EMPFÄNGNIS

Es muß ein Rom geben, das sich Touristen und Pilgern verhüllt, ein Rom der dunklen Unterwelt, ein fremdes finsteres Rom, in das man hinabsteigen muß, um es zu entdecken. Bei Tageslicht besehen ist diese Stadt ein Traum aus Tomaten und Mozzarella, Himmel und Erde, und die antiken Ruinen haben andere Farben als der historische Schutt anderer Städte, und die Römer werden es nie lernen, ihre Autos aufzuschließen, ohne daß die Alarmanlage angeht. Es scheint alles ein großer Spaß zu sein, man neckt sich, man verträgt sich, Hauptsache, das Haargel tropft nicht ins Gesicht, Hauptsache, die Spaghettiträger der Bluse verdecken die BH-Träger. Die Familie geht vor, fremde Kinder werden in die Wange gekniffen, und wenn die eigenen Kinder komisch werden, setzt es vor allen Leuten Ohrfeigen. Man hat Verständnis, schließlich wurde man als Kind auch grün und blau geschlagen, und man hat keinen bleibenden Schaden davongetragen – oder doch? Diese Stadt ist viel zu künstlich, um wahr zu sein, denke ich, ich muß den Lack abkratzen und die schroffe Oberfläche zutage fördern – ich muß das Helle gegen das Dunkle eintauschen.

Als ich vor der Kirche der Heiligen Maria der Unbefleckten Empfängnis stehe, bin ich enttäuscht, doch dann fällt mir wieder ein, daß ich mich nicht zur üblichen Kirchenbesichtigung eingefunden habe. Ich steige hinab in die Kapuzinergruft, die Dame an der Kasse hält ein parfümiertes Einstecktuch unter ihre Nase und scheucht die Touristen in Richtung des Ganges, aus der ein furchtbarer Modergeruch heraufdringt. Ich bin wie vom Donner gerührt, beim Anblick der ersten Gruft bricht mir schon der kalte Schweiß aus, es sieht aus wie im Hobbykeller eines Psychopathen. An der Hauptwand gegenüber bilden Hunderte von Wirbelknochen und Schädeln eine Nische, in die ein Ölbild eingelassen ist: Jesus erweckt Lazarus von den Toten. Und doch will kein Trost über die wundersame Auferstehung aufkommen. An den Seitenwänden sind Oberschenkelknochen zu ge-bogenen Nischen aufgetürmt, in denen mumifizierte Ka-puziner in vollem Ornat liegen. Mein Blick wandert über das Gewölbe, die fleißigen Mönche haben Steißbeine zu Kränzen geordnet, und weil ihnen reichlich Material zur Verfügung stand, haben sie sich mit Hilfe von hellen und dunklen Wirbelknochen an einer Art Farbschattierung versucht. Ich eile weiter zur nächsten Kapelle – Aber hun-derte von Schädeln sind zu drei Türmen gestapelt, vor jedem Turm steht ein Skelett in Kutte, die Giebelfläche über dem mittleren Mönch weist ein wahres Kunstwerk auf: Man hat aus menschlichen Knochen eine Sanduhr gebastelt. Ich wende mich ab, irgend etwas streift mei-nen Kopf, ich muß sofort an Fledermäuse denken, die an diesem verruchten Ort von der Decke herunterhän-gen. Doch ich bin nur gegen den Knochenleuchter am Ganggewölbe gestoßen. In der sogenannten Beckengruft treffe ich auf eine ähnliche Knochen-Anordnung wie in der Schädelgruft: stehende tote Kapuziner vor Becken-knochen, die von einem Längsknochen-Bogen überwölbt sind. Die folgende Schienbein- und Oberschenkelgruft weist an der Hauptwand laut offiziellem Krypta-Führer »eine schrullige Komposition« auf – ein mumifizierter nackter Arm (Christus) und ein Arm im Kuttenärmel (Franz von Assisi) bilden über Kreuz das franziskanische

Wappen. Mir fällt wieder ein, daß die Kapuziner eigentlich Franziskaner mit großen Kapuzen sind. Hinter mir im Gang kommt es zu einem Gedränge, deutsche Teenager auf Klassenfahrt stürmen lustig hinein und wenige Minuten später keuchend wieder hinaus. Ich wische mir den kalten Schweiß von der Stirn und stelle mich vor die letzte Gruft der drei Skelette. Natürlich, denke ich, wieso sollten sich die Kloster-Heimwerker auch nur mit Erwachsenen-Skeletten begnügen: Zwei stehende Kinderskelette halten, flankiert von den unvermeidlichen Sanduhren, einen Totenschädel hoch. Am Mittelgewölbe klebt ein Kinderskelett, in seiner rechten Hand ist eine Sense, in seiner Linken eine Waage. Auf der Tafel am Boden wird die große Drohung in fünf Sprachen ausgesprochen: Was ihr seid sind wir gewesen. Was wir sind werdet ihr sein. Kein Wunder, daß die Kapuzinermönche bis zum Ende des 19. Jahrhunderts in Särgen geschlafen haben, in diesem Memento-mori-Museum gibt es für die Lebenden keine Gnade. Was will ich mich beschweren? Hatte ich nicht den eisernen Entschluß gefaßt, das andere finstere Rom zu entdecken? Vielleicht prägt ja auch der Katholizismus vatikanischer Prägung die dunkle Seite der Stadt; vielleicht wollen die Römer, wie in jeder anderen Metropole auch, nur lieben und leben, solange die Zeit dafür reicht. So schnell gebe ich mich aber nicht geschlagen.

Ich folge einer Empfehlung, rufe im Restaurant L'eau vive an und reserviere für einundzwanzig Uhr. Das Lokal wird von den Schwestern des Missionarsordens Donum Dei (nicht zu verwechseln mit dem Opus Dei) geführt, sogar der Polenpapst Johannes Paul II. soll, als er noch Erzbischof von Krakau war, hier gegessen haben. Die vorherige Anmeldungspflicht, seltsame Wunderlegenden um den Ordensgründer Marcel Roussel, das hartnäckige

Schweigen der Menschen, die in dem Restaurant ein einziges Mal zu Besuch waren und danach nie wieder – das alles verspricht, daß es ein besonderer Abend sein wird. Pünktlich auf die Minute stoße ich die Schwenktür des Lokals auf und bleibe erst einmal auf dem Fleck stehen: Der Saal ist halb voll, die Gäste an den Tischen sind vor Ehrfurcht erstarrt und lauschen einer Frauenstimme vom Band. Sie verkündet mit hartem französischen Akzent auf englisch, daß wir uns auf Rosenblättern betten sollen, daß Rosen wunderschön sind, daß der Anblick von Rosen unsere Stimmung hebt, daß Rosen ... die Rosenpredigt lullt mich ein, doch dann werde ich sanft am Ellenbogen gepackt und an einen Tisch geführt. Ich darf Platz nehmen und die Speisekarte studieren, es gibt Kalbszunge und Schneckengratin, ich bestelle Fisch mit Soße und Kapern. Überall im Saal stehen junge brave Dritte-Welt-Damen, es sind fast allesamt frischbekehrte Heiden, die sich wohl geschworen haben, den ganzen Tag von einem Ohr zum anderen zu grinsen. Die Rosenarie findet plötzlich ein Ende, und dann stimmen die Schwestern vom Orden der schönen Rose das Ave Maria an – ein Tourist steht auf und schmettert das Gebet wie eine Nationalhymne, seine Frau versucht ihn vergeblich auf den Stuhl herunterzuzerren. Die Nonnen sind sichtlich verstört. Von rechts hinten wird mir ein Teller auf den Tisch gelegt, der Fisch schwimmt in einer grauen Pfütze, die Beilagenkartoffeln sehen aus wie harte Klöpse.

Ich will schon in den Fisch beißen, doch da geht die Rosenarie wieder los, zwei Grazien in pastellrosafarbenem Tüll stolpern kichernd in die Saalmitte und drehen zu donnernder Musik Pirouetten. Das gibt's doch gar nicht, denke ich, die Nonnen tanzen Ballett, das glaubt mir in Deutschland kein Mensch. Die Strafe des Himmels folgt auf dem Fuß, eine Gräte bleibt mir im Hals stecken, ich

japse nach Luft, dann wird mir der Stuhl unter meinem
Hintern weggezogen, kräftige Hände strecken mich auf
dem Boden aus, eine afrikanische Schwester reißt mir
Ober- und Unterkiefer auseinander, eine Philippinin stochert in meinem Mund und zeigt mir dann stolz die Gräte. Die Schwestern richten mich auf und klopfen mich
ab. Sie grinsen mich an, wahrscheinlich glauben sie, daß
ich spätestens jetzt konvertieren müßte, statt dessen setze ich mich hin, zerteile den verdammten Fisch und tue
so, als wäre nichts passiert. Während der peinlichen Angelegenheit haben die Grazien ungerührt weitergetanzt,
ja, eine Grazie hat sogar auf meinen fast leblosen Körper
Rosenblätter gestreut. Nun, da ich wieder zu den Lebenden zurückgekehrt bin, eilt eine Schwester heran und
betet die Liste der Nachspeisen herunter. Ich entscheide mich für einen verlängerten Mokka, und da ich nicht
ewig auf das Tischtuch starren möchte, schaue ich mich
um. Der Saal hat den Charme eines Frauenhauses, an
den Wänden hängen Mariabilder, die Heilige Jungfrau
schaut tadelnd auf die Gäste herunter ... apropos Gäste. Es sind ausnahmslos Deutsche auf Rombesuch, sie
verhalten sich wie brave Kinder. Wahrscheinlich sind die
Deutschen das netteste Volk der Welt, zumindest dann,
wenn sie Kultururlaub machen. Man kann sie in ein
zweitklassiges Lokal setzen und ihnen Matsch im Teller
vorsetzen; man kann sie mit bemerkenswert schlecht ge-
trällerten Straßenmusiker-Gesängen um ihre Ruhe beim
Essen bringen und sie beim Essen unentwegt begrinsen
– sie murren nicht, sie werden nicht laut, sie nehmen alles hin. Das katholische Karaoke der Missionsschwestern
haben sie über sich ergehen lassen, und beim Abschied
teilen sie der Frau Oberin mit, daß sie alles toll und schön
finden und bestimmt wiederkommen werden – allerdings
auf deutsch. Auch ich bezahle die horrende Rechnung

und taumele ins Freie. Das habe ich nun davon, was will ich auch das finstere Rom entdecken?! Ich treibe mich eine Weile auf den Straßen herum, die Kartenleger und Handleser haben zur Zeit Konjunktur, und natürlich sind es wieder Deutsche, die sich die Zukunft deuten lassen. Ach ihr, meine lieben Landsleute, ihr Deutschen, wenn ihr nur lernen könntet, etwas mehr Selbstvertrauen auf- zubringen: Ihr seid einfach viel zu nett.

XXIX. Arschbombe

METROSTATION VIA CAVOUR

Der Bäcker empfiehlt heute kandierte rote Weintrauben, seine Frau verdreht die Augen und ermahnt ihn, den treuen Kunden nicht zu veräppeln. Also räuspert sich der Bäcker, schaut mich an, als müßte er eine Wahrheit aussprechen, die nur ein harter Mann zu verkraften fähig sei, und sagt, daß ihm der Zuckerguß diesmal ... na ja, ich solle doch bitte probieren. Nichts lieber als das, denke ich und beiße in die Traube, es kracht fürchterlich in meinem Mund, und mein rechter Backenzahn fängt an zu schmerzen. Die Frau des Bäckers reicht mir eine Papierserviette, in die ich spucke – wenn mich nicht alles täuscht, liegt neben den Zuckerbröckchen und Traubenkernen auch ein kleiner Zahnsplitter. Natürlich könnte ich jetzt in Raserei verfallen, den Glastresen eintreten, die Registrierkasse auf die Straße wuchten und auf den frisch gebackenen Kuchen trampeln. In Italien wird dieses Verhalten von einem Mann erwartet, der unverschuldet ein Viertel seines Zahnes verloren hat. Aus dem Augenwinkel sehe ich, wie die Bäckersfrau zum großen Tortenheber mit den scharfen Kanten greift, der Bäcker ballt, wie in Erwartung einer Attacke, die Fäuste. Ich blicke ihm in die Augen, das ist jetzt ein Duell zwischen Mann und Mann, ich starre, bis mir die Tränen in die Augen treten und ich als erster blinzeln muß. Sofort kommt Bewegung in den Bäcker, seine Frau tätschelt ihm – dem siegreichen Blickduellanten – stolz die Schulter. Ich verlange Wiedergutmachung, er reicht mir ein Hefegebäck, das sich maritozzo nennt – das ist die Verniedlichungsform von marito (Ehemann) und heißt soviel wie liebes Ehemännlein.

Ich beiße vorsichtig hinein, ich schmecke zwar Rosinen und Pinienkerne, aber mir ist so, als würde ich an einer Schuhsohle kauen. Was soll ich jetzt mit dir machen? denke ich, da komme ich seit fast einem halben Jahr sechs Tage in der Woche in deine lausige Konditorei und esse deine pistaziencremegefüllten Waffeln. Deine Frau hat Muschelohren, du selbst bist so klein, daß meine Kniestrümpfe dir bis zum unteren Rippenbogen reichen. So. Schickt sich das für einen anständigen römischen Bäcker, daß er die Selbstverletzung seines treuen Kunden in Kauf nimmt? Du, Italiener, bist ein schlechter Mensch, und das nächste Mal werde ich dir ein paar Kniestrümpfe schenken – so machen wir Deutschen das, so regeln wir unsere Angelegenheiten ... ich schaue hinunter und sehe, daß ein Zwergpudel an den Schnürsenkeln meiner schwarzen Lackschuhe kaut, sein Herrchen ist sichtlich stolz auf seine Atomratte. Ich ziehe meinen Fuß weg, der Pudel kläfft vor Schreck. Jetzt möchte der Mann unbedingt mit mir ins Gespräch kommen, er fragt mich, ob ich eine Katzenallergie habe. Was hat das eine mit dem anderen zu tun? frage ich zurück. Die zweitätteste Tochter des Cousins seiner Frau sei gegen Katzen allergisch, sagt er, und komme aber mit allen Hunden außer Pudeln aus. Ich verrate ihm, daß ich nur gegen Pollen allergisch sei, er unterbricht meine umständliche Rede, sagt: Schafehunt! und fängt an zu bellen. Der Zwergpudel macht sich wieder an meinem Schnürsenkel zu schaffen, die Bäckersfrau beklatscht das Gebell des Pudelbesitzers, und der Bäcker erklärt zwei älteren Damen, daß der Deutsche an und für sich soviel Humor habe wie der Teig, den er rühren und walken würde. ›Tu sei poco cotto‹, rufe ich ihm zu, frei übersetzt heißt das: Du bist nicht ausgebacken. Der Bäcker will sich daraufhin auf mich stürzen, ich reiße mich vom Zwergpudel los und flüchte ins Freie, nach fünf Schritten fange ich an zu laufen, und wenig später habe ich den Bäcker und Pudels Herrchen abgeschüttelt.

Dieser Tag steht eigentlich im Zeichen der Kunst, ich hole das Faltblatt aus der Hosentasche und entdecke darauf, daß an elf Orten in Rom ›stadtspezifische Art-Interventionen‹ vorgenommen werden. Ich entscheide mich für ›den Eingriff im urbanen Raum‹ in der Via Cavour, auf dem Hinweg stolpere ich fast in ein anderes Kunstwerk: Eine Künstlerin hat aus Glasscherben Buchstaben geformt, die Buchstaben bilden einen englischen Satz: You are my unknown place. Könnte stimmen, denke ich, könnte aber auch falsch sein. Nach einem elend langen Fußmarsch kämpfe ich mich schließlich zur Metrostation Via Cavour durch, dort stehe ich eine Dreiviertelstunde in der prallen Sonne, es passiert gar nichts. Ich treffe einen Bekannten, der mir mitteilt, die Stadt habe für die geplante Kunstaktion keine Genehmigung erteilt, jetzt müsse man tapfer gegen Staatswillkür und Polizeistaat vorgehen. Ich bin etwas verwirrt, folge ihm aber, weil er sich mutig durch den Gegenstrom der Passanten durchpflügt. Ich komme genau richtig: Kunst-Zweitsemester-Studentinnen tragen Deutsche-Post-Plastikschalen zur Bordsteinkante, die Künstlerin gibt das Startzeichen, und dann beginnen sie mit etwas, das sich wie Kugelstoßen für Kinder ausnimmt. Sie rollen grüne, pinke und orangene Knetgummibälle auf die Straße, die Autos überfahren die Bälle und drücken den Knetmatsch in den Asphalt. Ein Motorinofahrer ist außer sich vor Zorn, bei dem Versuch, hart abzubremsen, ist er auf dem Knetgummibelag abgeschmiert – nun stürzt er sich auf den

Hals der Studentin, die ihm eine grüne Kugel vor den Vorderreifen geworfen hat. Ein japanischer Passant droht ihm mit hartem Jiu-Jitsu-Einsatz, und nur zwei herbeigerufene Stadtpolizisten können knapp verhindern, daß er seine Drohung wahr macht.

Sie fordern Verstärkung an, wenige Minuten später sind acht Polizisten damit beschäftigt, die bunten Bälle von der Straße wegzukicken. Leider stellen sie sich ungeschickt an und latschen auf die Kugeln, das Knetgummi klebt in den Rillen der dicken Stiefelprofilsohle. Sie zücken ihre Kugelschreiber, winkeln ein Bein ab und stochern wütend in der Sohle. Es kommt zu einem Verkehrschaos. Ein Mann im römischen Legionärskostüm stellt sich auf den Mittelstreifen und mimt den Verkehrspolizisten, er wird aber von einem echten Polizisten unter Flüchen weggeschubst. Dann fährt dröhnend eine Kehrmaschine heran, schaltet die Rotierborsten an – ein großer Fehler. Die bunte Knetmasse wird von den Borsten vermanscht und in den Asphalt einmassiert. Die gaffenden Italiener lösen sich aus ihrer Erstarrung, hier haben sie den groben Unfug, den sie so sehr lieben, also nehmen sie Anlauf und springen auf die Bälle und zerdrücken sie zu Kuhfladen. Demis, der Deutsch-Sizilianer, erinnert mich daran, daß die in Deutschland so beliebte Arschbombe eigentlich eine urrömische Tradition sei: Das italienische Muttersöhnchen würde seiner Mamma gute Nacht wünschen, in sein Zimmer eintreten, hinter sich abschließen und mit dem Arsch voran auf das gemachte Bett fallen. Wir streiten etwas darüber, ob die Arschbombe vom Fünfmeter-Sprungbrett in ein vollbesetztes Schwimmbecken zulässig sei oder nicht. Demis ist der Meinung, man müsse im Leben schon etwas riskieren, ich sage, ein beschleunigter Arsch, der auf dem eigenen Kopf explodiere, würde für wirklich schlechte Laune sorgen. Eine

Polizistin hält uns beide für beteiligte Künstler, sie will unsere Personalien aufnehmen, als wir milde protestieren fordert sie uns auf, das Knetgummi von der Straße zu kratzen. Demis erklärt ihr, daß er noch nie in seinem Leben eine so schöne Polizistin gesehen habe. Sie steckt das Notizheft weg und fragt uns, nach einem schnellen Blick auf ihre Kollegen, was wir von ihrer neuen Haartönung halten würden. Ich will mich in Lob ergehen, doch sie unterbricht mich, meine Meinung ist ihr egal. Demis sagt, das Licht würde Reflexe auf ihr Haar zaubern, und ihre braunen Locken würden wie ein Wasserfall auf ihre Schultern fallen. Die Polizistin blickt mich an, und weil ich immer noch nichts verstehe, sagt sie, ich solle doch Postkarten kaufen gehen. Ich schließe mich dem Pulk an, die Passanten sind mittlerweile dazu übergegangen, die Plastilin-Kuhfladen vom Asphalt abzuziehen und daran zu schnüffeln. Die Polizisten sind sauer, sie werden richtig stinkig, als die Künstlerin ihnen das offizielle Schreiben des Kuratoriums aushändigt. Eine Kuratorin ist sofort zur Stelle und bittet die Polizisten, die Freiheit der Kunst zu respektieren. Sie stecken kurz die Köpfe zusammen, dann wollen sie auf der Stelle laut Strafgebührenordnung das Strafgeld von einundzwanzig Euro kassieren. Die Künstlerin verteilt keine roten Nelken, aber dafür ihre Kataloge, die Polizisten würden sie zwar an liebsten niederknüppeln, sie nehmen trotzdem die Kataloge an und bitten um ein Autogramm. Dann brüllen sie die Autofahrer an, verdammt noch mal weiter zu fahren, und nein, die verdammten Kugeln seien keine verdammten Granaten, die verdammte Islamisten verdammt noch mal auf die verdammte Straße werfen. Ich mache mich mit Demis auf den Weg, die Polizistin schaut ihm wehmütig nach. Er sagt, dort, wo er mit einer Hälfte herkomme, auf Sizilien, würde man solche Kunstaktionen mit einer MG-Salve beenden. Die Künstlerin, wenn sie denn nicht aus vierzig Löchern blute, würde man zum halbjährigen Straßenkehren verdonnern. Ich werfe ihm vor, daß er leicht übertreibe, er nennt mich ein naives Mäuschen. Ich sage, im Vergleich mit einem türkischen Polizisten würde der Sizilianer aber alt aussehen, der Türke habe keinen Sinn für Pipifax, und Kunst setze er mit Pipifax gleich. Demis spricht den Türken die volle Härte ab, also streiten wir uns wieder und kühlen uns erst dann ab, als ein heftiger Regenschauer niedergeht. Später sehe ich die Künstlerin auf dem Villagelände glücklich ihr Kind in den Armen wiegen. Sie hat die Römer aufgemischt, halb Rom wird morgen von ihr sprechen. Dann fällt es mir wieder ein, ich laufe in mein Studio, nehme im Flur Anlauf und krache als Arschbombe auf das Bett.

XXX. Die weiße Nacht

Wenn italienische Männer mit ihren Frauen unterwegs sind, sieht es aus wie ein Gefangenentransport: Der Mann hält die Frau fest, als müsse er fürchten, daß seine nach langem Liebeswerben in Besitz genommene Frau einem Dahergelaufenen ihr Herz vergibt. Tatsächlich scheuen die Römerinnen nicht den langen Blickkontakt, und ihre offiziellen Liebhaber lassen sich einen Fünftagebart wachsen und trainieren vor dem Garderobenspiegel den knallharten Schlägerauftritt. Dann können sie tatsächlich jeden Nebenbuhler in Grund und Boden starren. Also sieht man im Alltag sehr häufig zwei erstarrte Männer im Blickduell, und in ihrer Nähe eine einzige Frau, die diese Auszeit nutzt, um beispielsweise mit ihrer Freundin per Handy ein Mädchenausgehabend zu organisieren. Ihr Freund verteidigt zwar in diesem Moment seine Ehre, er bekommt aber das Gespräch mit und wird ihr später die Hölle heiß machen. Ein anständiges Mädchen hat abends nicht ohne männliche Begleitung auszugehen, wird er ihr sagen, ich kenne die Männer, sie sind Hormonzombies, und nachts treiben sie sich auf den Straßen herum und warten auf Opfer, ich bin da ganz anders, vertraue mir ... Man sollte sich hüten, die beiden einander finster begaffenden Männer anzutippen oder um eine Wegbeschreibung zu bitten. Ich tat es ein einziges Mal – der Mann, dessen Ehre auf dem Spiel stand, klappte einfach den Arm auf, legte seine große Hand auf mein Gesicht und schob mich weg. Besonders junge deutsche Touristen schalten sich im Ausland gern als Friedensrichter ein. Sie wissen nicht, was sie tun. Auch ich versuchte, wieder ein einziges Mal, im gutgelaunten Italo-Englisch zwischen zwei stierende Gockel zu gehen. Es stellte sich als keine gute Idee heraus.

Ein italienischer Bekannter lädt mich ein, ihn und – das ist das Wunder – seine Freundin diese Nacht zu begleiten. Natürlich geht er mit mir erst die Liste der Vorsichtsmaßnahmen durch. Erstens: Ich muß auf das Grab seiner Großmutter (!) schwören, daß ich immer nur auf seiner Seite gehen werde. Zweitens: Im Fall, daß seine angebetete Lucia eine Frage an mich richten soll-te, werde ich erst ihn ansehen, sein knappes Nicken ab-warten und dann in neutralem Ton antworten. Drittens: Ich darf keine Angaben über mein Privatleben machen. Viertens: Ich soll immer wieder in die Unterhaltung ein-streuen, daß er und Lucia ein wirklich schönes Paar ab-geben. Fünftens: Ich soll mich lobend über die Vorzüge des italienischen Mannes auslassen. Sechstens: Könne er mich Lucia gegenüber als einen schwulen Freund aus Deutschland vorstellen? Er wolle hiermit meine formale Erlaubnis einholen. Wir einigen uns darauf, den sech-sten Punkt ersatzlos zu streichen; dem fünften Punkt wird eine Ersatzklausel angefügt: ich lobe die Italiener, im Gegenzug lobt er den deutschen Mann.

Diese Nacht erstrahlt Rom in hellem Glanz, die Zei-tungen schreiben von der großen Illumination: la notte bianca – die weiße Nacht – findet immer einmal im Jahr statt, es ist ein großes Volksfest mit fünfhundert Veran-staltungen und achthundert Künstlern. Alle Museen, Villen, Gärten, Theaterhäuser, Bibliotheken, Galerien, Sportzentren, Bars, Discotheken und Einkaufszentren haben geöffnet.

Als mich Vito abholt, fängt es an zu nieseln, er stellt

mich seiner Freundin Lucia vor, und ich strecke ihr zum Gruß die Hand entgegen. Ein Hustenanfall von Vito läßt mich zusammenzucken, dann verstehe ich und halte die Hand zum Indianergruß hoch. Wenig später sitzen wir alle im Auto, Vito dreht die Heizung auf, es gießt mittlerweile aus allen Wolken, und da die Scheibenwischer kaputt sind, kann er nur Schrittempo fahren. Lucia, sagt er, sei an der zeitgenössischen Kunst sehr interessiert, deshalb würden wir uns erst eine Videoinstallation anschauen. Sie könne für sich alleine sprechen, wirft Lucia ein und fragt mich, ob ich eine Freundin habe, und wenn ja, wo sie denn stecke. Vito muß fürchterlich husten, ich verlege mich auf Lobreden auf den italienischen Mann, Vito bemerkt, der deutsche Mann brauche sich überhaupt nicht zu verstecken, denn er sei kräftig, gutaussehend, elegant und stilsicher. Überhaupt fiele ihm ein deutscher Kinderreim ein, er gehe folgendermaßen: Eine Kuh macht Muh. Viele Kühe machen Mühe. Daraufhin ist es eine lange Weile still im Wagen. Ein Sturzregen geht draußen nieder, die Autos wälzen sich hupend durch die Lachen, schließlich stecken wir im Stau. Nach einer Stunde Irrfahrt beschließen wir, umzukehren und unser Glück im Stadtteil San Lorenzo zu versuchen. Doch das ganze Viertel ist abgeriegelt, quergestellte Polizeiwagen versperren die Einfahrt in die Seitenstraßen. Vito parkt das Auto in der absoluten Halteverbotszone vor einer kleinen Kirche, und kaum ist er ausgestiegen, macht er vor der Madonnaikone auf der Giebelfläche über dem Portal einen Bückling und schlägt das Kreuz. Dann bewegen wir uns im strömenden Regen in Richtung des Restaurants, Lucia möchte einen kleinen Imbiß nehmen. Es scheint, als hätten sich alle fünfzehn- bis achtzehnjährigen Schüler zu einem Klassentreffen unter freiem Himmel verabredet, die Jungen trinken aus Wodkaflaschen, die Mädchen halten sich die Nase zu, setzen die Likörflasche auf die Unterlippe und nehmen einen großen Schluck. Wieso sind mir diese Szenen so vertraut? denke ich, und dann fällt es mir ein: Na klar, das hier ist eine Mischung aus Jahrmarkt und deutscher Betriebsfeier, man betrinkt sich, bis man erbricht und liegenbleibt. Jetzt habe ich gute Laune, der verdammte Regen kann mir nichts anhaben, vor mir geht Vito wie ein Ein-Mann-Kommando, er hält Lucia am Jackenzipfel und stößt immer wieder mit entgegenkommenden Passanten zusammen. Das ist typisch italienisch: Der heterosexuelle Italiener gleicht von seinem Wesen her einem Rugbyspieler. Weder als Autofahrer noch als Fußgänger weicht er aus, nur auf seine Mamma und seinen Wachhund nimmt er Rücksicht. Jetzt prallt Vito mit einem Schüler zusammen, der Schüler fällt um, als hätte man ihn erschossen, Vito geht ungerührt weiter. Endlich erreichen wir die Piazzetta Tiburtina, Hunderte von Freizeit-Rebellen bejubeln eine Panflötenpunkband auf der Freilichtbühne. Dank Vitos Körpereinsatz schlüpfen wir schnell ins Restaurant, und nach einer Dreiviertelstunde wird uns vom schweißnassen Kellner ein Tisch zugewiesen. Lucia bestellt Salatblätter, Vito und ich entscheiden uns für scharfe Pizza in XL-Größe. Der Krach draußen macht eine gesittete Unterhaltung unmöglich, die Menschen an den Tischen brüllen dagegen an, wir tun es ihnen gleich. Gefällt es dir in Rom? schreit mich Lucia an, ich schreie mit vollem Mund zurück, daß der italienische Mann von vorbildhaftem Charakter sei und großen Respekt verdiene. Vito strahlt übers ganze Gesicht. Seine Freundin hält mich ab sofort für einen Deppen erster Güte. Vito putzt seine Pizza weg und starrt mir auf den Teller, mir bleibt nichts anderes übrig, als ihm ein Stück anzubieten. Er schneidet sich die Hälfte ab, rollt sie zusammen, und nach fünf

Bissen hat er meine Pizzahälfte verschlungen. Jetzt starrt er wieder auf meinen Teller, ich reagiere nicht. Dann sagt Lucia: Ich weiß nicht, wieso ich mir diesen Mann ausgesucht habe, ich glaube schon, daß ich ihn liebe, und ich weiß, daß er mich liebt, aber manchmal frage ich mich, ob ich ihn nur deshalb als Freund halte, weil er vor mir eine kurze heftige Affäre mit Monica Bellucci hatte … Moment mal, sage ich, reden wir über die Bellucci, die schönste Frau Italiens, die Frau, in die alle Gebrauchtwagenhändler und Kellner Roms verknallt sind? Ich muß mich korrigieren, da Vito bemerkt, sein Vater verkaufe gebrauchte Autos und respektiere nur die schauspielerische Leistung von Monica Bellucci. Dann geht er auf die Toilette, ich sehe ihn unterwegs den Kellner ansprechen, der ein paar Augenblicke später die Rechnung bringt. Ich bezahle, der Kellner verschwindet, Vito kehrt zurück. Er möchte das Thema Bellucci nicht vertiefen, er möchte, daß wir uns zu Fuß in Richtung Piazza Venezia bewegen. Nur die Übervierzigjährigen haben sich vom Regen abschrecken lassen, die Straßen sind voll mit jungen Leuten. Plötzlich treffen wir auf nackte Männer und Frauen, sie sind in Regenbogenfarben ganzkörperbemalt und halten schwarze Regenschirme hoch, es muß sich bestimmt um eine Kunstaktion handeln. Von einem Moment auf den anderen erstarrt Vito und stiert aus engen Augenschlitzen, ein nackter Mann aus der Künstlergruppe glotzt böse zurück. Lucia kommt mit einer nackten Frau ins Gespräch, ich bin zwischen den beiden und dem scheintoten Vito eingekeilt. Eine Viertelstunde lasse ich mich vollregnen, dann erwacht Vito zum Leben, er hat das Blickduell verloren. Er läßt den Blick schweifen, und ehe er weiß, wie ihm geschieht, klatscht Lucias Hand laut auf seiner Wange. Die Körperbemalten, mit Ausnahme einer Frau, versuchen, sie von Vito wegzureißen.

Sie geht laut fluchend davon. Er öffnet und schließt den Mund, als wolle er seine Kinnlade wieder einrenken. Das wird mich aber einen ganzen Monatslohn kosten, um sie wieder versöhnlich zu stimmen, sagt er, das war doch nur ein harmloser Blickwechsel …

Die Körperbemalten wollen ihn trösten, der siegreiche Blickduellant klopft ihm auf die Schulter und hinterläßt rote Handabdrücke. Was ist jetzt mit Monica Bellucci? frage ich, war da wirklich etwas zwischen euch beiden? Vito gibt keine Antwort, statt dessen stellt er laut Überlegungen über wasserabweisende Körperfarbe an. Sehr viel später finden wir uns in einem großen Menschengewühl wieder, und spätestens jetzt, angesichts der folgenden Szene, nehme ich mir vor, nicht mehr über den unglaublichen Kitsch in italienischen Filmen zu lästern: Der Zufall, nein, das Schicksal treibt Lucia Vito in die Arme, die beiden Liebenden von der Piazza Venezia werden von der Masse aneinandergedrückt, sie können nicht anders, als sich zu umarmen und zu küssen. Was machen die Italiener? Sie spenden brandenden Applaus. Was mache ich? Ich kann es nicht fassen, ich klatsche mit.

XXXI. Märchen, Müll und Memmen

COLOSSEUM

Inzwischen weiß jedes Kind, daß das Colosseum seinen Namen nicht etwa seinen mörderisch-monumentalen Ausmaßen verdankt – dieses Amphitheater wurde nach dem Kolossal-Standbild des Kaisers Nero genannt, an dessen Stelle heute fünf hohe Bäume stehen. Nun, was soll ich sagen, ich wußte es nicht; und weil mein Deutschlehrer mit der Warze auf dem Nasenflügel damals immer von dieser steingewordenen Hutschachtel der Antike geschwärmt hatte, ließ sie mich völlig kalt. Jetzt aber schaue ich auf den Titusbogen, hinter mir das Colosseum und links der Konstantinbogen, Touristen aller Länder marschieren in Truppenstärke auf, bleiben an den Souvenirständen hängen und kaufen den Nippes, über den sich ihre Freunde in der Heimat totärgern werden: Kochschürzen mit Rommotiven, Baseballkappen, Wandteller aus Plastik. Natürlich rümpfe ich die Nase, und natürlich will ich nicht daran erinnert werden, daß ich in meiner Anfangszeit in Rom ein Vermögen für Andenken aller Art ausgegeben habe. Nach den Regengüssen der letzten Tage plagt mich heute die tropische Hitze, ich lege ein Herrentaschentuch auf meinen Kopf, verknote die vier Zipfel und achte nicht weiter auf die dämlichen Kinder, die mit dem Finger auf mich zeigen. Ich habe mich für eine Gruppenführung angemeldet, ein Kunsthistoriker vom Archäologischen Institut wird zu uns Deutschen in der Diaspora sprechen. Wie es für Deutsche im Ausland üblich ist, beäugen wir uns heimlich und legen

großen Wert darauf, daß man uns nicht für eine Pfad-
findertruppe aus dem Schwarzwald hält. Vier Italiener
auf einem Steinsockel bieten brüllend ihre Dienste an,
sie bewegen sich so souverän in Kostümen, daß man sie
tatsächlich für Cäsar in Begleitung von drei Palastgardi-
sten halten könnte. Ein Afrikaner bezahlt die zehn Euro
Schnappschuss-Gebühr, dann darf er den Römerhelm
aufsetzen, ein Gardist läßt sich von ihm an den Haaren
ziehen und das Spielzeugschwert an seine Kehle setzen.
Dann brüllen alle fünf Männer, die Frau des Afrikaners
drückt auf den Auslöser. Jetzt ist die Frau an der Reihe, sie steigt auf den Sockel, kreuzt im Liegen die Beine,
Cäsar rammt ihr sehr unsanft den Lorbeerkranz auf den
Kopf – der Afrikaner drückt nicht auf den Auslöser. Mit
einem Satz ist er bei dem grinsenden Cäsar und zerrt ihn
an seiner Kaiserrobe, die falschen Gardisten gehen dazwischen. Einige unschöne Szenen später darf der Afrikaner ein Bonusfoto machen, dann umarmen sich Cäsar
und der Afrikaner herzlich zum Abschied. Eine Japanerin
fotografiert diese Szene, wahrscheinlich in dem Glauben,
daß hier eine historische Versöhnung nachgestellt wird.

Endlich trifft der Kunsthistoriker ein und legt sofort los: Bis in die Mitte des neunzehnten Jahrhunderts
seien die Fäkalien und der Kehricht von ganz Rom am
Colosseum abgeladen worden, die ›Müllverschüttungs-
höhe‹ habe ungefähr fünfundzwanzig Meter betragen.
Aha, denke ich, wenn das Monument eine fünfzig Meter
hohe Fassade hat, bedeutet es ja, daß das Colosseum zur
Hälfte im Müll der Stadt versank. Ich frage nach, meine Streberfrage bringt ihn etwas aus dem Konzept – ja,
sagt er, Sie sind ja richtig toll im Kopfrechnen. Bei kalten Wintern, fährt er fort, kamen früher Wölfe bis ans
Colosseum, in den Gewölben hauste das Gesindel, und
wer nachts den Tod fand, wurde einfach auf dem Unrat

abgelegt. Wie Sie sehen können, fehlen zwei Außenringe, das liegt nicht etwa nur an den Erdbeben und Bränden, es liegt hauptsächlich an dem systematischen Steinabbruch. Man hat erst die Treppen eines Aufgangs zu den vier Geschossen herausgeschlagen und hat damit einen Einsturz provoziert. Zwei Travertinquader sind in den Vatikan gewandert, Travertin ist, wie Sie sicher wissen, Kalktuff und wurde aus den Steinbrüchen bei Tivoli gehauen. Das Colosseum hat also lange Zeit auch als Steinbruch gedient, der Marmor wurde abgetragen und verbrannt, um daraus guten Mörtel zu gewinnen. Sind das an der Fassade Einschußlöcher aus dem Zweiten Weltkrieg? frage ich, die anderen Teilnehmer starren mich an, und da ich erst einmal keine Antwort bekomme, gieße ich aus einer Plastikflasche Wasser über meinem Kopf aus. Ich stehe jetzt schon eine halbe Stunde in der prallen Sonne, und wenn es so weitergeht, wird mich ein Hitzschlag dahinraffen, ich sehe im Geiste den fidelen falschen Cäsar und die Gardisten meine Leiche auf der Rückseite des Colosseums abladen. Darauf wollte ich gerade kommen, sagt der Kunsthistoriker, die Römer haben damals Steine mit Mörtel versetzt und mit Klammern festgehalten, Jahrhunderte später kamen die neuen Römer und rissen sich die Klammern unter den Nagel. Nach der Legende sollen hier bei den Spielen Tausende von Christen umgekommen sein, das gehört in das Reich der Märchen, doch die neuen Herren ficht die Wahrheit nicht an, der Vatikan wollte auf der Arena des Amphitheaters eine Kirche errichten und verwarf aber später den Gedanken. Ich sprach vorhin von Etagen, das einfache Volk strömte durch die Eingänge hinein, und dann galt folgendes Prinzip: Es muß alles steigen, bis auf die Senatoren, ihr Eingang war ebenerdig, die Patrizier, allen voran natürlich der Kaiser und seine Familie, konnten von bequemen

Logen aus das Gemetzel auf der Arena beobachten. Ihre Sklaven servierten ihnen das Essen, das gewöhnliche Volk in den oberen Rängen mußte das Essen entweder mitbringen oder von den zwischen den Plätzen wandernden Händlern teuer kaufen ... Was gab es damals zu essen? frage ich dazwischen, der Kunsthistoriker würdigt mich keines Blickes und fährt einfach mit seinem Vortrag fort, der Anblick eines begossenen Barbaren setzt ihm immer weniger zu. Sie müssen wissen, sagt er, es wurden alles in allem vielleicht 30 Tage im Jahr Spiele gegeben, und die Spiele fingen morgens an und dauerten bis zum späten Abend. Dabei gab es einen festen Spielplan: Man fing mit Tieren an, jagte beispielsweise Gänse und Hühner auf die Arena und hetzte eine ausgehungerte Raubkatze auf das Gefieder. Sie können sich vorstellen, wie schnell die kleinen Tierchen dezimiert wurden. Es traten an: Tier gegen Tier und Mensch gegen Tier. Manchmal demonstrierte man Volk und Kaiser die Gelehrsamkeit der Tiere. Sechs Elefanten trotteten hinaus, sie trugen eine Sänfte, in der eine schwangere Frau saß, die Elefanten reichten ihr mit ihren Rüsseln Tee und Zucker. Es kämpften und starben fast nur Männer, manchmal traten aber auch Frauen gegen Zwerge an. Der Gladiator, der die ersten drei Kämpfe überlebt hatte, konnte hoffen, die nächsten drei Jahre zu überleben. Ein Gladiator, das war fast immer ein Kriegsgefangener, den man in der Schaukämpferschule einem Drill unterzog, und dann mußte er auch schon antreten. Die Verlustrate war sehr hoch, die wenigsten bekamen wegen herausragenden Kampfes ihre Freiheit geschenkt, die meisten kamen um und wurden in Massengräbern verscharrt. Tatsächlich waren die Gladiatoren stämmige Kerle, sie wurden aufgepumpt ... Womit? frage ich. Mit Gerstenbrei, sagt er, Sie quatschen mir zu oft dazwischen, wenn Sie mich bitte erst ausreden ließen, bevor Sie Ihre

Frage stellen. Doch erst einmal kommt er nicht dazu, auszureden, zwei Zivilpolizisten zücken ihre Marken und nehmen ihn in die Zange. Sie möchten seinen offiziellen Ausweis sehen, und da er keine Lizenz vorweisen kann, beschuldigen sie ihn der räuberischen Touristenführung. Sie sehen aus, als wollten sie ihn von der Stelle weg verhaften. Er muß ein Formular mit zwei Durchschlägen unterschreiben, das kommt einem Schuldeingeständnis gleich. Man droht ihm mit einem saftigen Strafgeld, ich stelle mich wie ein Personenschützer neben den Kunsthistoriker, die beiden Zivilpolizisten prallen von meinem Anblick ab, ich kann die pure Angst in ihren Augen erkennen: ein Irrer mit wassernassem Gesicht, ein Irrer, der aussieht, als habe er eine Saugglocke ohne Griff über den Kopf gestülpt – so einer kann gefährlich werden. Sie treten den geordneten Rückzug an, der Kunsthistoriker dreht sich zu mir um und streckt mir gerührt die Hand entgegen, ich schlage sofort ein. Sie können ab jetzt so viele blöde Fragen stellen, wie Sie wollen, sagt er, schießen Sie also los. Kommen wir doch noch einmal auf die blutigen Kämpfe zurück, sage ich. Gut, sagt er, tun wir das einfach mal, also, die Arena bestand aus einem Bretterboden, den man abnehmen konnte, Sie kennen das alle vom Theater, auch da kann man Bühnenelemente hin- und herschieben. Unter den Brettern befand sich das Technikgeschoß, die Römer benutzten Hebemaschinen, das waren sogenannte Windensteine, vermittels derer man Käfige mit Bären und Raubkatzen herauffuhr. Und dann wurde ein Gladiator mit Netz und Dreizack rausgescheucht, der Mann hatte nicht den Hauch einer Chance, er wurde einfach vor den Augen des Volkes im Stadion aufgegessen. Überhaupt das Volk – je mehr Tode es unten in der Arena zu sehen bekam, desto wilder feierte es Kaiser und Senatoren ab. Ging auch mal etwas schief? frage ich blöd, der Kunsthistoriker will mich eigentlich niederboxen, besinnt sich aber meines Freundschaftsdienstes. Es ist überliefert, sagt er, daß drei einfache Mechaniker den falschen Käfig hochfuhren, statt der hungrigen Hyänen wurden gackernde Hühner auf den Gladiator losgelassen, das Volk höhnte und buhte, der anwesende Senator, der die Spiele gab, war blamiert. Tja, fünf Minuten später mußten die armen Schweine gegen die Hyänen antreten, es war ein ungleicher Kampf.

Der Kunsthistoriker führt uns über den Eingang für Mitarbeiter ins Colosseum, wir trotten hinterher und lassen mit offenem Mund den Blick über die Ränge schweifen. Gegenüber knien polnische Pilger vor dem Bronzekreuz, das zu Ehren der vielen Frühchristen errichtet wurde, die hier aber dann doch nicht gestorben sind. Ich gieße mir wieder Wasser über den Kopf, der Kunsthistoriker beendet seinen Vortrag, wir spenden tosenden Beifall und erschrecken über den Nachhall. Er winkt mich zur Seite und sagt, ich solle es nicht falsch verstehen, aber meine Kopfbedeckung sei ›ästhetisch ungeraten‹, sonst aber wünsche er mir alles Gute für mein weiteres Leben. Wenig später kaufe ich mir von einem Souvenirhändler eine knallrote Baseballkappe und laufe dann zum falschen Cäsar: Auch ich will den Lorbeerkranz aufsetzen und das Spielzeugschwert brüllend einem Gardisten an die Kehle halten.

XXXII. Koreapeitsche

FRISEUR IN NOMENTANA

Ich bin beim Friseur, ich sitze auf dem Barbierstuhl und versuche dem Meister zu folgen, der mit Schere und Kamm hinter mir steht – er will mir einen Frontigel schneiden, bei uns besser bekannt als Koreapeitsche: vorne, in Verlängerung der Zornfurche zwischen meinen Augen, ein Haarschopf, der Nacken und die Schläfen ausrasiert, also eine Glatze mit einem Igel auf dem Schädel. Lieber nicht, sage ich, ahme mit Zeige- und Mittelfinger eine Schere nach und fahre mir an die Haarspitzen und an die Hundewelpenlocken über den Ohren. Der Meister nickt mir zu und bittet mich, einfach die Augen zu schließen, die hupenden Autos und die schreienden Kinder da draußen zu vergessen, und ihm zu vertrauen. Als ich nach einer Viertelstunde in den Spiegel schaue, starrt ein vierzigjähriger Mann mit einer luftigen Poppertolle zurück. Jetzt bin ich wirklich sauer, doch der Meister beschwichtigt mich mit den Worten, er habe über die ›Zwischenfrisur‹ demonstrieren wollen, daß sich ein hipper Wahlitaliener schon für den Frontigel entscheiden müsse. Ich bin nicht hip, sage ich, ich arbeite weder im Musiksektor noch am Tresen einer Discothek, ich bin hergekommen, um einen zivilen Haarschnitt zu bekommen, und jetzt sehe ich aus wie ein gefönter Hamster. Das stimme schon deswegen nicht, weil meine Haarfarbe dunkler als Hamsterfell sei, sagt der Friseur, er wendet sich einem wartenden Kunden zu und bittet ihn um seine Meinung. Nun ja, setzt der Mann an, ich habe heute wirklich keinen Grund zu lästern, der Tag fing vielversprechend an, meine Frau hat mir ein Cornetto mit Vanillecremefüllung und einen pechschwarzen Kaffee hingestellt, und ich konnte in mein Lieblingshemd schlüpfen, es war frisch gewaschen, gestärkt und gebügelt. Wie Sie sehen, ist das ein Hemd von allerbester Qualität ... Der Meister fällt ihm ins Wort und fordert ihn auf, zur Sache zu kommen. Nun ja, sagt der Mann, ich sitze also hier und trage dieses schöne Hemd, und auch der Tag ist sehr schön, ich habe keinen Grund, etwas schlechtzumachen, doch wenn ich mir die Frisur des Herrn auf dem Stuhl betrachte, werde ich traurig, ich kann sogar sagen, sehr traurig. Da haben Sie's, ruft der Meister aus, geben Sie sich endlich einen Ruck und entscheiden Sie sich für den Frontigel. Diese Föntolle steht Ihnen nämlich überhaupt nicht. Ich wende ein, daß ich mit einer anderen Frisur hereingekommen sei, er wischt meinen Einwand beiseite und sagt, ich solle froh sein, einfach mal nur fröhlich, denn er, Paolo, sei der beste Haarstylist in diesem Viertel, in Nomentana und Monti gebe es keinen zweiten seines Ranges. Er und der Kunde kommen ins Gespräch, währenddessen geht der Lehrling mit einer Sprühflasche um mich herum, und bald sehe ich aus, als hätte man einen Trauerkranz aus welken Geranien auf meinem Kopf niedergelegt. Ein zweiter Kunde kommt herein, auch er möchte lieber warten und sich nicht vom Lehrling, aber vom Meister frisieren lassen. Unsere Blicke kreuzen sich im Spiegel, er schnalzt mitleidvoll mit der Zunge. Erst läßt er sich von mir Name, Nationalität, Wohnsitz, Berufsstand, Familienstand, Monatseinkommen und eventuelle erbliche Krankheiten aufsagen. Dann brummt er, ein lediger Mann von über vierzig Jahren verdiene die entsprechende Frisur. Es folgt eine angespannte Redepause, in der der Lehrling mit der Klatsche Fliegen totklopft. Ein dritter Kunde tritt herein, der zweite Mann zeigt auf mich und gibt ihm meine Personalien weiter. Jetzt starren mich drei sitzende Männer im Spiegel an, ich frage den Lehrling, wo denn der Meister abgeblieben sei, ich würde langsam frieren. Statt mir eine Antwort zu geben, geht er daran, mir die Haare zu fönen, es hat keinen Sinn, ihn davon abzuhalten. Jetzt stehen mir die Haare zu Berge, und jedesmal, wenn ich versuche, sie niederzudrücken, knistern sie. Endlich läßt sich der Meister sehen, er ist sichtlich aufgeregt, er habe eine Neuigkeit, und wenn die verehrten Kunden davon erführen, würden sie nach Luft schnappen. Natürlich müssen die Männer auf ihn einreden, natürlich gibt sich der Meister erst einmal verschlossen und ringt mit seinem Gewissen. Schließlich platzt er mit der Nachricht heraus, daß er vor nicht einmal zehn Minuten die Frau des Bäckers mit einem fremden Mann an ihrer Seite in einer menschenleeren Gasse gesehen habe. Jetzt ist der Teufel los, der erste Kunde steht auf und stimmt ein Donnerwetter an, die anderen Männer schreien dazwischen. Sie beschweren sich über den Verfall der Sitten, soviel kann ich verstehen. Außerdem lassen sie sich die Geschichte vier Male erzählen und hängen dem Friseur jedesmal an den Lippen. Und jedesmal geht das Geschrei von neuem los. Diese Bäckersfrau sei eine finstere Eule, eine frivole Person, ein Früchtchen. Der Bäcker müsse sich gewisse Fragen gefallen lassen, und zwar: Erstens, glaubt er wirklich, daß man ihn in Zukunft als ehrenvollen Mann ansehen wird? Zweitens: Was wird er tun, wenn er von dieser ungeheuerlichen Begebenheit erfährt? Drittens: Was wird sie tun, wenn er sie damit konfrontiert? Viertens: Ist der Bäcker in der Vergangenheit durch … (sie ringen um das richtige Wort, sie räuspern sich die Kehle frei) … unanständiges Benehmen aufgefallen? Ich räuspere mich und hebe den Finger, alle Blikke sind jetzt auf mich gerichtet. La mia pettinatura, sage ich, ich habe in meinem kleinen Handwörterbuch ›meine Frisur‹ nachgeschlagen, und bestimmt stecken in diesen drei italienischen Worten sechs Fehler. Also haben die Männer allen Grund, sich über mich totzulachen, denke ich, trotzdem bin ich kurz vor dem Punkt ohne Wiederkehr, der Meister könnte sich jetzt mal um mich kümmern. Das tut er, und während er eine süßlich duftende Lotion in meine Haare hineinmassiert, bespricht er sich mit den Männern über die nächsten Schritte. Der erste Kunde sagt, im Ton eines Bestattungsunternehmers, das Beste sei es, dieses schmutzige Geheimnis der Bäckersfrau für sich zu behalten. Der zweite Kunde macht ein ernstes Gesicht und pflichtet seinem Vorredner bei. Der dritte Kunde nickt bedächtig, dann gibt er seinen beiden Vorrednern recht. Der Friseur spricht daraufhin von einer kleinen Enttäuschung, von einem Stich im Herzen, den er wegen der Worte seiner drei Vorredner verspüre. Dürfe man den armen Bäcker im unklaren belassen? Würde er es nicht sowieso erfahren und dem Friseur die Scheiben seines Ladens einschmeißen, im gerechten Zorn darüber, daß ein Mann, den er für seinen Freund gehalten habe, ihn nicht rechtzeitig aufgeklärt hatte? Daraufhin erhebt sich ein großes Geschrei, die drei sitzenden Männer stehen auf und rudern heftig mit den Armen, der Meister redet begütigend auf sie ein. Ich bekomme vom Duft der Haarsalbe Kopfschmerzen und kämme mir mit der Hand die nassen Strähnen nach hinten. Der Friseur klopft mir mit der Schere auf die Finger, ich verstecke beide Hände unter dem dunkelvioletten Frisierumhang. Der Meister ist aufgebracht, ich will ihn nicht noch mehr reizen. Er äußert lautstark die Vermutung, daß die Bäckersfrau es auf einen Ehezwist, ja sogar auf eine Scheidung anlegen würde – wie könne es ihr sonst egal sein, mit einem fremden Mann öffentlich gesehen zu werden? Der Lehrling bietet mir eine Sesamstange an, ich lehne dankend ab und bitte um einen verlängerten Espresso. Wenige Minuten später schlürfe ich daran, die ganze Zeit haben der Friseur und seine drei Kunden wild debattiert. Plötzlich wendet sich der erste Kunde mir zu und sagt: Was denkt man über solche Sachen in Deutschland? Wie würde jetzt ein Deutscher reagieren? So ein Mist, denke ich, jetzt muß ich auch noch Deutschlands Ehre verteidigen – wenn ich ihnen sage, daß sie einen Knall haben, komme ich hier wahrscheinlich nicht mehr lebend heraus. Meine Italienischkenntnisse, setze ich an, reichen nicht aus, um solch einen komplizierten Fall von allen Seiten zu beleuchten. Wir brauchen keine Glühbirne, sagt der Meister, wir brauchen eine Meinung. In Deutschland, sage ich, würde man erst nachprüfen, ob die Bäckersfrau und der fremde Mann in einer Verwandtschaftsbeziehung stehen – es könnte sich beispielsweise um einen verschollenen oder totgeglaubten Cousin handeln. Die Männer sind beeindruckt, genauso stellen sie sich den Deutschen vor: Er wird an einen Tatort gerufen, er latscht nicht einfach zu der Leiche am Boden, nein, er bleibt erst einmal an der Türschwelle stehen, schaut sich um und prägt sich jedes Detail ein. Der Meister klopft mir diesmal auf die Schulter und scheucht den Lehrling weg, der mir wieder die Haare fönen möchte. Ich nehme einen letzten Schluck von meinem Espresso, dann detoniert draußen eine Bombe, die Scheiben klirren, und ich werfe mich zu Boden. Als ich die Augen aufmache, sehe ich die Schuhspitzen des Meisters, er und die drei Kunden, und auch der Lehrling, haben sich nicht von der Stelle bewegt. Das war ein Fake-Kamikaze, sagt der Meister, er hat soeben das Colosseum gesprengt, und jetzt laufen da unsere Jungs von der Sondereinsatztruppe auf und spielen Anti-Terror. Ich stehe umständlich auf, glätte mir den Frisierumhang und setze mich wieder auf den Barbierstuhl. Dann lasse ich mir die ganze Geschichte erzählen, die Männer wechseln sich dabei ab: Heute, an einem verkaufsoffenen Samstag, werden drei Terrorangriffe auf das Colosseum, auf die Metrostation am Platz der Republik und das Gebiet um die Piazza Navona und Campo di Fiori simuliert. Neben ›unseren Jungs‹ sind außerdem Hunderte von Ambulanz- und Feuerwehrwagen beteiligt. Schön, sage ich, können wir uns bitte um meine Haare kümmern? Wieso? sagt der Meister, wieso benutzen Sie die Mehrzahl, ich bin es doch, der hier frisiert? Man sollte sich hüten, gegen einen Italiener anzustinken, er ist ein Meister der Wahrheitsfindung, ihm entgeht kein Detail und keine Nuance. Der Friseur fängt endlich an, mir die Haare zu schneiden, große Locken fallen auf den Boden, und ich hebe die Hand. Kein Frontigel, rufe ich aus, wir hatten uns darauf geeinigt. Ach, wirklich? fragt der Friseur, jetzt ist es dafür zu spät. Die drei Kunden auf den Stühlen kommen überein, daß sie sich in der Angelegenheit mit dem Metzger besprechen werden, mit jenem Metzger, der seine Frau, seine ältere Tochter und seine Eltern zu Rate ziehen wird. Eine halbe Stunde später stehe ich draußen und betrachte mich im Handspiegel, den ich einem pakistanischen Händler abgekauft habe: Ich sehe aus wie Robert de Niro in dem Film Taxi Driver, nur habe ich nicht so ein hübsches Gesicht. Ich streiche mir über den schmalen Rasenstreifen auf meinem kahlen Schädel und mache mich auf den Weg zum Colosseum. Ich will die Sondereinsatztruppen im Einsatz sehen.

XXXIII. Italienischer Kapitalismus

VIA NAZIONALE

Es ist sechs Uhr morgens, ich bin der vierte in der Schlange, der Kioskbetreiber beißt in sein Cornetto und schaut grinsend zu uns herüber. Ich darf mir meinen Ärger nicht anmerken lassen – der Wecker hat um fünf Uhr geklingelt, doch statt sofort in die Kleider zu schlüpfen und im Dauerlauf die Strecke zum Kiosk in wenigen Minuten zu schaffen, habe ich mich einfach auf die andere Seite gewälzt und weitergeschlafen. Ich wußte, dieser Montag ist sehr wichtig, an diesem Montag kommt das erste Modellauto der auf achtzehn Modelle angelegten Carabinieri-Reihe auf den Markt: der Alfa Romeo Giulia 1600 Super aus dem Jahre 1970. Ich wußte, daß jeder Sammler in Rom das Wochenende mit Entspannungsübungen verbracht und die Nacht von Sonntag auf Montag durchwacht hatte. Aber ich schlief einfach weiter ... Die Männer vor mir in der Schlange können sich zwar kaum auf den Beinen halten, doch sie sind selig, ja, sie winken sogar dem Kioskbetreiber zu. Wir alle kennen ihn, wir haben schließlich sehr viel Zeit investiert, um uns ein genaues Bild von ihm zu machen. Filippo Fazio, neununddreißig, geschieden, lebt bei seiner Mutter, die zwei Ehemänner überlebt hat und an den Samstagnachmittagen im Kiosk sitzt und jeden Kunden niederschwätzt. Sie stellt keine Fragen, sie schaut immer am Kunden vorbei, nimmt den Wunsch entgegen und gibt unaufgefordert Ratschläge. Wir, die rasenden Sammler, haben uns von der alten Dame immer wieder mürbe reden lassen, denn Filippo Fazio, neununddreißig, geschieden, ist ein mustergültiger italienischer Sohn. Die Mutter befiehlt, er folgt. Die Mutter legt ihm die Karten und liest jeden Tag am Frühstückstisch sein Horoskop laut vor, er glaubt ihr. Die Mutter weist ihn an, ein Mann müsse ein zweites Frühstück einnehmen, bevor er sich an seine Arbeit macht – er futtert drei Cornettos, legt immer (immer!) fünfzehn Cent Trinkgeld auf den Münzteller und watschelt dann zu seinem Kiosk. Manchmal, an besonderen Tagen, läßt er seine Kunden erst eine ordentliche Schlange bilden. Er folgt einem Ratschlag seiner Mutter, die ihm erzählt hat, daß wartende Menschen vor einem Geschäft weitere Menschen anziehen würden. Jeder von uns hat es versucht, jeder hat ihn gebeten, ein Modellauto zurückzulegen, jeder hat versichert, für diese Gefälligkeit das Doppelte des offiziellen Einkaufspreises bezahlen zu wollen. Doch Filippo Fazio, neununddreißig, geschieden, ist unbestechlich, und unsere unanständigen Angebote belegen nur die Theorie seiner Mutter, daß ein Sammler – egal an welchen Objekten sich seine Leidenschaft entzündet – ein übles antikatholisches Subjekt sei.

Bis vor kurzem hielt auch ich Sammler für Kindsköpfe. Die einen sammeln Zigarettenschachteln aus aller Welt, die anderen Zündholzschachteln von Fünf-Sterne-Hotels. Dann aber entdeckte ich einen Modell-Motorroller am Kiosk, es war eine Vespa 125 TS, Baujahr 1975, ich weiß nur, daß ich den Verkäufer anschrie, er solle sofort alle Vespa-Hartplastiktüten herausrücken, wenn nicht, würde ich ab sofort woanders meine Tageszeitungen kaufen. Er schickte mich weg, und ich klapperte den ganzen Tag Kioske ab, und am Ende des Tages konnte ich leider nur die Nummern 12, 15, 16, 17 und 18 aus der Vespa-Reihe besorgen. Die Nummer 18 hat es in sich, es ist eine MP 5 Paperino, Baujahr 1945; ein Amerikaner, der mich mit der Beute abziehen sah, bot mir dafür sofort hundert Euro, ich sagte, für fünfhundert Euro könnte ich es ihm überlassen. Wir wurden handelseinig, er zückte schon die Hunderteuroscheine aus seiner Brieftasche, da aber kam seine Frau aus dem Dessousladen und stürzte sich schreiend auf ihren Mann. Herr Casini – er ist der zweite in der Schlange – hält mich seither für einen üblen Trickbetrüger, er grüßt mich nur, wenn es sich wirklich nicht vermeiden läßt. Ich habe ihm stolz die Geschichte erzählt, er sagte, ein echter Sammler sammle, ein falscher Sammler mache eben Geschäfte – er hätte die Vespa auch nicht für tausend Euro weggegeben. Und für zweitausend Euro? fragte ich, er sagte, dann vielleicht schon, er leide eben nicht an Blödheit. Herr Polidori – er ist der erste in der Schlange – hatte unserem Gespräch gelauscht und weigert sich seitdem, mit Herrn Casini zu reden: Herr Polidori gehört zu der Bruderschaft unseres Sammlers in Eiserner Rüstung, in seinen Augen ist Herr Casini mit seinem Eingeständnis, er würde es für zweitausend Euro tun, abtrünnig geworden. Ich bin für ihn nur ein Angehöriger des Sammlerproletariats. Herr Zampaglione, der Mann hinter mir, macht sich mit Fanatikern nicht gemein, es geht das Gerücht, er habe seine Villa deshalb zu einer Festung umbauen lassen, weil er seine millionenteure Modellautosammlung in den drei Stockwerken und im (trockenen) Keller untergebracht habe. Alles Geschwätz, sagt Herr Polidori, der Mann umgibt sich mit der Aura des Geheimnisvollen, sonst müsse er nämlich zugeben, daß er seine arme Mutter ins Altersheim abgeschoben hat und nun mit einer zwielichtigen Frauenperson ohne kirchliche Trauung zusammenlebt. Das sagt er natürlich nur dann, wenn ›Zampaglione, das Subjekt‹ nicht anwesend ist.

Der Mann vor mir in der Schlange ist uns bislang nicht

aufgefallen, er ist ein Neuling und damit sehr suspekt. Er liest im Stehen in einer Sportzeitung, in der Plastiktüte zu seinen Füßen entdecke ich zwei Carabinieri-Modell-autos in Hartplastikverpackung, und mir treten die Augen aus den Höhlen. Er hat sich also gleich zwei Autos geschnappt, in unserer Branche spricht man vom Abräumer, und er hat sich unseren Kiosk ausgesucht, um ein drittes Auto zu ergattern. Herr Casinis Vampirblick saugt sich an der Plastiktüte fest, dann blickt er mich an, ich wende mich ab. Nein, ich werde nicht mit der Tüte abhauen und mit Casini halbe-halbe machen. Für Polidori ist der Mann Luft, einerseits. Andererseits sind da diese zwei Modellautos – er tritt ruhig aus der Schlange, schätzt seine Chancen ab und wird aber von Filippo Fazio, neununddreißig, geschieden, zurück ins Glied geschnalzt. Endlich schließt er seinen Kiosk auf, dabei will er sich nicht hetzen lassen. Dann geht alles sehr schnell: Polidori und Casini bekommen je zwei (!) Carabinieri-Autos, der Rest geht leer aus. Sofort setze ich mich im Dauertrab ab und komme als erster am Kiosk an der Piazza Bologna an. Hier gibt es alles, was das Männerherz begehrt: Sticker und Fanartikel für Anhänger von Juventus Turin, Umhängetaschen, Gesichtsreinigungsmilch und Tubencreme gegen Rasurbrand, Schnürsenkelsets, Imitate teurer und historischer Uhren, Poster von Catchern in martialischen Posen, Traumdeutungsbücher, Horrormasken für den häuslichen Gebrauch – alles Geschenk- und Dankeschönbeigaben von Zeitungen und Zeitschriften. Ich frage die Kioskdame nach dem Alfa Romeo Giulia, sie zeigt mir ein Modell, das sie aber sofort verschwinden läßt, weil ich gierig danach schnappe. Es sei ein Geschenk für ihren Neffen, der habe im übrigen – im Gegensatz zu mir – das richtige Spielalter. Aus dem Augenwinkel bemerke ich eine Turbulenz auf der

Straße, Polidori ist bei dem Versuch, bei Rot die Straße zu überqueren, mit einem entgegenflitzenden Fußgänger zusammengekracht. Das hast du davon, du Snob, denke ich, da wolltest du mich, deinen gefährlichsten Konkurrenten, abhängen, und dann saust dir aber der Vorschlaghammer des Schicksals auf die Rübe – bleib ruhig liegen, du gehst heute leer aus! Im Kopf habe ich mir eine Route zurechtgelegt – ich muß auf schnellstem Wege zum Kiosk an der Piazza della Republica Ecke Via Nazionale, dort habe ich schließlich einmal drei Modell-Vespas auf einen Schlag gefunden. Als ich dort ankomme, klopft mir der Puls am Hals, ich schleiche mich schwer atmend zur Schlange, da dreht sich der Abräumer um und hält ein Carabinieriauto hoch – das letzte Exemplar, wie mir der Kioskbengalese versichert.

In den nächsten Stunden klappere ich ein Dutzend Kioske ab, doch natürlich sind die Modelleinsatzfahrzeuge ausverkauft, man vertröstet mich auf die kommende Woche, denn der Hersteller folge einer perfiden Strategie: Erst hält er das Produkt auf dem Markt knapp, der Schwarzmarktpreis schießt in die Höhe, die Sammler spielen verrückt und wenden sich unter Umgehung der kleinen Verkaufsstellen direkt an die Firma. Die Firma sahnt tüchtig ab, die Kioskbetreiber laufen Sturm, bestellen wie verrückt und halten ihrerseits die Ware knapp. Der italienische Kapitalismus funktioniere wie alle anderen Kapitalismen, nur kämen als spezifische Faktoren Geschrei und Schlägerei dazu. Das alles interessiert mich nicht, ich will, verdammt noch mal, mein Modellauto, schreie ich einen Verkäufer an. Sehen Sie, sagt er, genau das habe ich versucht, Ihnen zu erklären: Sie sind kein Italiener, aber es hat auf Sie abgefärbt, wenn Sie Ihren Willen nicht bekommen, fangen Sie an zu quengeln ... Nun gut, ich bin kein Unmensch, hier habe ich noch ein letztes Exemplar, und ich mache Ihnen einen Vorzugspreis. Der Verkäufer nennt mir die Summe, sie beträgt das Sechsfache des offiziellen Verkaufspreises, er läßt nicht mit sich feilschen, und am Ende habe ich die Nase voll und ziehe ab.

Sollen sie doch auf ihren blöden Spielzeugautos sitzenbleiben, so wirbt man nicht für sein Land, so gewinnt man nicht Dauertouristen für Rom und Italien. Unterwegs treffe ich auf den Abräumer, mittlerweile schleppt er vier Tüten – was hat er, was ich nicht habe? frage ich mich, sollte ich ihn einfach überfallen und dann für mehrere Tage untertauchen? Er muß mir meine kriminellen Gedanken angesehen haben, denn er rennt einfach los und verschwindet um die nächste Ecke. An einem kleinen Kiosk entdecke ich eine kleine Plastikstatue von Johannes Paul II., auf der Rückseite des Pappkartons stellt ein Priester namens Giuseppe Unia ein Echtheitszertifikat aus: Heute habe ich die kleine Statue gesegnet, Name, Unterschrift, Titel (kanonischer Rektor), Stempel. Neben dem Segnungsdokument ist Herr Unia im Augenblick der Weihung zu bewundern. Wieso nicht? denke ich, kaufe ich mir eben den Plastik-Johannes. Eine halbe Stunde später sitze ich in der Bar in der Via Nomentana, Filippo Fazio, neununddreißig, geschieden, setzt sich an meinen Tisch, schaut mit großen Augen auf die Plastikstatue und erzählt mir die traurige Geschichte von seiner armen Mutter, die sich nichts sehnlicher wünscht als die geweihte kleine Statue für ihren Hausaltar, und da er, Filippo, glaube, daß ich ein guter Mensch sei, würde er mir einfach diese Statue hier und jetzt abkaufen wollen. Ich esse schweigend das Cornetto auf, blicke ihm ins Gesicht und sage: Ich schenke sie dir – dafür wirst du für mich die Carabinieriserie sicherstellen. Ich strecke ihm die Hand hin, und er schlägt sofort ein.

XXXIV. Exorzismus-Lehrgang

Der Gärtner hat sich wieder zurückgemeldet, er war für kurze Zeit von der Bildfläche verschwunden, und es hieß, er lasse sich den Leistenbruch wegmachen. Sein Freund, der Pförtner, glaubt ihm kein Wort, seiner Meinung nach hat der Gärtner krankgefeiert, oder aber in den Nachtbars herumgelungert, um eine Freundin zu finden. Das könne er sich andererseits nicht vorstellen, der Gärtner sehe aus wie eine Kröte auf Wanderschaft, und die Frau, die ihm um den Hals falle, möchte er gerne sehen. Das kannst du haben, schreit der in aller Stille herangeschlichene Gärtner, und natürlich brüllen sich die beiden Italiener gegenseitig an, von großen Gefühlen ist die Rede, sie schwören auf Gott und Maria, auf den Kinderwagen des Erstgeborenen (der Pförtner), auf das Taufbecken, in dem der Herr Pfarrer die Stirn des Neffen benetzt hat (der Gärtner), sie schwören auf die Bibel und beteuern, daß im Falle eines Meineids ihre Hände und Füße bei lebendigem Leibe verwesen würden. Das Gebrüll endet in einer langen Umarmung, sie haben Wasser in den Augen, und weil der Streit ihre Kräfte aufgezehrt hat und ihre Knie zittern, müssen sie sich auf die Schemel setzen. Aus Anlaß der Versöhnung bietet nun der Pförtner Kekse an und sieht mir dabei zu, wie ich drei Kekse hintereinander verschlinge. Dann sagt er, er habe den Teller Kekse auf den Küchentisch gestellt, und sein heißgeliebter Hauskater sei auf den Tisch gesprungen und habe die Kekse abgeleckt, er könne auf den Kater nicht wirklich böse sein. Ich lege den zur Hälfte abgebissenen Keks zurück auf den Teller und täusche völlige Teilnahmslosigkeit vor – wenn ich in Rom etwas gelernt habe, dann, daß man im Falle einer Verarschung bloß nicht heftig reagieren darf. Ich bin deshalb etwas überrascht, als der Gärtner und der Pförtner im Chor wiehern wie die Pferde, sie beruhigen sich aber schnell wieder, und dann sagt der Gärtner, er würde mir ein Armeleute-Rezept verraten: Man brate Öl, Petersilie und Butter an und gebe kleingeschnittene Champignons bei, dieses Pfannengericht würde wie Trüffel schmecken. Er bittet mich, das Rezept bei der nächsten Gelegenheit auszuprobieren. Natürlich, denke ich, natürlich werde ich das nicht tun, wahrscheinlich schmeckt es nach geschmorten Kniestrümpfen, und du willst mich nur reinlegen. Als der Hauskater auf leisen Pfoten reinkommt und die Kekse ableckt, verlasse ich wortlos die Pförtnerloge.

Eigentlich habe ich mir vorgenommen, einen ganz normalen, einen vollkommen römischen Tag zu verleben – ein langer Spaziergang in einem Park meiner Wahl, die Hände hinten verschränkt; sechs Cappuccini, über den langen Nachmittag verteilt; zwei philosophische Schwätzchen über die Melancholie, in Verhältnis gesetzt zum Lichteinfall. Doch selbstverständlich kommt es wieder einmal ganz anders. Demis, der Halb-Sizilianer, erzählt mir, daß ein Freund von ihm versuche, sich in einen ganz bestimmten Kurs einzuschreiben, der Kurs würde offiziell folgendermaßen heißen: Theoretischer und praktischer Lehrgang über das von Priestern auszuübende Exorzistenamt. Erst kann ich mit dem steifen Jargon nichts anfangen, dann reiße ich ungläubig die Augen auf. Nein! rufe ich aus. Doch! sagt Demis, das pontifikale Athenäum, also so etwas wie eine Höhere Schule in des Papstes Gnaden, bietet Kurse in Teufelsaustreibung an, und der Freund will unbedingt alle neun Kurse belegen. Ich versuche mich in

der Rolle des aufgeklärten Spießers und frage vorsichtig
nach, ob dieser besagte Freund, nun ja, nicht vielleicht
einen kleinen Knall weghabe. Das sei nicht der Fall, im
Gegenteil, der Freund könne wohl als kerngesund gelten,
nur habe sich vor kurzen etwas ereignet, das ihn … ich
solle am besten mitkommen, dann könne ich mir selbst
ein Bild machen. Nach einem langen Fußmarsch stehen
wir vor einem rosa getünchten Haus in Monteverde im
Westteil der Stadt, Demis klingelt zweimal kurz, fünfmal
lang, und schon schnappt die Tür auf. Wir steigen die
gewundene Steintreppe bis zum Dachgeschoß hoch, und
als mich Demis' Freund entdeckt, knallt er die Wohnungs-
tür zu. Demis muß lange auf ihn einreden, nein, ruft er,
der Fremde, den er mitgebracht habe, sei kein Dämon, er
solle uns bitte aufmachen. Schließlich dürfen wir eintreten, Demis darf sich neben den Freund setzen, ich muß
auf dem Stuhl am anderen Ende des Wohnzimmers Platz
nehmen. Er wird mir als Luciano vorgestellt, ich heiße
zum besseren Verständnis Fernando. Demis sagt, er habe
einen Deutschen mitgebracht, der sich als Laie der Bibelforschung widme, besonders das Alte Testament und die
Evangelien, die nicht in die offizielle Bibel aufgenommen
worden sind, also die Apokryphen, hätten es Fernando
angetan. Sofort bittet Luciano, mit dem Stuhl näher zu
rücken, und wie zufällig bilden wir drei einen Kreis, als
wollten wir Geister rufen. Luciano zeigt uns das Anmeldeformular für den Exorzismuskurs, er hat es ausgefüllt,
obwohl es in dem Schreiben ausdrücklich heißt, daß nur
Priester und Theologiestudenten zugelassen sind. Er wisse schon, daß man ihn nicht nehmen werde, er verzwei-
fele fast daran, denn dieser Lehrgang hätte ihn vielleicht
dazu befähigt, die Teufelsaustreibung selber vorzuneh-
men. Demis und mir quellen die Augen aus den Höhlen,
ich bin mir jetzt sicher, daß ich in der Falle sitze. Ich lasse

den Blick schweifen, in der Junggesellenwohnung steht alles an seinem Platz, ich entdecke keinen esoterischen Schnickschnack, keine Vulkanlampe, keine Tarotkarten, keinen Katechismus. An der Wand hängen zwei Poster: Die drei Neffen von Donald Duck, Tick, Trick und Track, sie trommeln schluchzend auf den Boden, weil sie vom Onkel kein Taschengeld bekommen haben. Auf dem anderen Poster sieht man eine Schweizer Alpenlandschaft, unten rechts lese ich, daß es sich um den Aletschwald am Großen Aletschgletscher in Wannenhorn handelt. Nun ja, Luciano liebt Donald Duck und die Gletscher, das sind aber nicht unbedingt Belege für einen Wahnsinn im ausgeprägten Stadium. Jetzt fragt er mich, wie weit meine Bibelforschung gehen würde, und ob ich glaubte, daß es böse Geister gebe, die in Menschen fahren würden. Toll, was jetzt? Ich spreche allgemein über paranormale Phänomene, rede von Amerikanern, die Stein und Bein schwören, daß sie von Außerirdischen gekidnappt worden sind. Ich bin kein Spinner! ruft Luciano aus, und dann fordert ihn Demis auf, endlich mit der ganzen Geschichte herauszurücken. Meine Mutter ist an allem schuld, sagt Luciano, sie hat mich schon immer verrückt gemacht mit ihrem Aberglauben – ständig hieß es, der da habe den bösen Blick oder die dort würde im Dienste des Teufels stehen. Sogar der Priester mußte sie ermahnen, sich zu mäßigen, doch danach hielt ihn meine Mutter für einen Spion, der aus der Hölle kommt. Sie kam auf eine Bekreuzigungsrate von mindestens vierzig am Tag, und weil sie nicht den bösen Blick abkriegen wollte, hat sie nie den Menschen in die Augen geschaut. Sogar mich sah sie nie direkt an. So sind sie, die Mütter, sage ich lahm und ernte dafür von Demis einen finsteren Blick. Seine Mutter ist längst tot, sagt er, und ich nehme mir vor, ab sofort keine blöden Kommentare mehr abzugeben. Meine Mutter ist zwar tot, fährt Luciano fort, aber sie lebt in meinen Gedanken weiter. Wißt ihr, was ihr sehnlichster Wunsch war? Nein, rufe ich aus. Doch, sagt Demis. Ja, sagt Luciano, sie wollte, daß aus mir mal ein Exorzist wird, die Gottlosen haben ihren Arzt, sprach sie, wir Katholiken haben unseren Teufelsaustreiber. La vita di grazia, das Leben in Gnade, das war ihr Motto, sie hätte bestimmt noch lange gelebt, aber bei fünfzig filterlosen Zigaretten am Tag ist es schwer möglich gewesen.

Die italienischen Söhne und ihre Mütter: Sobald eine Frau einen Sohn gebiert, sind ihr und sein Schicksal besiegelt, der Vater ist nur ein Faktor, den man ruhig vernachlässigen kann. Ich sitze hier, und ein Mann von fünfundvierzig Jahren eröffnet mir, einem deutschen Bibelforscher, daß er sich auch nach dem Tode seiner Mutter ihrem Willen fügen will. Was denkst du, Fernando? fragt er mich. Ja, was denke ich eigentlich? sage ich, ich denke, daß du dämlich bist, du bist so blöd, daß du dein Frühstücksei wahrscheinlich gegen die Stirn donnerst, um die Schale aufzuklopfen, du bist so blöd, daß du ganze fünf Minuten brauchst, um die Kappe auf die Zahnpastatube aufzuschrauben. Du bist ein dämlicher Mensch, Luciano, mir sagt man schon einen Mut zum Wahnsinn nach, aber du bist noch blöder als ich – du bist so dämlich, daß du nachts aufwachst, weil du beim Schlafen das Atmen vergessen hast; du bist so dämlich, daß du deine Freundin immer wieder mit dem Namen deiner Mutter ansprichst. Du denkst bestimmt, daß die Finger dafür da sind, um sie im Supermarkt in Tomaten reinzustecken. So wie ich dich kenne, kratzt du mit der rechten Hand das linke Ohrläppchen, und du schlägst das rechte Bein über das linke Bein und schlingst den rechten Fuß um die linke Wade – das sieht nicht nur bescheuert aus, das ist auch bescheuert. Luciano, mein Freund, du hast sie nicht mehr alle, schau dich mal im Spiegel an, mein Gott, wie siehst du denn aus?! Verdammt noch mal, was glaubst du, warum es Friseure gibt, ich selbst war vor kurzem beim Friseur, und ja, er hat mich geschoren wie ein Schaf, aber trotzdem, wenigstens laufe ich nicht so rum wie du, mir hängen die Fransen nicht in die Stirn. Du bist echt dämlich, weil du deine Hemden ungebügelt trägst, weil du deine Schuhe nicht putzt, weil du aussiehst wie ein Lurch. Reiß dich, verdammt noch mal, zusammen, und hör auf, mir, Fernando, und ihm, Demis, auf die Nerven zu gehen.

Für eine Weile herrscht Stille, Demis starrt mich mit offenem Mund an, Luciano hat den Kopf gesenkt und macht den Eindruck, als würde er gleich tot umfallen. Dann aber steht er auf, ich erhebe mich auch, er kommt auf mich zu und umarmt mich, wir verharren in dieser dramatischen Umarmung, bis ich genug davon habe. Jetzt will ich nur noch weg, wir verabschieden uns von Luciano, er bedankt sich und bleibt im Türrahmen stehen, und während wir die Treppen heruntersteigen, ruft er immer wieder Dankesworte aus. Kaum sind wir wieder draußen, fragt mich Demis, was ich mir dabei gedacht habe, er verstehe gar nichts mehr, er habe nach meiner Höllenpredigt fest mit Mord und Totschlag gerechnet, wie konnte ich sicher sein, daß es klappen würde. Anfängerglück, sage ich, du hast gehört, was er über seine Mutter erzählt hat, da habe ich mir gedacht, schimpf mit ihm wie eine Mutter mit ihrem ungezogenen Kind – tja, der wird nie wieder einen Gedanken an Exorzismus verschwenden ... Als ich wieder zu Hause bin, greife ich in die Jackentasche und hole das Anmeldeformular für den Kurs heraus, ich habe es heimlich eingesteckt. Ich wähle die Nummer eines befreundeten Priesters, vielleicht kann er mir einen Gefallen tun.

XXXV. Dynamik und Dramatik

Meine erste Einladung in die Privatwohnung einer perfekten italienischen Familie habe ich einem Zigeunerjungen zu verdanken. Ich stand an der Kasse einer Bar Schlange, die Kassiererin hatte es nicht eilig, dann kam ein Kind in die Bar, hielt einen Plastikbecher vor den Mund und fing an, eine wirklich schmalzige Melodie hineinzutröten. Zehn Minuten später hatte die Frau an der Kasse gerade mal zwei zahlungswillige Kunden abgefertigt, der Zigeunerjunge summte ein Lied nach dem anderen in seinen Becher, und ich fing von neuem an, die kleinen Muttermale am Nacken meines Vordermannes zu zählen. Da brach das Kind plötzlich ab und hielt die Hand auf, und um nicht als asozialer deutscher Katholikenhasser beschimpft zu werden, gab ich ihm einen Euro. Was tat der Junge? Er leierte ein Lamento herunter, packte sich einen Zipfel meines Jacketts, und um nicht als asozialer deutscher Kinderfeind zu gelten, stand ich stocksteif da und starrte in die aufgerissenen Augen der Kassiererin. Da verstand ich, aber es war schon zu spät, der Junge flitzte hinaus, ich steckte die Hand in die Außentasche und griff ins Leere. Der Geschäftsinhaber wurde aus dem Hinterzimmer gerufen, er hatte vollstes Verständnis für mein Problem − natürlich wüßte er, daß ich die drei Cappuccini und die zwei pistaziencremegefüllten Hörnchen, nicht zu vergessen auch das mit Puderzucker bestreute Cornetto, bezahlen wollte; und ja, die Angestellte des Hauses hatte erst unzusammenhän-

171

gend, beim vierten Anlauf aber streng chronologisch den Ablauf der Ereignisse wiedergegeben. Ich müßte ihn aber auch verstehen, er könnte mich nicht einfach ziehenlassen, natürlich müßte er um Paß und um meine Unterschrift unter den Schuldschein bitten. Also blieb ich eine weitere halbe Stunde, die Italiener lieben es, einen Bittsteller lange schmoren zu lassen. Kein DDR-Grenzpolizist hat meinen Ausweis so mißtrauisch studiert, kein bulgarischer Zollbeamter hat mir je mit diesem brennenden Blick in die Augen geschaut wie dieser Geschäftsinhaber. Schließlich gab er mir meinen Paß zurück, ich setzte meine Unterschrift unter die angegebene Summe, und ich versprach am nächsten Tag vormittags vorbeizukommen. Die Kunden im Laden applaudierten, und ich nickte ihnen grinsend zu, als hätte ich einen großen Sieg errungen. Ich verließ den Laden und stieß mit Helmut zusammen, das ist ein Auslandsdeutscher aus dem Sauerland. Er half mir auf und zerrte mich wieder in die Bar zurück, und nachdem die Kassiererin ihm unaufgefordert den jüngsten Vorfall berichtet hatte, bezahlte er meine Schulden, riß vor den Augen des Geschäftsinhabers den Schuldschein in Fetzen und ließ sie auf den Boden flattern. Helmut hält sich an die Erste Sauerländer Regel der Dynamik: In dramatischen Situationen muß man dramatischer werden als alle Beteiligten. Deshalb hat er das Kaff, aus dem er stammt, erst dann verlassen, als man ihm einen Job in Neapel anbot. Nach zehn Jahren kam er nach Rom. Hier führt er sich auf wie ein irrer Neapolitaner mit einem stark sauerländischen Akzent.

Als er mir eröffnete, daß er mich zum Abendessen in größerer Runde mitnehmen wollte, versuchte ich es ihm auszureden – doch es half alles nichts. Er trank einen Espresso nach dem anderen und sprach davon, daß die Italiener perfekte Gastgeber seien und daß es für sie auf einen Mitesser mehr oder weniger nicht ankam. Wir verbummelten den Nachmittag und machten uns dann zu Fuß auf den Weg.

Jetzt ist gerade die Tür aufgegangen, der perfekte Gastgeber fragt gleich nach, wer ich sei, Helmut fällt mir ins Wort und stellt mich als einen deutschen Dichter im römischen Exil vor. Ich darf eintreten, die Frau des Hauses entfährt bei meinem Anblick ein Schrei, sie flüchtet in die Küche. Erst nach langem Zureden ihres Mannes und zweier Gäste traut sie sich heraus. Ich müsse entschuldigen, sagt sie, sie habe letzte Nacht einen schrecklichen Traum gehabt, sie sei in diesem Traum von einem pferdeköpfigen Monster gejagt worden, und ich würde diesem Monster sehr ähnlich sehen. Die Gäste weisen darauf hin, daß ich bestimmt nichts Böses im Schilde führte, weil ich weniger einen Pferdekopf als vielmehr einen Reptilienschädel hätte. Das beruhigt sie ein bißchen, sie bietet mir Ananassaft an, die Gäste stehen vor der Küche herum, Helmut streitet mit einem halbbekannten Radiomoderator über den Nutzen von Radiomoderatoren. Der perfekte Gastgeber verkündet, bald kämen die Antipasti auf den Tisch, die Gäste spenden Beifall, er nimmt Hackbrett und Messer von seiner schreckhaften Frau entgegen. Beim Brotschneiden streckt er seine Zunge heraus und läßt sie wie einen Schlangenkopf kreisen. Dann dürfen wir uns hinsetzen, und wir bekommen Schalen mit Miesmuscheln vorgesetzt. Ich tunke das Brot in die Soße und lege es nach einem Biß weg, die Soße schmeckt wie mit Essig versetztes Spülwasser. Dann mache ich mich über die Miesmuscheln her, und als ich zwischendurch die tropfenden Finger ablecke, verstummen schlagartig alle Gespräche am Tisch. Helmut sagt, im Sauerland und im Rest Deutschlands würde mein Geschlecke den Tischsitten entsprechen; doch hier in Italien hätte ich soeben gegen die Etikette verstoßen. Ich entschuldige mich feierlich, die Italiener am Tisch setzen ihre Unterhaltungen fort. Man hat mir den Platz an dem bollernden Heizkörper zugewiesen, und bald bin ich durchgeschwitzt. Als ich Anstalten mache, das Jackett auszuziehen, schnellen Helmuts Augenbrauen nach oben. Wag es nicht, zischt er mir zu, du beleidigst damit die Frauen. Die Frau des Hauses serviert das Hauptgericht, es sind pechschwarze Nudeln in pechschwarzer Soße. Die Sepiapasta kommt bei den Gästen sehr gut an, und natürlich spenden sie Beifall. Ich werfe einen Blick in die Runde, die Nudelterrine hat die Zähne aller Gäste schwarz gefärbt, sie essen ungerührt weiter. Der Sauerländer poliert sich mit der Stoffserviette die Zahnreihen, und als ich ihn frage, wie sich sein Verhalten mit der Etikette vertrage, sagt er: Gar nicht, aber das sei egal, er habe als anerkannter Spätrömer Narrenfreiheit. Beim Safranrisotto wird mir leicht übel, ich schiebe den Teller von mir weg. Die Gastgeberin will sofort wissen, ob es mir etwa nicht schmekke, ich rede mich mit einer Safranallergie heraus. Der perfekte Gastgeber starrt auf das schwarz-gelb befleckte Ende seiner Krawatte. Tja, denke ich, du, mein Lieber, hast dich über den Teller gebeugt wie ein Hafenarbeiter nach seiner Frühschicht, und jetzt staunst du. Er wirft die Krawatte über die Schulter, und da gerade seine beiden kleinen Töchter hinter ihm stehen, bekommt ein Kind das Krawattenende ins Auge. Das gibt ein Mordsgeschrei, und selbstverständlich verwandeln sich die Gäste in lallende Komiker, um das arme Kind zu trösten. Dann endlich treten die beiden scheuen Rehe hervor, die Eltern haben sie in nostalgische Rüschenkleider gesteckt, die eine Nummer zu groß sind. Jetzt dürfen sie Gedichte aufsagen, je Kind ein Zweizeiler, sie verbeugen sich, Helmut springt auf, brüllt Bravo und klatscht sich die

Hände wund, er nimmt jedes Kind in den Arm, wirft es hoch, stellt es auf dem Boden ab und klatscht weiter. Die anderen Gäste schauen ihm entzückt zu, die Kinder laufen völlig verängstigt weg. Helmut setzt sich wieder hin und verweist mich auf die Erste Sauerländer Regel der Dynamik, an die ich mich auch als Kieler halten könne, denn diese Regel führe zum Sieg. Nun wollen alle Gäste am Tisch wissen, was für eine Stadt denn Kiel eigentlich sei. Kiel ist Kiel, sage ich, Kiel kann nichts anderes sein als Kiel, Kiel möchte Kiel bleiben. Und es ist auch gut so. Der perfekte Gastgeber bittet mich, vom Allgemeinen zum Besonderen zu kommen. Nun ja, fahre ich fort, es gibt tatsächlich auch bei uns in Kiel eine Regel, der Erste Kieler Lehrsatz der Kollision geht folgendermaßen: Wenn zwei schlendernde Passanten aus entgegengesetzten Richtungen einander näher kommen, entscheiden sie sich von allen möglichen Manövern garantiert für die kürzeste Strecke, die zum harten Zusammenprall führt. Helmut bemerkt, für eine Regel sei dieser Lehrsatz einfach zu lang, und das sei typisch für die Kieler. Nimm das sofort zurück! schreie ich ihn an, von einer Sauerländer Fichte lasse ich mir meine Stadt nicht schlechtreden. Jetzt ist er sauer und erklärt den Italienern, daß er Kiel von seinen vielen Besuchen her kenne, und der Fanatismus, den der Herr deutscher Dichter im römischen Exil an den Tag lege, würde alle Kieler Einwohner auszeichnen. Die Italiener wenden sich anderen naheliegenderen Themen zu, ich drehe dem Sauerländer den Rücken. Nach einer Dreiviertelstunde hartnäckigen Schweigens geben wir uns doch die Hand, Helmut sagt, wenn ich die Gastgeber nicht beleidigen wolle, müsse ich vom selbstgemachten Apfelkuchen probieren. Ich nehme einen Bissen und rede mich gegenüber der Frau des Hauses mit meiner schlimmen Apfelallergie heraus. Plötzlich schreit der perfekte Gastgeber auf, die jüngste Tochter hat sich von hinten herangeschlichen und ihn mit der Stricknadel der Mutter in das Gesäß gestochen. Nach dem im lallenden Ton vorgetragenen Tadel erhebt er sich und fängt an, ohne Vorwarnung eine schmalzige Melodie zu trällern. Es ist dasselbe Lied, mit dem mich der Zigeunerjunge eingelullt hatte. Der Sauerländer übersetzt mir die Strophen: O Rom, stell dich heute nicht so an, ich muß SIE dazu bringen, meinem Werben nachzugeben, deshalb bestelle ich heute nacht bei dir funkelnde Sterne, eine heiße Erde unter IHREN Füßen, ich bestelle quellende Brunnen, ich bestelle einen schönen Rotwein ... Der perfekte Gastgeber ist jetzt so richtig in seinem Element, die Bestellungen nehmen kein Ende, und irgendwann bricht er in Tränen aus. Die Gäste stehen der Reihe nach auf und klopfen dem Mann auf die Schulter, seine Frau eilt mit einem Glas Wasser herbei, das er in einem Zug schlürfend austrinkt.

Im Laufe des Abends werden herzergreifende Balladen eher gebrüllt als gesungen, Helmut schreit am lautesten, ja, ich weiß, die verdammte Sauerländer Regel. Um Punkt ein Uhr schaut sich der perfekte Gastgeber am Tisch um und gähnt dann, ohne die flache Hand vorzuhalten. Wir verabschieden uns hastig, die kleine Tochter versucht in der langen Abschiedszeremonie die Stricknadel in die Kniekehlen der Gäste zu stechen. Ich schubse sie nach drei schmerzhaften Stichen leicht zur Seite und werde deshalb ohne Wiedersehenswünsche vor die Tür gesetzt. Es war ein sehr schöner Abend, sagt Helmut, aber wenn ich dir einen Rat geben darf – du mußt bis zu deiner nächsten Einladung bei Italienern lernen, wie man sich bei Tisch benimmt.

XXXVI. Deutsche Interessen

CIRCUS MAXIMUS

Einmal in der Woche rufe ich meine Eltern in der Türkei an und erstatte Bericht: Ich konnte ihnen erst nach langen Gesprächen klarmachen, daß ich nicht als Sondergesandter des Bundeskanzleramts nach Rom versetzt worden bin. Daraufhin kamen sie auf die Idee, mich für den Kulturbeauftragten des Landes Schleswig-Holstein zu halten, der sich um die Städtepartnerschaft von Kiel und Rom bemühte. Sie rieten mir, in meinem Kulturkampf nicht zu erlahmen und die ›ordnungszersetzenden Italiener‹ für die Vision einer Nord-Süd-Achse zu gewinnen. Ich beließ sie in dem Glauben, jeder Versuch, diesen Irrtum auszuräumen, wird mir als Bescheidenheit im Amt ausgelegt. Meine Eltern und ich haben einen Klingelcode vereinbart, ich lasse das Telefon dreimal läuten, lege auf, rufe wieder an, lege nach dem zweiten Klingeln auf, rufe an, lasse es einmal läuten, und lege auf. Dann wissen sie, daß ich versuche, sie zu erreichen, und können folgende ›Telefonterroristen‹ ausschließen: 1. Die ältere Schwester meiner Mutter ruft mindestens zweimal am Tag an, um weit zurückliegende Streitfälle zu besprechen. Meine Mutter nimmt ab und hört meine Tante ohne Gruß und Hallo schimpfen, man habe sie um ihr Leben betrogen, und sie habe sich daran erinnert, daß ihr immer noch soundso viel Geld zustehe, unter Berücksichtigung des heutigen Wechselkurses und des Zinses und Zinseszinses sei sie auf die Summe von soundso viel Dollar gekommen. Meine Mutter legt auf. 2. Die

177

Tochter der jüngeren Schwester ruft mittags und meist nach elf Uhr nachts an, sie ist nicht blöd und legt nach mehrmaligem Klingeln auf, um erneut die Nummer meiner Mutter zu wählen. Sie beschwert sich darüber, daß man ihr das dunkle Familiengeheimnis vorenthalte, sie sei eine erwachsene Frau und könne die harte Wahrheit ertragen. Da ist kein dunkles Familiengeheimnis, meine Mutter hat es ihr im Guten erklärt, doch meine Cousine spricht von der großen Sippenverschwörung und schwört bei Gott und den Engeln, daß sie meiner Mutter schon auf die Schliche kommen wird. Meine Mutter legt auf.

3. Der Hausmeister hat sich endlich ein Handy besorgt, er geht für die Mieter im Tante-Emma-Laden auf der anderen Straßenseite einkaufen, morgens und am späten Nachmittag. Er ruft also garantiert um diese Tageszeiten an und gibt durch, daß die Petersilie oder das Spülmittel im Angebot ist. Er habe weder Petersilie noch Spülmittel auf der Einkaufsliste, wolle aber mal nachfragen. Meine Mutter legt auf.

Ich wähle die Nummer der Heimatadresse meiner Eltern, lege also zwischendurch dreimal auf, und als endlich abgehoben wird, höre ich am anderen Ende der Leitung meine Mutter und meinen Vater miteinander rangeln. Sie gewinnt wie üblich die Oberhand, mein Vater darf aber sein Ohr an den Hörer mitpressen. Er gibt mir sofort die Spielergebnisse der türkischen ersten Liga durch, dann wird es ihm zu anstrengend an der Backe meiner Mutter zu kleben, er verabschiedet sich mit den Worten, ich solle es den Italienern zeigen. Meine Mutter hat das Stichwort, das sie eigentlich gar nicht braucht, sie setzt zu einem Rundumschlag gegen die Türken an, die nicht wüßten, wie hochwertig die italienische Küche sei. Mein Vater raunt im Hintergrund, sie würde ihm die Worte im Munde umdrehen. Danach berichte ich von meinen Ausflügen der vergangenen Tage. Ich war in einer Kirche, sage ich, genaugenommen in der Santa Maria in Cosmedin, links in der Säulenhalle ist die berühmte Steinplatte mit dem Bild eines Meeresgottes … Die Bocca della Verità, sagt meine Mutter, ich weiß, der Mund der Wahrheit, im Mittelalter wurden Frauen, die man des Ehebruchs beschuldigte, gezwungen, ihre Hand in den Mund zu stecken, und wer Schuld auf sich geladen hatte, ging mit abgebissener Hand wieder nach Hause. Na ja, sage ich, so gehen die Legenden, jedenfalls stellte ich mich auch in die Schlange, ich habe mich ein bißchen über die Touristen geärgert, die sich vorgedrängelt haben, aber … Du bist nicht lebenstauglich, kreischt meine Mutter, du läßt dich einfach so beiseite schubsen? Hast du nicht gedacht: Hier stehe ich und kann nicht anders, ich bin Deutschlands Kulturattaché in Rom … Moment, rufe ich, ich bin nur ein Stipendiat. Ja und? sagt sie, ist das nichts? Wirst du auf deine alten Tage etwa undankbar? Mutter, sage ich, ich bin ja erst etwas über vierzig. Ob vierzig, fünfzig oder sechzig, fährt sie ungerührt fort, Deutschland hat dir vertraut, Deutschland zählt auf dich, und es kann nicht angehen, daß du die Deutschen enttäuschst, weil du dir deinen Platz in der Schlange wegnehmen läßt. Du mußt für Deutschland kämpfen, und das heißt manchmal, daß du dich tatsächlich schlägst. Ich an deiner Stelle hätte den Dränglern ein paar Ohrfeigen gegeben, leichte Klapse, einfach zur Warnung. Um Gottes willen, rufe ich aus, da denken doch die Italiener: Da, der Mann sieht aus wie ein Sizilianer, aber er ist Deutscher, und er benimmt sich auch typisch deutsch. Das denken die Römer? fragt sie. Ja, sage ich, sie würden es denken, wenn ich gewalttätig würde. Das ist ja hochinteressant, kreischt sie und wiederholt: Sehr, sehr interessant! Komisch nur, daß die Südländer im Ruf stehen, sich beim kleinsten Anlaß zu prügeln. Sie sitzen im Glashaus und werfen mit Steinen ...

Das geht eine Weile so weiter, sie stellt fest, daß es einem deutschen Kulturattaché schlecht anstünde, wenn er sich in der Öffentlichkeit mit Schmutz am Hemdkragen und unter den Fingernägeln zeigen würde. Ich versuche sie zu beruhigen, mein Vater meldet sich mit Zwischenrufen über den Spielstand der Fußballbegegnung, die er sich gerade im Fernsehen anschaut. Dann klingelt es an der Tür, meine Mutter legt ohne weitere Worte den Hörer auf die Kommode, macht auf, natürlich ist es der Hausmeister mit den Einkäufen, und ich lausche dem folgenden Wortwechsel:

– Ich grüße Sie, Mütterchen ...

– Wie oft habe ich dir gesagt, du sollst mich nicht Mütterchen nennen. Du hast nur eine Mutter, es gibt nur eine Frau, die dich zur Welt gebracht hat – wenn ich dich mir so ansehe, dann bestimmt unter großen Schmerzen.

– Ja, also, ich habe hier Ihre Einkäufe: Tomaten, Würfelzucker, die Sportzeitung für den Herrn des Hauses und ein Bund Petersilie ...

– Ich habe keine Petersilie bestellt, schau auf deine Einkaufsliste.

– Ich weiß, Mütterch... ja, ich weiß, aber die Petersilie ist gerade im Angebot, und da dachte ich ...

– Bekommst du vom Krämer Provision für jeden verkauften Bund Petersilie?

– Nein, das nicht, aber, wie gesagt, die Petersilie bei ihm ist frisch und besonders billig. Außerdem schmückt Petersilie jedes Gericht.

Ich höre, wie meine Mutter mit dem Hausmeister schimpft, ausgerechnet ihr, einer Frau mit achtunddreißig Jahren Kocherfahrung, würde er Petersilienrezepte unterbreiten, sie wolle aber nicht so sein und den Bund dieses eine letzte Mal annehmen. Sie bezahlt, schließt die Tür, bringt meinem Vater die Sportzeitung, ich höre Zeitungspapier rascheln, sie geht in die Küche, schenkt sich in das Tulpenglas Tee ein, setzt sich an den Küchentisch. Ich zähle bis dreißig, da höre ich schon ihre Schritte, sie reißt den Hörer von der Kommode hoch und sagt: Mein Sohn, ich hatte dich völlig vergessen. Sie erzählt mir, daß jedes junge Mädchen spätestens ein Jahr nach der Hochzeit ein Kind zur Welt bringt, und fragt mich, ob ich daran denken würde, vielleicht mit fünfzig Jahren heiraten zu wollen. Ich gehe auf die Spitze nicht ein, sie fragt mich, wo ich denn noch überall gewesen sei. Ich habe also die besagte Kirche besichtigt, sage ich, und bin dann zum Circus Maximus geschlendert, das liegt ja gleich nebenan, dort fanden früher … Wagenrennen statt, sagt meine Mutter, und es heißt, daß die Römer sogar Kohl auf der zugewachsenen Rennbahn angepflanzt haben. Ich frage mich, wie kann man nur so mit seinen Kulturgütern umgehen, in Deutschland hat alles seine Ordnung, da kommt kein Mensch auf die Idee, einen Tempel meinetwegen in einen Schafstall umzuwandeln. Na ja, sage ich, der Circus Maximus wurde im vierten Jahrhundert vor Christus gebaut, und da gab es damals noch keine Touristen, für die man Gebäude und sonstiges instand setzen wollte. Ob vor oder nach Christus, kreischt meine Mutter, das spielt nicht nur keine Rolle, es spielt auch überhaupt keine Rolle! Der Südländer mißt alten Ruinen keinen Wert bei, wenn es nach ihm ginge, würde er alles unter Müll oder Asphalt begraben … Mein Vater brüllt im Hintergrund, der Stürmer seiner Mannschaft hat ein Tor geschossen, nein, falsch, der Schiedsrichter ließ trotz einer bösen Blutgrätsche weiterspielen. Ich höre meinen Vater fluchen, er nennt den Foulspieler ›ein Eutergesicht‹, ›ein Pferd, das man sofort zum Abdecker bringen muß‹,

›eine Pilzmade‹ und ›eine Schande für das internationale Ansehen der Türkei‹. Meine Mutter legt wortlos den Hörer auf die Kommode, eilt ins Fernsehzimmer, stellt sich vor den Fernseher und droht meinem Vater, nicht eher wegzugehen, bis er aufhört, sich aufzuregen. Dann herrscht einige Sekunden Stille, ich höre meinen Vater mit meiner Mutter rangeln, und einige Minuten später meldet sie sich wieder mit den Worten am Telefon, sie habe mich vergessen gehabt, und überhaupt sei jetzt ihr Tee kalt geworden, sie müsse frischen heißen Tee holen, es würde nicht so lange dauern.

Fünf Minuten später setzt sie mir auseinander, daß es allein in der Türkei 1820 ausgestellte Barthaare des Propheten gebe, die Reliquienverehrung sei also nicht nur bei den Katholiken weit verbreitet. Ich überlege, ob ich ihr von den zur allgemeinen Anbetung ausgestellten Märtyrergebeinen in den Kirchen Roms erzählen soll; doch da ich damit rechne, daß sie mir die Kirchennamen mit den dazugehörigen Märtyrerkörperteilen aufzählen wird, lasse ich es bleiben. Eine weitere halbe Stunde später habe ich folgende neue Gerüchte erfahren: 1. Meine jüngste Cousine erwägt, eine Reise nach Rom zu unternehmen. Sie rechnet fest damit, daß ich sie an mindestens drei Tagen durch die Stadt führe. Meine Mutter hat es von ihrem Bruder, der sich nicht sicher ist, ob er sich verhört hat. 2. Mein Onkel möchte nach Rom und rechnet fest mit einer mehrtägigen Stadtführung. 3. Meine Tante war schon öfter in Rom und möchte deshalb lieber nach Hamburg. Wahrscheinlich wird sie sich gegen meinen Onkel durchsetzen.

Meine Mutter fragt mich noch, wie das Wetter in Rom sei, ich sage ihr, daß sich Regen und Sonnenschein abwechseln, im Gegenzug liest sie mir die Wettermeldungen für ganz Italien vor. Sie ermahnt mich, als Kulturattaché für Deutschlands Interessen notfalls handgreiflich zu werden, und da ich ihr keinen telefonischen Eid abgeben mag, verspreche ich ihr, über ihren Vorschlag nachzudenken. Dann unterbricht sie die Verbindung. Ich bin mir sicher: Bei meinem nächsten Anruf wird sie fragen, ob ich mich für deutsche Interessen geprügelt habe.

XXXVII. Das arme enge Treppchen

Sowjet-Sergej und ich sind unterwegs zum Flughafen Fiumicino. Über die große Umgehungsstraße kommen wir auf die Via Cristoforo Colombo, die breite Allee führt mitten durch einige Vorstadtviertel, in dem sich auch Eliteeinheiten den Weg freischießen müßten. Sergej fährt prinzipiell nur bei offenem Fenster, und also hat er vor der Fahrt alle vier Fenster heruntergekurbelt und das Faltdach geöffnet. Es ist so laut im Wagen, daß ich mich mit Sergej nur schreiend unterhalten kann. Ich erzähle ihm von meinem Besuch bei Luciano, der nach dem Willen seiner Mutter fast die Laufbahn eines Exorzisten eingeschlagen hätte. Sergej fällt mir wie üblich ins Wort und sagt, die Herren Exorzisten würde er achten und lieben, denn er verdanke ihnen sein Leben; er wolle mir ein Geheimnis verraten, und wenn ich es nicht für mich behielte, würde er einen Stinktierschwanz an meine Zunge tackern. Die Ukrainer drohen nicht umsonst mit drastischen Maßnahmen, deshalb halte ich seinem harten Blick stand und versuche nicht zu blinzeln, auch dann nicht, als wir für einige Sekunden auf die Gegenfahrbahn kommen. Ein Überlandlaster hupt uns zurück auf unsere Spur, und Sergej sagt, es habe da in seiner Kindheit einen Tag gegeben, an dem sich seine vielen kleinen Sünden in seinem Magen materialisiert hätten. Sein Vater sei mit ihm sofort zum Dorfpriester gegangen und habe ihm ein Viertel Ziege für die sofortige Behandlung seines Sohnes versprochen ... Wie sah die Behand-

184

lung aus? frage ich dazwischen, und weil Sergej es haßt, unterbrochen zu werden, saugt er durch die Nase Luft ein und entlockt seinen Nebenhöhlen seltsam schnarrende Flötentöne. Er ascht aus dem Fenster, der Fahrtwind weht die Zigarettenglut ins Auto, ich löse den Gurt, klettere nach hinten, trampele auf den kleinen Stapel katholischer Erbauungsmagazine. Nur ein paar Seiten sind versengt, schreie ich und klettere auf den Beifahrersitz, Sergej wartet zehn Strafminuten ab, um dann mit seiner Geschichte fortzufahren. Über die Behandlung verliere ich kein Sterbenswörtchen, brüllt er, aber der Herr Priester verstand was von seinem Handwerk, ich habe in eine große Porzellanschüssel rostige Nägel, Pfirsichkerne, Schnürsenkel, zwei Schlüsselanhänger und einen Kinderbrillenbügel erbrochen, ich fiel in einen tiefen Schlaf, aus dem ich anderthalb Tage später erwacht bin, meine Eltern hatten mich schon aufgegeben und mir Goldtaler auf die Augen gelegt, das tut man bei uns, wenn die Seele den Körper verlassen hat.

Ich weiß nicht, was ich von seiner Geschichte halten soll, sie kann sich so oder so ähnlich zugetragen haben, und wenn ich Zweifel anmelde, wird Sergej mich ohne Skrupel aus dem fahrenden Auto werfen. Also starre ich schweigend geradeaus, dann fällt mir ein, daß ich heute früh Blätterteigtäschchen von der Konditorei besorgt habe, sie sehen aus wie Muscheln, die man mit Puderzucker bestäubt hat. Sergej probiert eine Sfogliatelle, ich biete ihm eine zweite, eine dritte und eine vierte an, und nachdem er sie zerkaut und runtergeschluckt hat, fängt er an, ein Lied zu singen, er brüllt sich dabei die Seele aus dem Leib. Das ist ein altes neapolitanisches Lied, sagt er, es geht um ein enges Treppchen, das scalinatelle longe, zu den Klängen einer Mandoline besingt man dies Treppchen, und wenn man das Pech hat, auf einen schlechtgelaunten Neapolitaner zu stoßen, singt er eine Stunde lang über das arme enge Treppchen, das er, der arme, arme Neapolitaner, so gut verstehen kann, verstehst du? ... Was soll ich ihm jetzt antworten? Der Klagegesang über ein enges Treppchen läßt meine Seele nicht unbedingt wie ein Lämmerschwänzchen im Frühlingsregen zittern, es wäre jedoch ein Fehler, dies offen zuzugeben. Das arme Treppchen, sage ich, Sergej nickt traurig und brüllt das Lied, bis wir endlich am Flughafen ankommen. Er fährt drei Ehrenrunden, findet keinen Parkplatz, fährt eine vierte Runde und parkt schließlich laut fluchend in der absoluten Halteverbotszone. In der Abfertigungshalle ist wie üblich der Teufel los: Dicke Russen und dicke Amerikaner ziehen große Rollkoffer hinter sich her, die Italiener stehen in kleinen Gruppen im Weg und schauen den Barbaren bei ihren Umgehungsmanövern zu. An allen Schaltern haben sich lange Schlangen gebildet, jeder Passagier braucht ungefähr zehn Minuten, um einzuchecken, und jedesmal wird die Angestellte am Schalter von den Passagieren in der Warteschlange frenetisch bejubelt. Die Italiener finden es nicht lustig, wenn man sie auf diese Weise veräppelt, eine Angestellte ruft lautstark nach den Polizeibeamten, die gerade ihre Schuhe mit Spucke polieren. Selbstverständlich eilen sie sofort herbei, nicht ohne zuvor ihre Ray-Ban-Sonnenbrillen aufzusetzen, und nachdem die in hellen Rosatönen geschminkte Angestellte sich über die bösen Barbaren beschwert hat, gehen sie in langsamen Schritten die Schlange ab. Sofort kehrt Ruhe ein, als ein Mann brutal niest, greifen sie reflexartig zu ihren Pistolenholstern, tun dann aber so, als würden sie nur an ihren Gürteln nesteln. Jemand zieht mich an den Haaren, ich drehe mich um und schaue böse in das knallrot verbrannte Gesicht eines Mannes, mein Blick wandert zum

Namensschild am Halsband. Darauf steht: Mercedes Benz International Presidents' Meeting, Dr. Ferniczei-Glógóykó. Er sagt, er habe mehrmals auf meine Schulter geklopft und aber kein Lebenszeichen erhalten, daher habe er sich die Freiheit genommen, mich am Haar zu zupfen, er heiße Glógóykó, mit Vornamen Adám, in diesen modernen Zeiten nehme der Mann nicht selten auch den Nachnamen seiner Frau an, daher wolle er einen zweiten Anlauf bei der Begrüßung nehmen, er heiße also Ferniczei-Glógóykó. Ich bin etwas verwirrt, schaue mich nach Sergej um, und da ich ihn nicht entdecken kann, nenne ich dem Mann meinen Namen. Zómóokólukógóykó? fragt er nach, nein, sage ich, Zaimoglu. Ah, sagt er, Zimókólókógóykókóykó? Ich schüttele den Kopf, Glógóykó sagt immer wieder meinen Namen auf, bis ich es nicht mehr aushalte und ihn frage, was er denn von mir wolle. Er sei ein Mercedes-Benz-Club-Präsident und habe leider die Gruppe der Club-Präsidenten aus Übersee aus den Augen verloren, die Gruppe bestehe aus den Herren Lirtuochachai aus Thailand, Jüütälainäänän aus Suomi und Nakarama-Kutsikawa aus Japan – ob ich ihm bitte helfen könne, die Herren zu finden? Nö, sage ich und lasse Glógóykó stehen, mir ist nämlich sein schwer unterdrücktes Grinsen aufgefallen, jetzt höre ich ihn prusten und lachen. Nirgendwo sonst auf der Welt gibt es so viele Scherzkekse wie in Rom, und die Einheimischen wetteifern mit den Touristen darum, arglose Menschen zu verarschen. Glógóykó ruft mir hinterher, das Leben sei zu kurz und Spaß müsse sein, dann wird er von einem Lachanfall geschüttelt, die Polizisten werden auf ihn aufmerksam und wollen wissen, was denn so lustig sei. Glógóykó, die miese Petze, erzählt ihnen die Geschichte und zeigt auf mich, wenig später lachen sich die drei halb tot. Im Laufschritt verlasse ich das Terminal A, ich sehe mich im Eingangssaal des Terminals B um und finde Sergej schließlich Cornetto mampfend vor dem Ankunft/Abflug-Monitor. Ein Spinner namens Glógóykó hat mich gerade eben veräppelt, sage ich, doch Sergej fällt mir ins Wort und erklärt, Roberta, seine lodernde Flamme, würde in genau viereinhalb Minuten landen. Ach ja, denke ich, deswegen sind wir ja hier, Roberta ist für eine Woche nach Hamburg geflogen, um ihre zugedröhnten Musikerfreunde zu treffen und sie für ein neues Projekt zu begeistern. So wie ich sie aus Robertas Erzählungen kenne, wird es nix – der Sänger hat irgendwann beschlossen, Deutschland barfuß zu durchwandern, keine vier Kilometer später ging er ins Sportgeschäft und kaufte sich Turnschuhe. Seitdem ist er Vegetarier, kleidet sich nur noch in Weiß und hält losen Kontakt zum Mundharmonikaspieler der Band, der Busfahrer geworden ist. Der Gitarrist verschwand für ein Jahr von der Bildfläche, und als er wieder in Hamburg auftauchte, verkündete er seinen Freunden, daß er jeden erwürgen würde, der ihn nach diesem letzten Jahr ausfragen sollte ... Endlich geht die pneumatische Tür auf, und Roberta tritt heraus. Sergej weiß um ihre Abneigung gegen dramatische Gesten, also hat er den Gedanken verworfen, eine russische Polkagruppe feierlich aufspielen zu lassen. Roberta erblickt uns und schaut sich mißtrauisch nach bösen Überraschungen um, dann kommt sie auf Sergej zu und hält ihm die Wange zum Kuß hin. Sowjet-Sergej gibt ihr einen Korkenzieherkuß, und als sie ihn wegschiebt, löst er sich mit einem lauten Plopp von ihrer Wange. Er hat es wieder geschafft, Roberta eilt wutschnaubend nach draußen. Wenig später sitzen wir schweigend im Auto, natürlich sind alle Fenster und das Faltdach geschlossen, denn Roberta haßt es, bei offenem Fenster zu fahren.

Ich habe zufällig meinen Exfreund getroffen, sagt

Roberta, die Bierbüchse in Sergejs Hand schrumpft knackend auf die Größe einer Kaffeesahnedose, die blaue Ader an seiner rechten Schläfe tritt hervor. Mein Gott, fährt Roberta fort, der Ärmste muß an unserer Trennung wirklich gelitten haben, er ist nur noch ein Schatten seiner selbst, er hat mir so leid getan. Wieso tut dir der Typ leid? fragt Sergej mit tonloser Stimme, er ist kein armes enges Treppchen, wäre er ein Treppchen, würde ich bestimmt der erste sein, der ihm Trost spendet – ich würde sagen: Ich weiß, armes enges Treppchen, du hast es schwer, komm her, ich will dich trösten … Roberta sagt, sie verstehe nicht so recht, was ein Treppchen mit ihrem Exfreund zu tun habe, dieser Mensch habe ihr im übrigen viel Freude bereitet, damals, als sie noch mit ihm zusammengewesen sei, doch sie habe die Vergangenheit begraben, und Sergej solle endlich aufhören, den ukrainischen Exzentriker zu spielen. Sergej donnert die Bierdose auf den offenen Aschenbecher an der Seitentür und reißt ihn brüllend aus der Verankerung. Ich bin weder dein Exfreund noch ein Zen-Buddhist, schreit er, nimm das sofort wieder zurück! Ich versuche ihn über das Mißverständnis aufzuklären, er hört mir zu und entschuldigt sich dann bei Roberta mit den Worten, er könne wegen des Fahrtwinds hinten sein eigenes Wort nicht verstehen. Dann fällt ihm auf, daß die Fenster geschlossen sind, und er läuft rot an. Plötzlich kreischt Roberta los, nimmt die nächste Abfahrt und wieder Kurs auf den Flughafen. Sie hat, zerstreut und müde wie sie ist, nur einen Koffer vom Gepäckband heruntergewuchtet, ihren zweiten Koffer habe sie völlig vergessen. Wir geraten in einen Stau und kommen erst anderthalb Stunden später an, Roberta sagt, wir sollen auf sie warten, und sprintet schon los. Ich zünde mir vor dem Eingang eine Zigarette an, Sergej will sich drinnen umsehen. Kaum ist er eingetreten, spricht ihn ein Mann an, der sein in Plastik eingeschweißtes Namensschild am Halsband trägt. Er stellt sich vor, dann fragt er Sergej nach seinem Namen, und als ich Glógóykó ›Sórógójegóykó?‹ ausrufen höre, drehe ich mich weg. Jetzt bist du an deinen Meister geraten, du Glógóykó-Kokosraspel, denke ich, ich eile dir bestimmt nicht zu Hilfe! Doch dann höre ich ihn schreien, ich trete die Zigarette aus, atme tief durch und renne hinein. Sergej hält Glógóykó in der Nasenzwinge, das heißt Glógóykós Nase steckt zwischen Sergejs gekrümmten Zeige- und Mittelfinger der rechten Hand. Die Polizisten laufen in unsere Richtung, Roberta schaut uns aus sicherem Abstand fassungslos zu. Verdammt, denke ich, diesmal gibt es kein Entkommen, dann werde ich auch schon auf den Boden geworfen.

XXXVIII. Täuscher und Trickser

KINDERMUSEUM IN DER VIA FLAMINIA

Der Pförtner zerkaut seelenruhig den Zahnstocher, er
kann meine Aufregung nicht verstehen. Hunderte von
Bussarden haben heute morgen ihre Schleifen über
der Villa geflogen, rufe ich, dann ließen sie sich in den
Baumkronen, auf den Zweigen der Bäume in unserem
Garten, nieder und haben einen unglaublichen Krach
geschlagen. Das waren keine Bussarde, sagt der Pförtner
und schluckt den zerkauten Zahnstocher herunter, das
waren Schwalben, sie haben hier eine kurze Pause einge-
legt und sind weiter in den Süden geflogen. Unglaublich,
oder? fahre ich fort, so viele Vögel auf so engem Raum!
Der Pförtner spitzt den Mund und trifft mit dem Strahl
Spucke den Kopf eines Geckos, der sich heimlich in die
Loge einschleichen wollte. Es ist schon erstaunlich – die
Zugvögel fliehen vor der Kälte, doch die Geckos lassen
sich Zeit und huschen durch die Büsche; es heißt sogar,
daß die barmherzigen Schwestern von der Putzkolonne
ein Winterlager aus lavendelwassergetränkten Wattebäus-
chen für Kleintiere aller Arten eingerichtet haben. Der
Pförtner fand allein in dieser Woche zwei ausgewachse-
ne Skorpione, sie waren zwar tot, doch sie waren in der
Nähe einer Schüssel mit Essensresten verendet. Seitdem
wird heftig darüber spekuliert, ob sich ein psychopathi-
scher Tierquäler auf dem Villagelände umtut. Ich habe
folgenden Tathergang rekonstruiert: Die besagte Person
hat Karottenmus zubereitet, sie hat davon ein oder zwei
Löffel probiert und ist zu dem Schluß gekommen, daß

191

das Mus nicht schmeckt. Also hat sie es den Skorpionen zum Fraß vorgesetzt – es ist ihnen aber nicht bekommen. Meine Karottenmus-Theorie stößt auf große Skepsis: Bei dem steifen Matsch in der Schüssel handle es sich um Kartoffelpüree, das mit reichlich Tabasco versetzt worden sei. Demis, der Halb-Sizilianer, hat daran geschnuppert und ist auch zu dem Schluß gekommen, daß in dem Essen kein Gift enthalten sei. Außerdem würden Skorpione nicht in dem Ruf stehen, Essensreste von Menschen anzunehmen.

Der Pförtner schaut auf den Monitor und verkündet, ein Gerippe und eine Frau unbestimmten Alters seien draußen an der Pforte dabei, auf alle Knöpfe auf der Klingelleiste zu drücken – es wäre ihm ein Vergnügen, rauszugehen und die beiden Irren zu verprügeln, ich könne ihm aber zuvorkommen und meine Besucher in Empfang nehmen. Ich trete hinaus, begrüße Reinward und seine Frau Valeska, ich darf ihnen die Hand reichen, doch umarmen lassen sie sich nicht. Nein, sie möchten auch keine Führung durch den Villagarten, sie sind für einen Tag nach Rom gekommen, haben einen genauen Plan ausgearbeitet, und dieser Plan sieht vor, daß man zusammen das Kindermuseum in der Via Flaminia besucht … ich starre Valeska an, sie plappert fröhlich weiter, übergibt mir ihre Reisetasche, und als ihr Handy klingelt, plappert sie mit ihrer besten Freundin. Wieso Kindermuseum? frage ich, und Reinward sagt, Valeska telefoniere jetzt mit Mandy Malina, sie habe vier Kinder, ihr jüngstes Kind, Helmine Mareika, sei viereinhalb, und Mandy Malina habe Valeska darum gebeten, vorab zu prüfen, ob Mandy Malina mit ihrer Helmine Mareika ins Museum gehen könne … Reinward redet weiter auf mich ein, soweit ich ihn verstehe, will eine Mutter mit ihrer Tochter ins Museum gehen, und weil diese Mutter

Mandy Malina heißt, schickt sie ihre Freundin Valeska vor, Valeska schaut sich um und erzählt schließlich dieser Mandy, ob es sich für Mandy lohnt, ihre Helmine ›dem fremden Milieu‹ auszusetzen. Sonst geht's euch gut, sage ich und schaue mich nach einem Taxi um. Heute ist aber autofreier Samstag, und nachdem ich zehn Minuten am Fleck gestanden habe, packe ich die Reisetasche und rufe meinen Besuchern zu, sie sollen mir folgen. Valeska plappert weiter, Reinward erzählt mir, Mandy Malina wolle am fünften Geburtstag von Helmine Mareika das Kindermuseum besuchen, und es sei doch völlig in Ordnung, wenn sie über Valeska erfahren wolle, ob ein Besuch sich überhaupt lohne. Ja, sage ich, laß uns mal das Thema wechseln. Reinward wechselt das Thema und kommt auf Jessi Katjana zu sprechen, seine Ex-Ex-freundin, die sich mit Valeska gut verstehe, die beiden würden wirklich gut miteinander auskommen, jedenfalls habe auch Jessi vor, übernächste Woche nach Rom zu kommen, in Begleitung ihres Mannes Ernestus und der Tochter Grit, und wie würde es mir gefallen, für sie den Stadtführer zu spielen? Ich bin nicht da, sage ich und nehme mir vor, mich zu der Zeit in der Villa zu verstek-ken. Zwei Zigeuner mit Krückstöcken unterm Arm ge-hen pfeifend spazieren, kaum sind sie an der Kreuzung angelangt, verwandeln sie sich in Schwerbehinderte, sie humpeln an die wartenden Autos heran und halten die Hand auf. Valeska hat die wundersame Verwandlung mit-bekommen, sie berichtet ihrer Freundin am Handy, daß sie schon nach zwei Stunden von Rom enttäuscht sei, weil es in der Stadt von Täuschern und Tricksern nur so wimmeln würde. Sie lauscht eine Weile dem aufgeregten Geschnatter von Mandy Malina und verspricht, in einer Stunde wieder anzurufen.

Ich lege eine kurze Pause ein, die verdammte Reisetasche ist so schwer, daß ich kein Gefühl mehr in meiner rechten Hand habe, doch Valeska möchte den Zeitplan einhalten und fordert Reinward auf, mir beim Tragen zu helfen. Reinward setzt ein erneutes Mal an, mir die komplizierten Zusammenhänge zu erklären, Helmine Mareika, das viereinhalbjährige Kind, reagiere oft sehr aggressiv auf neue Umgebungen, Mandy Malina müsse daher jeden Ausflug sorgfältig vorbereiten, er könne nicht verstehen, daß ich seufzen und mit den Augen rollen würde, ich solle bitte schön aus meinem Schneckenhaus herauskommen. Laß uns das Thema wechseln, sage ich, wo habt ihr eigentlich eure Tochter gelassen, wie heißt sie noch mal …? Delia Louise ist bei ihrer Großmutter, sagt Valeska, das heißt nur für einen halben Tag, dann wird Mandy übernehmen, sie hat Helmine Mareika natürlich darauf vorbereitet, Delia und Helmine verstehen sich eigentlich gut, trotz des Altersunterschieds von zwei Jahren, Helmine Mareika wird schon keine Probleme machen … Ich höre nicht mehr hin, Reinward und Valeska wechseln sich beim Sprechen ab, mal geht es um den Erziehungsauftrag einer ostdeutschen Mutter, die vier Kinder von drei Männern hat, mal um das Desaster des westdeutschen Schulsystems. Sie haben längst aufgehört, mir Fragen zu stellen, zwischendurch meldet sich Mutter Mandy, und Valeska gibt unsere Koordinaten durch. Schließlich kommen wir nach einem elend langen Fußmarsch an, ich trinke schnaufend zwei Coladosen leer, und dann stehen wir an der Kasse, Valeska und Reinward machen keine Anstalten, zu ihren Börsen zu greifen, also muß ich sie einladen. An der Museumspforte will man uns nicht reinlassen, Erwachsene ohne Kinder dürfen nicht hinein. Ich sage, daß unsere Söhne vorgegangen sind und daß wir uns jetzt anschließen wollen, wir dürfen eintreten. Reinward macht mir Vorhaltungen wegen meiner Notlüge, er fühle sich jetzt sehr schlecht, ja, er fühle sich, als habe er ein kleines Verbrechen begangen. Mein Blick irrt zwischen ihm und der überdimensionalen Mensch-ärgere-dich-nicht-Spielfigur hin und her, wie gerne würde ich ihm die Spielfigur über die Rübe ziehen. Valeska sitzt mittlerweile im großen Feuerwehrauto, sie hat es geschafft, die Kinder in der Warteschlange wegzuschubsen. Sie teilt sofort Mandy Malina ihre Eindrücke mit, doch dann wird sie von einer aufgebrachten Italienerin zur Rede gestellt, die wissen will, ob sie Valeska hier drin oder draußen vor dem Museum an den Haaren ziehen soll. Reinward interveniert, der Mann der Italienerin ist sofort zur Stelle, ich interveniere, vier aufgebrachte Familienväter umzingeln mich. Ich erkläre, daß Reinward und Valeska für ihr behindertes Kind eine Ortsbegehung vornehmen und daß ich als der Betreuer des Kindes ihnen zur Seite stehe. Jetzt sind die Väter und Mütter völlig aufgelöst, Valeska klettert aus dem Feuerwehrauto, ich darf dann probesitzen, Reinward reagiert nicht auf die Bitten der gut einem Dutzend Eltern, auch in das Auto hineinzuklettern. Statt dessen sagt er, daß er von mir menschlich enttäuscht sei, er habe mich bei zwei Lügen ertappt und müsse über unsere Freundschaft nachdenken, er hasse es, angelogen zu werden. Was soll der Blödsinn, sage ich, die Meute hätte euch gelyncht! Valeska unterbricht ihr Gespräch mit Mandy Malina, um mir mitzuteilen, daß ich überhaupt nicht ihrem Bild von einem Dichter entspräche, ich sei ignorant, unromantisch und so unitalienisch. Dem abgehackten Geschnatter aus dem Handy nach zu urteilen gibt ihr Mutter Mandy recht, ich will schon zu einer Haßpredigt ansetzen, da rammt mir ein Kind einen Einkaufswagen in die Kniekehlen. Ich stürze zu Boden und rolle mich genauso ab, wie ich es aus den Gangsterfilmen kenne. Valeska möch-

te daraufhin zu der Supermarkt-Spielecke, Reinward
hilft mir beim Aufstehen, und weil ich nicht so bin, folge
ich ihr, setze mich auf den Kinderstuhl und spiele den
Kassierer. Sie füllt ihren Einkaufswagen mit Lebensmit-
teln aus Weichplastik, ich tippe die Preise in die Kasse
und nehme das Spielgeld entgegen. Zum dritten Male
an diesem Tag tische ich den Eltern weinender Kinder in
der Warteschlange eine Lüge auf, sie haben danach alle
großes Verständnis. Reinward wechselt kein Wort mehr
mit mir, Valeska übernimmt das Reden. Das Museum,
schreit sie ins Handy, ist kindergerecht, man darf nicht
den Standard in Deutschland erwarten, und überhaupt
sind die Eltern hier sehr unentspannt, sie haben mich
angepöbelt, Mandy, kannst du dir das vorstellen, ich mache mich natürlich nicht gemein mit Proleten, wenn ich
mir ihre Kinder ansehe, dann aber gute Nacht ... Ich lasse den Blick schweifen und sehe lebhafte und fröhliche
Kinder, doch ich hüte mich davor, Valeska zu widerspre-
chen, ich traue ihr zu, daß sie mich mit einer Therapiere-
de totschwätzt. Sie merkt kurz auf und bedeutet mir, zur
Bank-Spielecke überzuwechseln, währenddessen klärt
sie Mandy Malina darüber auf, daß Rom wegen all der
vielen Touristen und der Pilger aus Polen zu einer belie-
bigen Metropole verkommen sei. Reinward muß jetzt den
Schalterbeamten mimen, und ich tue so, als wolle ich ein
neues Konto eröffnen, dann wechseln wir die Rollen. Ich
schaue herunter auf die Reisetasche, die ich die ganze
Zeit getragen habe, ich schaue in die dauerempörten Gesichter von Reinward und Valeska, ich denke an Mandy
Malina, die das Kinderzimmer mit einem Forschungsla-
bor verwechselt. Ich stehe auf, gebe vor, auf die Toilette
gehen zu müssen, schleiche mich zum Ausgang, die Angestellte fragt, wo denn mein Kind sei, ohne Kind könne
sie mich nicht herauslassen. Ich zeige heimlich auf Rein-

ward und Valeska und sage, daß sie Mutter und Vater des Kindes seien und ich sie nur begleitet habe, jetzt aber zu einem dringenden Termin eilen müsse. Sie werde meiner Bitte nachkommen und den beiden bei ihrer Suche nach ihrem Kind helfen, erklärt sie, und ich bedanke mich höflich, trete durch die Tür und drehe mich nicht wieder um. Erst zehn Minuten später stecke ich mir grinsend eine Zigarette an.

XXXIX. Mo, Ho und Lo

Früher hieß das Geschäft, in dem man sich die Haare schneiden ließ, eine Frisierstube, dann wurde es den Friseuren langweilig, und sie nannten ihre Läden Hairstylingstudios. Der Contestarockhair Concept Store in der Via degli Zingari im Viertel Monti ist eigentlich ein Friseursalon: Die schönsten jungen Frauen Roms werden hier gefönt und gesträhnt, und selbstverständlich strömen allein deshalb die Männer herbei. Die drei schwulen Geschäftsinhaber haben sich Künstlernamen zugelegt, sie heißen Mo, Ho, Lo, das klingt nach eineiigen Drillingen aus China, es sind aber alles waschechte Römer. Mo ist der Kopf der Dreierbande und kann, wenn man seine katholischen Gefühle verletzt, schon mal zuschlagen. Ho trägt mottenzerfressene Designerhüfthosen und Pilotenbrillen mit Goldfassung, Lo massiert jeden Morgen seine Vollglatze mit teurem französischen Parfüm. Er führt auch den Modeladen nebenan, die billigste Jeans kostet dreihundertfünfunddreißig Euro, und wer sich auf einen Plausch mit ihm einläßt, bekommt schon mal zehn Prozent Rabatt. Lo muß alle zwei Wochen nachbestellen, die hippen Fashionopfer reißen ihm die Stoffe aus der Hand. Mindestens einmal im Monat laden Mo, Ho und Lo zu einem besonderen Ereignis ein, diesmal haben sie einen amerikanischen Latinokünstler aus Miami eingeflogen, der aussieht, wie man sich eben Edelghetto-Künstler vorstellt: zerschlissene Anti-Jeans, zerfranste Anti-Baseballkappe, durchlöchertes T-Shirt mit dem Front-Aufdruck:

Be Anti. Er heißt Bo. Ich frage Mo, wieso der Künstler aus Miami Bo heißt, er sagt, Leute, die Bescheid wissen, wissen Bescheid und fragen nicht dumm nach. Ich gehe zu Bo und frage ihn, was es mit seinem Namen auf sich habe, er steckt seinen Zeigefinger durch ein Loch in seinem T-Shirt und ruft laut seine Freundin zu sich. Sie trägt zerknitterten Jeansrock und Strumpfhose mit Laufmasche, und als sie bei Bo ankommt, steckt sie auch einen Finger in dasselbe Mottenloch, Bo gibt meine Frage an sie weiter, da fängt sie an, mich anzukläffen. Also gut, denke ich, Künstler haben andere Umgangsformen, ich drehe den beiden den Rücken zu, es wäre auch blöd, ihnen zuzusehen, wie sie sich mit Küssen verschlingen, was sage ich, sie poltern auf den Boden und rollen eng umschlungen zur Wand. Mo zückt seine Kamera und knipst wild wiehernd Fotos, Ho klatscht in die gestreckte Hand von Lo, dem vor lauter Begeisterung die Pilotenbrille runterfällt. Es haben sich mittlerweile dreißig Gäste eingefunden, und natürlich halten sie die wilde Kußszene des Künstlers und der Frau mit Laufmaschen für einen Teil des ›art-acts‹, sie klatschen und schießen Fotos.

Das geht etwa eine Viertelstunde so weiter, bis der Künstler genug davon hat, durch den Frisiersalon zu rollen, er steht auf und schreitet zum Tisch, auf dem die Farbtöpfe stehen. Lo verkündet den Gästen, Bo aus Miami würde erst einmal Farben mischen, die Gäste sollten bitte die Zeit nutzen, um vom Rotwein und den weißen Trauben zu probieren. Wir stolpern nach draußen, ich zwänge mich in die Lücke eines Kreises, den gutgelaunte Italienerinnen bilden. Eine Frau erzählt, sie habe ihren Freund zum Markt geschickt, er sollte unter anderem frischen Büffelmozzarella besorgen. Er kommt nach Hause, sie faltet das Käseeinwickelpapier auseinander und fällt vor Schreck fast um: Die Mozzarellascheiben sind mit Blut gesprenkelt. Also stellt sie ihren Freund zur Rede, er sagt, der Händler habe sich beim Scheibenschneiden leider in den Finger gehackt, es sei keine sehr tiefe Wunde gewesen, und er habe nicht den Mut gehabt, den Händler auf die Blutspritzer auf dem Mozzarella hinzuweisen. Alle lachen Tränen über den Freund, er steht abseits und nennt seine Freundin eine Bestie, die ihren Mund nicht halten könne. Sofort löst sich der Gesprächskreis auf, ich reagiere etwas träge und werde von der Frau gegen ein parkendes Auto geschleudert. Im nächsten Moment zerrt sie an den Jackenaufschlägen ihres Freundes. Mo sagt, der Anblick zweier enthemmter Heteros erinnere ihn an die Kämpfe, die er mit seinem Exlover ausgetragen habe. Er schwelgt in Erinnerungen, dann klopft ihm Bos Freundin auf die Schulter und sagt, sie habe ihm drei Dinge mitzuteilen. Bei dem Liebesgerangel sei der große Spiegel im Hinterraum zersprungen, der DJ wolle wissen, ob er endlich loslegen könne, und, ach ja, sie habe mit Bo einen Joint geraucht, und jetzt würde er statt der Wand den Spiegel mit Smileys bemalen. Mo, Ho, Lo und die Gäste stürzen in den Hinterraum, der Künstler empfängt sie mit einem Kinderkichern. Die nächste halbe Stunde sind wir alle damit beschäftigt, Bo von seinem Marihuana-Himmel herunterzuholen, doch das erweist sich zunächst einmal als ein großer Fehler: Bo macht uns alle persönlich für die miese Behandlung der Latinos in Amerika verantwortlich, er brüllt, der weiße Mann bleibe auch in Rom der weiße Mann, und er würde uns zur Strafe die Nasen rot anmalen. Mo, Ho und Lo geben sich dafür her, dann steht Bo plötzlich auf, stürmt an die Wand und fängt an, wie wild zu pinseln. Im selben Moment setzt die ohrenbetäubende Musik ein, der DJ macht hinter seinem Pult das Siegeszeichen, wird aber von Mo zusammengebrüllt. Ein Mann mit Rastalocken und rotgefärbtem Backenbart filmt den endlich aktiven Künstler, nach und nach entstehen an der Wand Gänseblümchen, nein falsch, Libellen, die eine Musikcombo aus drei Trommlern mit roten Nasen umschwirren. Jetzt sind Mo, Ho und Lo gerührt, und es gibt für sie kein Halten mehr, sie jubeln Bo zu, reichen ihm Rotwein im Plastikbecher und fönen die Farbe trocken, damit Bo erneut Hand anlegen kann. Seine Freundin will sich eine Zigarette anstecken, sie wird auf das neue Rauchverbot in geschlossenen Räumen hingewiesen, über das sie sich wie selbstverständlich hinwegsetzt. Ich frage Lo, was sie dem Künstler an Honorar zahlen, er sagt, wenn man Fahrtkosten, Hotel und Verpflegung dazurechnet, würde man auf den Verkaufspreis von fünfundzwanzig Jeans kommen. Nach fünf Minuten Kopfrechnen habe ich die Summe ermittelt und starre Bo mit anderen Augen an. Er bekommt plötzlich einen Depressionsschub und wird von Mo, Ho und Lo zu einem Frisierstuhl eskortiert. Er wolle sofort Pfannkuchen in dickem Ahornsirup, sagt er, sonst könne er sein Werk nicht vollenden, die Italiener erklären ihm, daß Rom eine ahornsirupfreie Zone sei. Schließlich gibt er sich mit weißer Nußschokolade zufrieden und rührt ein strahlendes Waschmittelweiß an: Er will ›den kaputten Mist‹, den er an die Wand gemalt habe, radikal übertünchen. Ho kann ihm gerade noch in den Arm fallen, Bos Freundin küßt Ho dankbar auf die Lippen, da regt sich aber der Latino in Bos Seele, und es kommt zu der heftigsten Eifersuchtsszene, die ich in meinem Leben live miterlebt habe. Zwei Haartrockner, der zersprungene Spiegel und das Herz von Bos Freundin gehen zu Bruch. Ich trete vor die Tür, ein paar Gäste stehen grinsend herum und denken laut über die Frage nach, ob schwule Männer noch etwas über Frauen im

201

Koller lernen können. Ich will mich am Streitgespräch beteiligen, doch man fährt mir über den Mund. Ich sei weder schwul noch eine Frau, ich könne gar nicht mitreden. Also halte ich mich heraus und schaue hoch zum glasklaren Herbsthimmel, und als ich eine Frau mit einem Eimer sich aus dem Fenster herauslehnen sehe, mache ich einen Satz zur Seite. Der Eimer Wasser erwischt die schreiend debattierenden Gäste voll, ich bekomme nur ein paar Spritzer ab. Die Frau im zweiten Stock brüllt, sie habe einen zweiten vollen Eimer bereitgestellt, wenn sie, die Teufel, ihre gottlosen Homosexuellengespräche nicht nach innen verlegten, würde sie sie weiter begießen. Mo, Ho und Lo verteilen im Laden knallpinke Tücher, und während sich die nasse Gesellschaft trocknet, verkündet der DJ, der Abend sei jung. Mo stöpselt ihm daraufhin alle Geräte aus, dann gibt er mir den Rat, beim Hinausgehen nicht nach oben zu blicken. Ich tue es trotzdem, ein Ei verfehlt mich knapp und klatscht aufs Pflaster. Die Nacht ist tatsächlich noch jung, und ich lenke meine Schritte in Richtung des Feuerwerks, das die Eltern wegen der Geburt ihres ersten Sohnes abbrennen. Man muß sich in Rom vor den unbescholtenen Bürgern in acht nehmen – wenn es einem gelingt, zur rechten Zeit den Kopf einzuziehen, überlebt man in dieser Stadt.

XL. Auf der Polizeistation

Mein Geburtstag fällt dieses Jahr auf einen Sonntag, das kann mir aber die Laune nicht verhageln. Es sind nur noch einige wenige Wochen bis zu meiner Rückkehr nach Deutschland, genauer nach Kiel, und ich bin in Hochstimmung. Apropos Kiel: Wir genießen einen guten Ruf im Ausland, auch wenn die meisten die Stadt in der Oberpfalz oder sogar an der deutsch-polnischen Grenze verorten. Der Pizzabäcker um die Ecke hat mir oft gesagt, daß er mich in Hessen besuchen werde, um vom Apfelwein zu probieren. Meine Versuche, das Mißverständnis aufzuklären, quittierte er jedesmal mit dem lauten Zuruf, keiner, er wiederhole: keiner, könne es mit ihm in Geographie aufnehmen. Auch heute, da ich ihm verraten habe, daß ich offiziell über vierzig bin, bringt er einen Trinkspruch auf das Land Hessen aus, und die anwesenden Männer, alle knapp siebzig, klopfen mir auf die Schulter und beglückwünschen mich wegen meiner hessischen Herkunft.

Die Läden haben heute geschlossen, da ich mich aber beschenken möchte, steuere ich den nächsten Kiosk an und blättere in der neuen Comicausgabe von ›Dampyr‹. Der Held ist halb Mensch, halb Vampir, und irgendwann hat er beschlossen, sich nicht unbedingt für seine bessere, aber eben menschliche Hälfte zu entscheiden. Seither kämpft er gegen die Drecksfressen der Unterwelt, manchmal bringt ihn der Blutdurst um, und er schaut seine Kurzzeitfreundinnen mit einem seltsamen Blick

203

an. Dann steht in der Sprechblase über dem Kopf der jeweiligen Frau folgender Text: »Du machst mir angst, Dampyr! Du hast eine Seite an dir, die mich das Fürchten lehrt …« Im übernächsten Kästchen sieht man Dampyr sein Schweigen brechen, und weil die blonden Frauen in diesem Comic auf harte rauhe Kerle stehen, folgen zwei Seiten mit sexueller Aufklärung. In der neuen Ausgabe trampelt Dampyr auf einem robbenköpfigen Dämon, doch er muß auch zwanzig Messerstiche abkriegen, bis er, aus tiefen Fleischwunden blutend, den Robbenkopf in die Hölle trampelt. Dann aber kommt auch schon die nächste Kreatur, und … Ich bin keine Leihbibliothek, sagt der Kioskbesitzer, entweder du legst sofort das Heft zurück, oder ich zeig dir, daß ich auf deinem elenden Körper genausogut trampeln kann wie Dampyr. Oh, Sie haben das Heft gelesen, sage ich, greife in die Hosentasche und strecke ihm den Fünfzigeuroschein entgegen. Nein, sagt er, ich habe mir die Bilder angeguckt. Jetzt mustert er den Geldschein in seiner Hand, er wendet ihn hin und her, dann schließt er die Hintertür auf, warnt mich davor, irgendwelche Hefte zu klauen, und sagt, er werde bald zurück sein, er müsse nur kurz Geld wechseln gehen. Ich vertiefe mich wieder in die neue Geschichte von Dampyr, zweites Kapitel: Er hat mittlerweile einige besonders üble Mausköpfe niedergemacht. Ein Magier erschafft aus der Blutsuppe in einem Ritualbecken einen Golem, der erst den Magier wegen der Störung seiner Totenruhe erwürgt und sich hiernach auf die Suche nach Dampyr macht … Als ich aufblicke, sehe ich zwei Polizisten, die mich in ihre Mitte genommen haben, ihr Vorgesetzter hält den Fünfzigeuroschein in seiner Hand, läßt sich von mir bestätigen, daß ich damit bezahlen wollte, und fordert mich auf, mit aufs Revier und bitte auf keine dummen Gedanken zu kommen, sonst würde er mir ein Bein stellen, ich würde aufs Pflaster knallen und mir sehr sehr weh tun. Wenig später sitze ich in seinem Arbeitszimmer, an der Wand hängen zwei Urkunden und ein Wimpel des Fußballclubs Lazio Rom. Bloß nicht verraten, daß ich ein AS-Roma-Fan bin, denke ich, dann hängt mein ausgestopfter Kopf neben dem Wimpel. Natürlich muß er eine Akte studieren, ein durchsichtiges Manöver, seine beiden Schergen halten sich im Hintergrund, nur manchmal läßt sich der Scherge rechts hinter meinem Rücken zu einem nervösen Grunzen hinreißen, vielleicht schnieft er auch nur – es ist sehr kalt in diesem Raum. Was wollen Sie von mir, sagte ich zum dutzendsten Male, ist der Schein eine Blüte? Interessant, sagt er, sehr interessant. Sie wollen also ein Geständnis ablegen.

Ich bin nun fast ein Jahr in Rom, und ich habe es satt, daß ich immer in filmreife Szenen hineinstapfe – wenn ich es mir genau überlege, passiert es mir auch immer wieder in Deutschland, irgendwie muß es an mir liegen. Hören Sie, sage ich, ich will mein Dampyr-Heft zurück, dann gehe ich hier hinaus, und wir beide tun so, als hätte diese häßliche Begebenheit nie stattgefunden. Mein Gott, denke ich, jetzt rede ich schon wie ein zweitklassiger Der-Pate-Darsteller. Der Polizist am Schreibtisch blättert im Comicheft, liest sich fest, reißt sich wieder los, weil ihm einfällt, daß er im Dienst ist, knickt ein Eselsohr in die fünfte Seite und erschrickt, als ich vom Stuhl hochschnelle. Sofort sind seine beiden Schergen zur Stelle und drücken mich herunter. Das können Sie nicht machen, sage ich, das ist mein Exemplar. Pech für Sie, sagt er, jetzt ist es meins … So, dann wollen wir mal. Der Kioskbesitzer hat uns um Hilfe gebeten, weil er der Meinung war, daß Sie ihm einen falschen Fünfziger andrehen wollten. Wir lassen es jetzt gerade überprüfen.

Übrigens, hat Ihnen schon mal einer gesagt, daß Sie wie ein Vogel mit Glupschaugen aussehen? Ich bleibe ihm eine Antwort schuldig, auf dieses Niveau würde ich mich nie begeben, außerdem lachen sich die drei Polizisten die Seele aus dem Leib. Ich nehme mir vor, dem grunzenden Schergen eine operative Nasenscheidewandbegradigung nahezulegen, er hört sich wirklich sehr übel an beim Lachen. Der andere Scherge holt ein blütenweißes Stofftaschentuch mit eingesticktem Monogramm aus der Hosentasche, trocknet sich die Tränen der Freude und reicht es an seinen Kollegen weiter. Zuletzt bekommt es ihr Vorgesetzter, er faltet es wieder zusammen und steckt es in seine Hosentasche.

Scherge 1 ist darüber erschüttert, er traut sich aber nicht, das Taschentuch zurückzuverlangen. Sie wollen also nicht gestehen, stellt der Polizist fest. Nein, sage ich, der Geldschein steckte wohl in der Tasche, als ich die Hose in die Waschmaschine gestopft habe. Deshalb sieht er etwas verwaschen aus. Echte Geldscheine bleichen nicht aus, erwidert er, das müssen Sie Vogel doch wissen. Wieder brechen die drei Polizisten in Lachen aus, ich sitze auf meinem Stuhl und warte ab, bis sie sich wieder beruhigen. Nach einer Viertelstunde, in der der Polizist fünfmal das Wort ›Vogel‹ benutzt und alle drei sich jedesmal totgelacht haben, wird die Tür aufgerissen, ein Mann in Zivil kommt herein, geht in schnellen Schritten zu seinem Vorgesetzten und flüstert ihm lange ins Ohr. Auf ein Nicken seines Chefs legt er den Fünfzigeuroschein auf den Schreibtisch und verläßt den Raum. Der Chef schaut mich böse an. Aha, denke ich, jetzt spielen wir das Spiel: Wer zuerst blinzelt, ist eine Memme. Ich reiße die Augen auf und starre zurück, er hat einen Lachanfall, Vogel, brüllt er, Vogel, dann steht er auf, breitet die Arme aus und imitiert einen Geier, der durch das

Zimmer fliegt. Flapp, flapp, schreit er, flapp und noch mal flapp, flappflappflapp.

Keine fünf Minuten später stehe ich draußen, mit dem Rücken zum Polizeirevier, ich blicke auf den Geldschein in meiner Hand und atme tief durch. Selber Vogel, denke ich. Er hat mein Dampyr-Heft einbehalten, er hat mir meinen Geburtstag versaut. Mir bleiben noch einige wenige Stunden. Ich steuere den Kiosk an, bei dem ich das Heft kaufen wollte – der Mann hat mich bei der Polizei angeschwärzt, er ist mir was schuldig, und wenn er nicht mit einem nagelneuen Dampyr-Exemplar herausrückt, zeig ich ihm, was 'ne norddeutsche Harke ist.

XLI. Gesunde Härte

FORO ITALICO

Keiner kann es in Rom mit den Großmüttern in knöchel-
langen Steppmänteln aufnehmen, wenn es gilt, nachfol-
gende Passanten brutal auszubremsen. Sie suchen sich
bevölkerte Straßen aus, sie sind in Stoßzeiten unterwegs,
und sehr oft überholen sie Touristengruppen und den
Führer, setzen sich an die Spitze, behalten das schnelle
Tempo bei und schalten im entscheidenden Moment zurück. Weil es einen schlechten Eindruck macht, alte Damen über den Haufen zu trampeln, bleiben der Führer
und ein paar Touristen abrupt stehen. Der Rest der Truppe reagiert nicht oder viel zu spät und knallt mit voller
Wucht gegen die erste Reihe. Mindestens ein Mann geht
zu Boden, mindestens eine Frau verliert ihren Schal. Die
Großmütter haben sich aber längst vom Strom der Passanten getrennt, sie glotzen und kichern, dann suchen
sie eine Konditorei auf, um hier zur Belohnung eine
Cremebombe zu verdrücken.

In der Via del Corso erspähe ich gerade noch drei hastig trippelnde alte Damen, ich wechsele grinsend die
Straßenseite und freue mich, weil meine Instinkte in
Not und Gefahr nicht versagen. Leider gerate ich in einen Stau, vorne schlendern zwei Großmütter in Zeitlupe
und winken ihren Ehemännern gegenüber zu, die sich
mit Luftküssen revanchieren. Der Menschenstrom auf
beiden Bürgersteigen stockt an der Schlange, die sich vor
dem Disney Store gebildet hat. Damit haben die Großmütter nicht gerechnet, ihre Männer geraten in einen

Sog und werden in den Plüschtierladen mitgerissen. Ehe ich mich versehe, finde auch ich mich vor einem Regal mit Plüschhaifischen in allen erdenklichen Pastellfarben, eine Angestellte fragt mich, was ich denn verschenken möchte. Glücklicherweise klingelt in eben diesem Moment mein Handy, der Villapförtner, das gute Herz, brüllt, sein Bruder sei in letzter Minute abgesprungen, weil er seine Freundin in den schwulen Salsaclub ausführe … was er mich also fragen wolle – ob ich Lust hätte, ins Stadion Olympico mitzukommen, AS Rom spiele gegen US Citta di Palermo, man würde die sizilianischen Ziegenkicker abballern. Dann legt er auf, er braucht meine Antwort nicht abzuwarten. Als kleines Dankeschön überreiche ich ihm etwas später im Auto ein Nilpferdchen aus Plüsch, er kurbelt das Seitenfenster herunter und schmeißt es hinaus. Sein Vater und der beste Freund seines Vaters hinten im Fond schweigen und brennen mir mißbilligende Blicke in den Hinterkopf. Wir fahren in den Norden Roms, zum Foro Italico, einer großen Sportanlage, die Mussolini bauen ließ und die deshalb ganz nach seinem Knalltütengeschmack geraten ist: Dutzende von Marmorathleten stehen nackt und starr auf Sockeln, die Künstler haben Muskeln herausgearbeitet, die man an lebenden Menschen vergeblich sucht. Nach vier Ehrenrunden findet der Pförtner Federico endlich einen Parkplatz an der Piazza L. de Bosis, dann marschieren wir zum Piazzale del Foro Italico. In den meterlangen Mosaikboden sind zum Ruhme des Führers Duce-Inschriften eingelassen. An einem Stand kaufe ich einen Schal in den Farben von AS Roma, Federicos Vater und sein bester Kumpel tauen sofort auf. Nach zwei Leibesvisitationen hinter dem Einlaß-Drehkreuz bin ich endlich im Stadion, und mein Herz geht auf. Der Rasen leuchtet fast neongrün, gegenüber brüllen die Roma-Ultras von der Südkurve Schlachtengesänge, und über ihren Köpfen hängt ein riesiges Spruchband, auf dem ›Brigata Roberto Rulli‹ steht. Wie mir Federico verrät, handelt es sich um einen gewaltsam zu Tode gekommenen Hooligan. In der Nordkurve sind die Tifosi von Palermo, sie schwenken Fahnen in Pinkschwarz, den Farben ihres Clubs. Federico sagt mit Blick auf die Palermitaner, er habe nicht gewußt, daß im Stadion auch eine Homosexuellentagung stattfinde. Die Clubhymne von AS Roma erklingt über die Lautsprecher, die Fans stehen auf und halten ihre Schals an beiden Enden hoch. Dann pfeift der Schiedsrichter an. Wäre ich ein Sportreporter, würde ich das Spiel folgendermaßen kommentieren: 1. Halbzeit – die Spieler von AS Rom beherrschen heute nicht das schnelle Spiel nach vorne. Sie haben nicht den Mut zum Abschluß. Sie zeichnen sich nicht durch Laufbereitschaft aus. Sie können nicht schießen, sie sind nicht schnell am Ball, sie brechen nicht durch die Abwehr. In der vierzehnten Minute fällt das erste Tor. US Citta di Palermo 1, AS Roma Null. 2. Halbzeit – die Pässe der Rom-Spieler finden nicht den Mann, sie schießen weite Bälle zu den Spitzen, sie versuchen über die linke und rechte Flanke durchzubrechen. Der Ball fliegt oft in den leeren Raum ... Ach ja, der Halbzeitstand beträgt eigentlich 1:1, nur hat ein römischer Spieler ein derart deppertes Tor geschossen, daß die Fans kurz davorstanden, ihn auszubuhen. Er bekam einen tollen Paß, vertölpelte sich, trickste dadurch zwei Verteidiger aus, zog mit dem Vorderspann ab, verfehlte den Ball, trickste dadurch den Torwart aus, rutschte auf dem regennassen Rasen aus, knallte mit dem Kopf gegen den Ball, der Ball kullerte ins Netz, Tor ... Aber zurück zur zweiten Halbzeit. Nach einem harmlosen Einsatz bricht der beinharte Torwart Palermos zusammen, der Teamarzt wird herbeigewunken und auf halbem Wege wieder weggeschickt. Die Rom-Spieler versuchen es mit der gesunden Härte, in den Fällen einer Blutgrätsche und eines fehlgeleiteten Rückfallziehers zeigt der Schiedsrichter Gelb. Fünfundsiebzig Minuten sind gespielt, da jagt der Afro-Sizilianer wie ein Windhund aus dem eigenen Strafraum heraus über den ganzen Rasen, läßt Mittelfeld und Verteidigung sehr, sehr alt aussehen und ballert den Ball aus dem Lauf heraus in den linken oberen Winkel. Tor. Die Sprechchöre von AS Roma sind verstummt, die Palermitaner dagegen sind völlig aus dem Häuschen. Abpfiff. Ende.

Federico macht einen Verkäufer auf sich aufmerksam, kauft vier Borghetti-Dosen und kippt den ganzen Kaffeelikör in sich hinein. Wir stehlen uns stumm aus dem Stadion, gehen schweigend den Weg zurück zum Wagen. Natürlich stecken wir bald im Stau fest, den Fahrern in den Autos ist die Niederlage anzusehen, sie blinzeln nicht, obwohl die Scheibenwischer auf höchstmöglicher Frequenz arbeiten. Federico sagt: Hat Totti mitgespielt? Hat der legendäre verehrte großartige heißgeliebte millionenschwere Profikicker Scheiß-Totti mal den Ball berührt? Hat er, sagt sein Vater, genau sechsmal, ich hab mitgezählt. Und? fährt Federico fort, ist er abgegangen? Nein, sagt der beste Kumpel von Federicos Vater, ist er nicht. Was soll man jetzt von ihm halten? Was soll ich über ihn denken an diesem Tag der Schande, da ganz Sizilien über mich lacht; über mich, der ich Totti, den Lahmen und auf dem Rasen Erstarrten, für eine Legende halte? Federicos Anklage klingt uns allen anderen in den Ohren, und als ich schon glaube, er wird vor Zorn anhalten, aussteigen und beide Scheibenwischer abbrechen, macht er das Radio an, dreht an dem Suchregler und findet einen Sportsender. Wenige Minuten später brechen alle in Jubel aus: Lazio Rom, der Erzrivale, was sag ich, der Erzfeind von AS Roma, hat heute auch verloren. Nun ist alles gut. Federico, sein Vater, der beste Kumpel seines Vaters und ich stimmen eine Lobeshymne auf unseren Club an. Beim nächsten Spiel wird alles anders.

XLII. 150 Stufen zur Liebe

NEAPEL

Sergej hat die endgültige Heimkehr in die Heimat ge-
probt, von Rom, den Frauen und insbesondere von
Roberta wollte er nichts mehr wissen. Er streifte durch
die Prärie; warf sich rohe Knoblauchzehen in den Mund
und versuchte, sich in eine junge dralle Bauerstochter
zu verlieben. Die Prärie war keine Prärie, aber ein Wald,
der Knoblauch trieb ihm Tränen in die Augen, und das
Mädchen gab ihm eine Ohrfeige, als er sagte, er brauche
noch etwas Zeit, er könne ihr nicht so einfach einen Kuß
geben, er kenne sie doch erst seit dreieinhalb Wochen.
Das Experiment schlug fehl, er verließ die Ukraine, kehr-
te nach Rom zurück und rief als allererstes mich an. Es
war drei Uhr morgens, das machte ihm nichts aus, er
ließ mich erst gar nicht ausreden und machte eine knappe Ansage: Morgen. Um 12 Uhr mittag. Auf neutralem
Boden! Dann legte er auf, rief noch einmal an: Morgen.
Um 12 Uhr mittag. In Neapel. Vor der Kirche S. Paolo
Maggiore.

Die Zugfahrt dauert zweieinhalb Stunden, ich stiere
die meiste Zeit aus dem Fenster und lasse die Landschaft
an mir vorbeiziehen. Vor drei Jahren war ich das letzte
Mal in Neapel gewesen, auf Einladung eines guten Bekannten, der mich mit seinen fanatisch katholischen Parolen fertiggemacht hatte.

Er bezog sich auf das Blutwunder von San Gennaro:
Jedes Jahr am 19. September verflüssigt sich das gestock-
te Blut des Stadtpatrons, jenes Blut, das in zwei Phiolen

213

als Reliquie im großen Dom aufbewahrt wird. Ich meldete damals höflich Zweifel an, er wurde handgreiflich und rief den Heiligen Krieg aus. Noch Monate später schickte er mir in schlechtem Englisch geschriebene Missionsbriefe nach Deutschland, in denen er mir versicherte, der heilige Gennaro würde noch dafür sorgen, daß mir die Hände verdorrten und die Zunge zum Kalbsbraten verschmorte ... Der Schaffner rüttelt mich wach, ich steige mit den Pendlern aus und kaufe ein mit fingerdicken Käsestücken belegtes Brötchen. Nach dem ersten Biß lasse ich das nasse Brötchen mit dem eiskalten Pommes-Belag in den Abfallkorb fallen. Ich schlage mich durch das Bahnhofsviertel, die Pakistani wollen mir Spülhandschuhe andrehen, auf die rotlackierte Fingernägel und Brillantringe aufgemalt sind. Auf der Handwurzel prangt der Schriftzug: Ich bin eine Dame, auch wenn ich Geschirr spüle. Bald gehe ich auf dem Kopfsteinpflaster, von dem es heißt, es sei Tuff und damit vulkanischen Ursprungs. Zwischen den Häusern, die die engen Gassen begrenzen, sind Wäscheleinen gespannt. Auf der Via dei Tribunali, im Viertel Decumano Maggiore in der Altstadt, stoße ich auf den typischen neapolitanischen Barock: Eine bis zu den Dachtraufen reichende Marmorsäule, umspielt von dicken weißen Putten, steht vor dem Seiteneingang des Doms. Wenn man den Kopf tief in den Nacken legt, erkennt man an der Säulenspitze die Bronzestatue des San Gennaro. Am Ende der Straße aber stößt man auf genau den brachialen Totenkult, auf den es dem Neapolitaner immer ankommt. Die Fassade der Kirche Santa Maria delle Anime del Purgatorio ad Arco ist geschmückt mit Totenköpfen und Gebeinen aus Stein, in der Kirche werden Gottesdienste für die Seelen im Fegefeuer abgehalten. Ich mache auf dem Absatz kehrt, gehe die Straße wieder zurück und sehe Sergej vor der Kirche San Paolo

Maggiore stehen. Er hat sich einer fünfköpfigen Touristengruppe angeschlossen, die am Eingang zur Napoli Sotteranea, ›der Unterwelt‹ Neapels, auf den Führer wartet. Bevor ich dazu komme, Sergej zu fragen, was der Blödsinn soll, rennt ein Student herbei, gibt sich als der Touristenführer zu erkennen, streckt Sergej die Hand entgegen, doch er verweigert ihm den Handschlag. Als nächster bin ich dran, natürlich schlage ich sofort ein, dann schaue ich auf meine Handinnenfläche herunter, von der weißes Pulver herunterrieselt. Ich weiß, sagt der Student, aber ich schwitze und deshalb muß ich meine Hände bestäuben. Dann geht es hundertfünfzig Steintreppen herunter, der Student will gerade anmerken, daß man sich bitte nur in gebückter Haltung schleichend fortbewegen soll, da knallen schon meine beiden hochgewachsenen Vordermänner mit dem Kopf gegen den ersten Deckenbogen. Wir alle müssen eine Pause einlegen, die Touristen sind zu Boden gegangen. Sergejs unverzügliche Intervention sorgt für böses Blut, die Männer verbitten sich die Wiederbelebungswatschen, die der Ukrainer großzügig verteilt hat. Bald kann es weitergehen, der Student erklärt, daß die Griechen, die Gründer der Stadt ›Neapolis‹, riesige Mengen Tuffstein für die Stadtmauern und Tempel ausgehoben hätten. Erst die Römer haben das Höhlensystem erschaffen, sie bauten Aquädukte und Zisternen, sie gruben Stollen und Schächte aus … Ich tippe Sergej auf die Schulter und frage ihn, was wir hier machen. Eine Führung, sagt er, ich dachte, du brauchst eine Abwechslung, und außerdem tritt Roberta mit ihrem Chor auf, alles Weitere später. Der Student erzählt, daß die Temperatur unten das ganze Jahr über konstant bei sechzehn bis achtzehn Grad liege, als Leichenkammer eigne sich die Unterwelt also nicht gerade. Er ist der einzige, der lacht, wir stapfen ihm hinterher, und auch wenn sich die Höhlendecke wie eine Kuppel über uns wölbt, sind wir mißtrauisch geworden und ziehen den Kopf ein. Unser Führer bleibt an einem Tuffsteinsockel stehen, auf dem Dutzende von Kerzenhaltern stehen. Jetzt geht es in sehr enge und stockfinstere Stollen, sagt er, ich bitte jeden, der Platzangst hat, zurückzubleiben und auf uns zu warten. Dann verteilt er die Kerzenhalter, und wir zünden die Kerzen an. Sergej läßt allen anderen den Vortritt, ich bilde das Ende der Lichterkette. Trotz des Kerzenscheins ist es so dunkel, daß wir alle ins Stolpern kommen, ich merke, wie Sergej sein Tempo drosselt. Dann dreht er sich plötzlich um und bläst das Licht unserer beiden Kerzen aus. Verdammt noch mal, denke ich, es mußte ja so kommen, der irre Ukrainer hat auf diesen Augenblick hingearbeitet, ungünstige Konservierungstemperaturen hin oder her, der macht mich kalt und versenkt mich in einem Wasserbecken. Ich greife zum Feuerzeug in meiner Tasche, Sergej fällt mir in den Arm. Die Stimme des Führers hallt in der Ferne, ich stecke hier fest, die verdammte Unterwelt Neapels wird mir zum Grab. Was denkst du über meine Liebe zu Roberta? flüstert Sergej, ich kann seinen Zwiebelatem riechen. Wie oft hat sie dich abblitzen lassen, denke ich, und wie oft bist du ihr hinterhergelaufen, um die Liebe deines Lebens einzufangen? Und sie kam jedesmal zurück. Vielleicht habt ihr beide einfach einen großen Knall. Den letzten Satz habe ich nicht nur gedacht, sondern auch ausgesprochen, jetzt bin ich fällig. Das weiß ich, sagt Sergej, aber haben wir beide eine gemeinsame Zukunft? Habt ihr, sage ich und zünde meine Kerze an, deren Schein das Gesicht des Ukrainers erhellt, er grinst von einem Ohr zum anderen. Langsam schleichen wir wieder zurück zum Ausgangspunkt, stellen brav die Kerzenständer auf den Tuffsockel, steigen die hundertfünfzig Stufen hoch, und als wir endlich an der frischen Luft sind, atme ich tief durch. Als hätten wir uns abgesprochen, gehen wir auseinander. Nein, ich werde nicht schon wieder sakralen Gesängen lauschen, nur weil Roberta im Chor singt, und nein, ich werde keine Kirchen und keine anderen Relikte der vergangenen Zeit besuchen. Ich schlage den Weg zum Hafen ein. Dort ist das Meer, und das Meer ist gut.

XLIII. Schlutzkrapfen

Bozen ist die Landeshauptstadt der autonomen Provinz Bozen-Südtirol und liegt im Norden Italiens. Im Archäologiemuseum kann man eine fünftausend Jahre alte Gletschermumie besichtigen. Außerdem hat man die Heimat von Walther von der Vogelweide in Bozen ausgemacht und dem Minnesänger hinter dem gotischen Dom ein Denkmal gesetzt. Ich bin in dieser schönen Stadt, weil ich den Autozug nach Hamburg nehmen will, bis zur Abfahrt verbleiben mir noch fünf Stunden. Mein Jahr in Rom ist zu Ende gegangen, meine Vorfreude auf die Rückkehr in den Norden wird auch dadurch nicht gedämpft, daß ich nur anderthalb Stunden geschlafen und die Strecke Rom–Bozen in nur sieben Stunden geschafft habe. Ich schließe den Wagen ab und gehe los, eine Gruppe dick gepolsterter Skiurlauber watschelt mir entgegen, ich kann gerade noch in eine Gasse abbiegen, pralle aber mit einem Eingeborenen zusammen. Ich frage ihn nach einem Gastbetrieb, er schaut mich erst an und legt dann aber los. Leider verstehe ich nicht ein einziges Wort, also bitte ich ihn, langsam und verständlich zu sprechen. Er redet ein paar Minuten, ich verstehe wieder nix und unterbreche ihn, da zeigt er mir den Vogel, nein, vielmehr klopft er mit dem Fingerknöchel auf die Stirn und stapft fluchend davon. Bald stehe ich in der Poststraße vor einem Haus, das als das Geburtshaus des Schriftstellers und Pioniers der Weltraumfahrt Max Valiers ausgewiesen ist. Ein Tiroler stellt sich neben mich, zeigt auf das Eh-

renbürgerschild und legt los. Zehn Minuten später und
nach mehreren Bitten um eine saubere Aussprache klopft
auch er mir auf die Stirn. Bald kehre ich in einem Wirtshaus in der Altstadt ein, der Kellner drückt mir wortlos
die Speisekarte in die Hand. Auf der ersten Seite steht:
»Wir geben Malz zu Hopfen / Und lassen hier das beste
Bier aus allen Hahnen tropfen.« Ich blättere weiter und
stoße auf seltsame Speisen: Saure Suppe (mit Kaldaunen
vom Rind), Milzschnitten und Schlutzkrapfen (Spinatra-
violi). Der Kellner spricht auf mich ein, natürlich verstehe
ich wieder kein Wort, bestelle aber trotzdem Leberknödel
und Apfelsaftschorle. Dann denke ich nach. Die Stadt
heißt auf italienisch Bolzano, auf deutsch Bozen, es wäre
also nur folgerichtig, diese feine Stadt Bolzen zu nennen.
Gut. Der Bolzener spricht einen Mammutjäger-Dialekt.
Südtiroler sind Bergdeutsche – früher haben sie sich auf
die Bergspitzen gestellt und wegen des schönen Ausblicks
spitze Schreie ausgestoßen. Das gab tolle Echos. Heute
halten sich die Tiroler nicht mehr so oft im Freien auf,
sie müssen reiche Skiurlauber bedienen. Also nehmen sie
die Echoeffekte in ihre Aussprache auf. Tiroler Dialekt ist
Allgäudeutsch mit eingearbeitetem Nachhall. Gut. Weniger gut sind die Leberknödel, und es hilft wenig, daß mir
der Kellner erklärt, er habe vorhin die Schlutzkrapfen
empfohlen, denn die Schlutzkrapfen, tschä, die würden
die Kehle runterschmieren, denn, tschä, der Koch be-
reite eine Raviolisoße zu, die die Krapfen herrlich ein-
schlutze. Himmel, Arsch und Zwirn, denke ich, ich kann
den Mann verstehen, und weil ich mich darüber so freue,
bestelle ich also die Schlutzkrapfen. Keine fünf Minuten später knallt er mir eine große Zinnschüssel auf den
Tisch, sagt: Hier, tschä, und läßt mich mit dem Essen
allein. Ich schaufele alles in mich hinein, es stimmt, die
Krapfen sind wirklich eingeschlutzt. Dann rafft mich der

Verdauungsdämmer dahin, der Kellner rüttelt mich wach und fragt, ob er eine Empfehlung aussprechen könne. Er sehe es mir an, daß ich müde sei, er würde mir doch den Gang zur nächsten Apotheke ans Herz legen, dort müsse ich, tschä, Tigerbalsam kaufen und die Salbe ruhig etwas dicker auf die Augenlider streichen, das würden übrigens alle Leute in Bozen machen, er selbst tue es schon seit Jahren. Ich schaue ihn genauer an, er hat Schlupflider, ich weiß ja nicht.

Draußen irre ich durch die Gassen, und trotz der klirrenden Kälte kann ich mich vor Müdigkeit bald kaum auf den Beinen halten. Ich bleibe vor einem Haus stehen und lese: »In diesem Hause lebte und wirkte der berühmte Barockmaler Carl Henrici«. Natürlich stellt sich gleich ein Bolzener neben mich und erklärt, daß im Chorraum des Doms das Herz-Jesu-Bild des Malers zu sehen sei, und übrigens würde er mir Tigerbalsam gegen die Müdigkeit empfehlen. Ich bedanke mich und steuere die nächste Apotheke an, das Geschäft ist gerammelt voll, kaum bin ich eingetreten, da glotzen mich schon lauter Tiroler an. Die älteren Bolzener glotzen, als wollten sie einen Gamsbock mit einem Schuß zwischen die Hörner erlegen. Die jüngeren Bolzener glotzen, als wäre ich mit Ötzi, der Gletschermumie, unterm Arm hereingekommen. Als ich mich anstellen will, scheucht man mich zum Kassentresen, sie alle seien hier, um ein Schwätzchen zu halten. Ich möchte einen Tiegel Tigerbalsam, sage ich, die Apothekerin lächelt mich an, die Bolzener hinter meinem Rücken fangen an zu kichern. Langsam fällt es mir wirklich schwer, die Augen offen zu halten, ich bezahle, schnappe mir den Tiegel, suche mir ein ruhiges Plätzchen draußen und bestreiche meine Lider fingerdick mit Tigerbalsam.

Die Bolzener sind wirklich sehr nette Menschen – sie

helfen Blinden über die Straße, sie bleiben stehen und fragen, ob sie sich einhaken sollen. Ich schüttele den Kopf, doch dann kommt eine hübsche Afro-Tirolerin vorbei, und natürlich bin ich plötzlich auf Hilfe angewiesen und lasse mich von ihr durch die Innenstadt führen. Wollen Sie, tschä, Köschten? sagt sie, und weil mir der Geruch von gerösteten Kastanien in die Nase steigt, weiß ich, wovon sie spricht. Sie schiebt mir eine geschälte Kastanie in den Mund und trocknet meine tränennassen Augen. Wissen Sie, sage ich, ich bin ja gar nicht blind, ich habe nur Tigerbalsam ... Weiter komme ich nicht, sie sagt: Tschä, Sie Depp! und geht lachend davon. Ich könnte jetzt natürlich zum Wirtshaus hetzen, den blöden Kellner am Kragen packen und sein Gesicht in Raviolisoße tunken. Aber erstens muß ich zum Bahnhof, und zweitens traue ich ihm zu, daß er Baumstämme übers Knie bricht. Ich irre im Laufschritt durch Bolzens Straßen, und als ich vor der Autozugrampe stehe, bemerke ich zwei Touristen, die sich wie verrückt die Äuglein reiben.

XLIV. Eine Wiederbegegnung

Es vergehen sieben Monate, bis ich es übers Herz bringe, nach Rom zurückzukehren, und selbstverständlich kämpfe ich gegen den ersten Impuls an, niederzuknien und den römischen Boden zu küssen. Im Flugzeug habe ich einen Diaspora-Italiener kennengelernt, er heißt Gennaro, und seine Frau heißt Filomena, und weil sie Neapolitaner sind, muß er ihr jetzt, da er am Rollband auf seinen Koffer wartet, am Handy ewige Treue schwören. Wenige Minuten später erkläre ich, daß sie sich in Deutschland keine Sorgen machen solle, und nein, ich sei keine Frau, die ihre Stimme verstellt, und ich sei auch nicht in einen Plan eingeweiht, ihr liebender Mann Gennaro habe ganz sicher nicht vor, sie mit einer jungen geschminkten großbusigen römischen Teufelin zu betrügen. Filomena kreischt los, Gennaro entreißt mir das Handy, ich eile aus dem Flughafen hinaus, setze mich ins Taxi und denke: Hier bin ich also, wieso nur verschmort der Schmerz mein Herz? Doch der Melancholiker macht sich in Rom zum Idioten, denn gegen die Trauergesänge und Sehnsuchtsseufzer der Einheimischen kommt er nicht an, unter dem Asphalt der Straßen liegen sieben Schichten Geschichte, und die freigelegten Ruinen sind in dieses sonderbare Licht getaucht, das jeden, der die Anlage dazu hat, irrsinnig werden läßt. Das Taxi erreicht die Stadtmitte, und ich starre hinaus und kann es nicht fassen – ich bin zurück, verdammt noch mal, und fünf Tage kann ich bleiben. Endlich stehe ich vor der Villa

Massimo, die Torflügel gehen auf, und als der Kies unter meinen Schuhen knirscht und die Zypressenwipfel sich leicht im Wind wiegen, muß ich die Koffer absetzen und reglos dastehen: Manchmal ist es derart schön, daß man sich nicht traut, eine Zigarette anzuzünden. Dann vergeht der Moment, ich trage mein Gepäck hoch zur Poetenkammer im Seitenflügel, und weil das Glück selten allein kommt, pirschen sich draußen die beiden Katzen heran und versuchen sich in meiner Wade festzukrallen. Wie schön, denke ich und beiße die Zähne vor Schmerz zusammen, sie erkennen mich wieder.

Am nächsten Tag mache ich mich auf die Suche nach Sergej, dem irren Ukrainer. In seiner Lieblingsbar sagt der Herr Wirt, er sei jetzt Vater eines pummeligen Mädchens, das leider nach ihm geraten sei, aus seinem kleinen Gesicht rage eine große Nase heraus, und wenn die Nase weiter wachse, würde sie den Mund überwölben wie ein großer Sonnenschirm. Ein Mann widerspricht ihm, nein, Sergej habe keine Tochter, dafür einen Sohn gezeugt, einen Miniukrainer mit einem Kübelkopf, auf dem Sergej manchmal gedankenverloren trommele, meist abends, da ihn die Sehnsucht nach seiner schönen Heimat fast umbringe.

Irgendwie habe ich das Gefühl, daß mich der Wirt und der Mann nicht wirklich ernst nehmen, also verzehre ich meinen dritten Cornetto con crema und versuche mich zu erinnern, was er gewöhnlich um diese Tageszeit macht. Immer wieder rufe ich ihn unter seiner alten Handynummer an, und immer wieder lausche ich der automatischen Ansage, der ich entnehme, daß die gewählte Rufnummer nicht vergeben sei. Auch Roberta, Sergejs große Liebe, ist nicht zu erreichen, also verlege ich meine Suche auf später und mache mich auf zum Einkaufsbummel in der Via del Corso. Da sind sie, die Bengalis und Pakistanis mit den Regenschirmknirpsen, und obwohl es nur nieselt, kaufe ich vor Wiedersehensfreude gleich zwei Knirpse. Ein Afrikaner will mir eine Gucci-Imitathandtasche verkaufen, und als ich nicht ablehne, schaut er mich argwöhnisch an und geht weg. Es ist nicht für mich, sondern für eine Frau meines Herzens, rufe ich ihm hinterher, doch er beginnt zu rennen. Vielleicht hält er mich für einen Zivilpolizisten, denke ich, vielleicht war ihm mein debiles Dauergrinsen nicht geheuer, aber was soll ich machen, ich bin zurück, und wenn ich schon einmal in Rom bin, kann ich auch einen italienischen Anzug kaufen. Tatsächlich dauert es keine Viertelstunde, und ich bin im Besitz eines nachtblauen Dreiteilers, der Herrenausstatter hat alle meine Änderungswünsche abgeschmettert, eigentlich wollte ich einen taubengrauen Anzug und keinen Gürtel und keine Schuhe, auch kein knallrotes Anstecktuch. Überall ist Italien, schreit der Verkäufer, wir sind Weltmeister, und irgendwann stellen wir auch wieder den Papst, Schluß mit der Toleranz im Vatikan, Benedetto ist ein netter Großinquisitor, Johannes Paul selig war ein sehr netter Pole, doch jetzt müssen wir wieder ran … Er reißt mir das Geld aus der Hand, ich warte vergeblich auf die Quittung, denn er stapft mit hochrotem Kopf ins Hinterzimmer, ich höre ihn über die Hohepriester aus dem barbarischen Ausland schimpfen, ein Angestellter sagt mir, es sei wohl am besten, wenn ich den Laden verlasse, ich hätte den Finger auf eine schwärende Wunde gelegt. Hab ich doch gar nicht, denke ich und mache aber, daß ich wegkomme, der Chef brüllt nämlich, er werde mit Tausenden von Katholiken auf den Petersplatz marschieren, wenn es seiner Mutter Kirche einfallen sollte, einen Chinesen zum Papst zu machen.

Die Kioske sehen aus wie Matronen in dickem Mantel, die Außenwände sind behängt mit Aberdutzenden von

Plastiktüten, auf die sich die Sammler Roms stürzen. In knapp zwei Stunden habe ich zwei Dutzend Kioske abgeklappert und vier große Tüten mit kleinen Wundertüten ergattert. In meiner Poetenkammer sichte ich meine Beute, es sind Modell-Carabinieriautos und Modellvespas aus den späten Sechzigern und frühen Siebzigern. Ich klaube sie aus der Verpackung und stelle sie nebeneinander auf, und ausgerechnet jetzt stürmt der Hausmeister der Villa herein, sieht mich selig die Modellautos bestaunen, und weil er Halbneapolitaner ist und zugereisten Nicht-Südländern sehr skeptisch gegenübersteht, tut er so, als hätte er mich in flagranti erwischt. Er geht wieder heraus, klopft zweimal, ich sage: Herein!, und er tritt wieder hinein. Ein Irrer steht vor dem Tor, sagt er, er möchte dich sehen. Ich folge ihm, und tatsächlich, da steht er: Sergej höchstpersönlich. Er läßt sich umarmen, und dann gehen wir still nebeneinander, es ist ein wunderschöner warmer Septemberabend, ich habe es wahr gemacht, denke ich, ich bin zurückgekehrt in diese Stadt, in der ich leben durfte, wie es mir gefiel, in der ich mich fast zu Tode gesehnt habe nach Deutschland, die mich aber nicht mehr losläßt ... Endlich räuspert sich Sergej und sagt folgendes: Nein, sie hat mich nicht verlassen, und nein, der Wirt hat dich natürlich verarscht, ich habe keine Tochter mit einer großen Nase, noch nicht, das wird aber hoffentlich noch kommen, ich bin glücklich mit Roberta, und sie ist glücklich mit mir, ich bin gekommen, um es dir zu erzählen, kaum warst du weg, kam alles in Ordnung, es hat sich alles, alles, alles zum Guten gewendet, danke Benedetto ... Dann läßt er mich stehen, und ich schaue dem Ukrainer nach, er hat die Sitte der Römer übernommen, jeden Deutschen Benedetto zu nennen, und auch wenn ich von ihm mehr Pathos erwartet habe, freue ich mich, daß er liebt und geliebt wird.

225

Ich ziehe mein Jackett aus, hänge es über den Arm und setze mich in Bewegung, den heutigen Abend werde ich alleine verbringen, ich werde das Colosseum bei Nacht anstarren, die Engelsburg bestaunen, ich werde weiterziehen und mich in den kleinen Gassen verlieren, dann werde ich mich auf die Terrasse eines Restaurants setzen und viel Glück empfinden beim Anblick der schönen Menschen Roms, und da ich weiß, daß ich immer wieder zurückkommen werde, setzt sich die Freude in mir fest. Rom ist eine Glücksstadt.

Zugabe

1. Maria in Gold

Am späten Vormittag des 2. Juni, dem Tag der Republik, wechselt der Zehneuroschein das erste Mal den Besitzer: Der Blusenhändler Achmed nimmt das Geld entgegen und reicht dem Touristen die Plastiktüte mit den cremefarbenen Büstenhaltern. Diese Woche hat ihm sein Zwischenhändler statt der versprochenen Tennisschweißbänder BHs in Übergrößen geliefert. Wider Erwarten läuft das Geschäft prächtig, und auch wenn er heute das Morgengebet verschlafen hat, seine Laune könnte nicht besser sein. Der Tourist starrt ihn an, Achmed entschuldigt sich und gibt ihm das Restgeld. Der Mann stopft das Geld in die Hosentasche, überquert die Straße, geht die Stufen des Postamts auf der Piazza Bologna hoch, rüttelt an der Tür und schüttelt den Kopf. Dieser Mann hat keine Ahnung von den römischen Feiertagen, denkt Achmed, und da eine Kundin ihn am Hemd zupft, wendet er sich ihr zu und verliert keinen Gedanken mehr an den Fremden. Der Tourist hat eine lange Nacht hinter sich, im Gewürztraminerrausch schrieb er auf eine Papierserviette Liebeszeilen – er beschwor seine Freundin, ihm nach Rom hinterherzureisen, im ersten Himmelslicht glühten die Ruinen der Antike, und die kleinen Mädchen in Rüschenkleidern würden von ihren Vätern sonntags spazierengeführt. Nun steht er vor den verschlossenen Türen, er wird bis morgen warten müssen, um die beschriebene Serviette abzuschicken. Auf der Verkehrsinsel gegenüber sitzen die Rentner auf Parkbänken und dicken

Steinpfosten, sie haben Brot und Wasser von zu Hause mitgebracht, ihre Hände fahren im Eifer des Gesprächs in die Höhe wie flappende Taubenflügel. Der Tourist läßt sich auf dem kurzen Rasenstreifen nieder, betrachtet die alten Männer, ihre rotrasierten Kinnbacken, und sucht seine Taschen nach der Schachtel Zigaretten ab. Er raucht die Zigarette bis zum Filterstück herunter, dann macht er sich auf den Weg zum Colosseum. Ein Rentner hat ihn heimlich gemustert, jetzt erhebt er sich von seinem Platz, geht in wenigen Schritten zum Rasen und hebt den Zehneuroschein auf. Er kommt der Zigeunerin zuvor, die wenigstens die Hälfte des Geldes einfordert, doch der alte Mann scheucht sie weg. Deine Tochter soll, so sie denn schwanger wird, einen Stein gebären, schreit die Zigeunerin. Der Mann ist Vater von vier Söhnen und lacht auf, er entfernt sich von der Bettlerin, und da er aber den Fluch abwenden will, begibt er sich zur Kirche San Pietro in Vincoli an der Via Cavour. Hier, vor dem Grabmal Papst Julius II., bittet er den Heiland um die Gnade, erlöst zu werden von dem bösen Blick. Die zentrale Figur am Juliusgrab hat Michelangelo geschaffen: Moses sitzt, deutlich abgesetzt von den anderen Statuen, in der mittleren Nische, seine Stirn zieren zwei Bockshörner. Der alte Mann wundert sich nicht mehr darüber, sein Jüngster hat ihn über die Geschichte einer falschen Lesart und ihren Folgen aufgeklärt. Im 2. Buch Mose 34,29 steht geschrieben: ›Als nun Mose vom Berg Sinai herabstieg, hatte er die zwei Tafeln des Gesetzes in der Hand und wußte nicht, daß die Haut seines Antlitzes glänzte, weil er mit Gott geredet hatte.‹ Im Original stößt man auf die hebräische Konsonantenfolge k r n: das Wort bedeutet Horn oder Lichtstrahl. Die falsche Übersetzung hat Michelangelo veranlaßt, Moses mit zwei Hörnern darzustellen ... Der Mann beugt sein Haupt vor dem Propheten und wendet sich dem Hochaltar zu, unter dem Kirchentisch wird eine Reliquie sichtbar aufbewahrt. Es sind die Ketten, mit denen Petrus im Kerker gefesselt worden sein soll – der Mann hat keinen Grund, die Wahrheit seiner Mutter Kirche anzuzweifeln. Doch auch nach dem stillen Gebet an der Reliquie hat er ein komisches Gefühl. Er tritt wieder ins Freie und legt der Bettlerin, die Andachtsbilder gegen Almosen eintauscht, den Zehneuroschein in die aufgehaltene Hand. Deinen Hosensaum sollen keine Spritzer beflecken, ruft sie ihm hinterher und richtet sich sofort auf, winkt ihren Ältesten heran, der die gaffenden Touristen begafft. Sie trägt ihm auf, den Geldschein an den Vater zu geben, er wisse, wo er um diese Uhrzeit zu finden sei. Der Junge rennt los, er hat eine Laufstrecke von einer knappen Viertelstunde vor sich. Nur ein einziges Mal bleibt er stehen, um nicht auf die mit bunter Kreide gezeichneten Vögel auf dem Pflaster zu treten. Der Kindersinn macht aus der Welt und dem Leben ein Vogelparadies, denkt er und rennt weiter. Eine Gruppe von Pilgern folgt dem Stadtführer, der einen Bambusstock mit einem bunten Tuch an der Spitze hochhält – der Junge kann gerade noch zur Seite auf die Straße ausweichen, sonst wäre er mit dem Pilgerführer zusammengestoßen. Die Stadt wimmelt von Touristen, der Junge verliert vor allem in der historischen Altstadt kostbare Zeit, es nutzt ihm nichts, daß er den Vorplatz des Pantheons umgeht. In den kleinen Gassen bleibt er immer wieder stecken, und da er mal drängelt, mal durchschlüpft, erntet er böse Blicke. Man hält ihn für einen Taschendieb, der Junge schnappt sich tatsächlich Geldbörsen, aber nicht jetzt, nicht hier. Endlich, zehn Minuten später als angenommen, kommt er auf der Piazza della Minerva an. Sein Vater ist in die Betrachtung des Marmorelefanten versunken, der als Sockel für einen

Obelisken dient. Herr Federico Bernini – er war so frei, den Namen des genialen Bildhauers anzunehmen – sucht jeden Tag die Piazza della Minerva auf. Dies ist kein besonderer Platz, und ihn interessiert auch nicht die heidnische Stele, deren Spitze ein grünspanzerfressenes Kreuz krönt. Zwischen den stumpfen Stoßzähnen wächst dem Elefanten ein viel zu langer Rüssel aus dem kleinen Kopf hervor, den es, das fremde Tier, zur Flanke hin schlackern läßt: Der Meister hat diesen Moment eingefangen und keinen Zweifel daran gelassen, daß er die Passion des Menschen mit der Passion des Tieres gleichstellt. Es sind die Augen: Der Blick des Elefanten geht himmelwärts, verso il cielo, ein Blick zum Steinerweichen. Herr Bernini kennt sich aus in der Melancholie, er trauert über Verfall und Schwund und darüber, daß es ihm nicht gelingt, etwas mehr Begeisterung für ›die Dinge‹ an den Tag zu legen. Ist der in Stein gehauene Elefant etwa begeistert, daß er in rüsselschlackernder Pose dargestellt wurde? Seine Erstarrung wird sich nicht lösen, es sei denn, man spaltet Brocken aus der Skulptur – dann aber gibt es nicht mehr: das zum Beschauen freigegebene Tier. Das sind die Gedanken des Herrn Federico Bernini, die er unterbricht, um von seinem Sohn den Geldschein entgegenzunehmen. Zu wenig, viel zu wenig, aber mehr als nichts. Der Junge verschwindet in der Menschenmenge, der Vater befindet, er habe für heute genug getrauert. Ein figlio di Mamma, ein Muttersöhnchen, klappt sein Handy auf, wählt eine Nummer und spricht laut mit einer Frau, wahrscheinlich mit seiner Freundin. Während er sie bittet, ›die Schleusen ihres Herzens‹ zu öffnen und ihn, den Galan, nicht vor ihrem Haus verhungern zu lassen, gehen seine Finger, wie die Zinken eines Kamms, durch die blondgesträhnten Haare. Der Mann schaut ihn an und spuckt verächtlich aus,

dann schlendert er weiter: vorbei an den Mädchen mit
den tiefen Dekolletés, vorbei an dem reglosen Pharao-
nenpantomimen auf der Apfelkiste, vorbei an den Halbstarken, die auf offener Straße ihre Gesichter in ihre Im-
bisse stecken. Und dann sieht er ihn, den Händler, als er
bei ihm steht, sagt er: Ich brauche eine neue Sonnenbrille. Die alte, die du mir verkauft hast, ist noch am selben
Tag zerbrochen. Nein, sagt der Händler, du hast die Brille bei meinem Cousin gekauft, ich habe dich davor gewarnt, aber er gab dir zwei Euro Nachlaß, und du hast
dich beschwätzen lassen … Der Mann und der Händler
feilschen routinehalber, der Mann wählt eine große Sonnenbrille mit gelbgetönten Gläsern, der Händler faltet
den Zehneuroschein und steckt ihn in die Brusttasche
seines Hemdes. Eigentlich ist er Arzt, nein, das ist falsch,
er hat in Pakistan zwei Semester Medizin studiert – es
hätte weitergehen können, doch dann verschlug es ihn
nach Rom. Das meiste des bißchen Geldes, das er mit
dem Verkauf von gefaketen Designstücken verdient, geht
an die Verwandten, nicht über die Bank, sondern über
Reisende in die Heimat. Sie wollen keine Provision für
den Zustelldienst, denn es gibt immer ein nächstes Mal,
bei dem sie einen Heimaturlauber bitten werden, ein Pa-
ket, einen Briefumschlag, ein Liebesgeschenk abzugeben. Der Händler ist in einem Pferch in Bahnhofsnähe
untergebracht, er geht weite Wege, es gibt gute und
schlechte Tage. Das erste, was er in Rom lernte, war,
hochzusehen: Über der Stadt ist ein Himmel, eine Stadt,
diese Stadt, besteht aus oben und unten, diese Stadt und
der Himmel sind dem Licht ergeben. Wenn ihn andere
Menschen danach fragen, wie denn Rom beschaffen sei,
sagt er: Stein und Gebein unten; oben aber ein sonderba-
res Licht, ein Gelb aus gestauter Luft, so stark wie das
Licht, das durch die Lamellen der Fensterläden dringt in

ein verdunkeltes Zimmer. Doch was nützte die Helle, wenn sie sich nicht absetzen würde gegen die Fassadenfarbe der Häuser: verwaschenes Ziegelrot, verschwitztes Henna, Ochsenblut, auf das ein Spätnachmittagsschatten fällt. Rom ist für ihn, den hellwachen Fremden, keine ewige und bestimmt nicht eine junge Stadt – an diese Märchen glauben die Touristen. Die Greise und die Bürokraten führen und lenken, die Jungen sind bloße Statisten.

Er will sich jetzt den Luxus gönnen, eine Pause zu nehmen und etwas Geld auszugeben für ein Täßchen Mokka und eine pistaziencremegefüllte Teigrolle. Also klappt er seinen Bauchladen zu, hängt sich Bock und Dreibeinschemel über die Schulter, findet einen freien Tisch auf der Terrasse einer Bar in der Nähe. Der Kellner kennt ihn gut, und doch möchte er gleich kassieren, man kann ja nie wissen. Der Händler gibt ihm den Zehneuroschein. Der Kellner geht zum Nebentisch, an dem eine Frau, die Frau mit der Taubenphobie, seit einer Stunde sitzt – sie möchte bezahlen: zwei Aperitifs, ein Glas Mineralwasser, Erdnüsse, Oliven und ein Teller Antipasti. Sie steckt den Geldschein ein, den Rest läßt sie auf dem Tisch liegen, der Stundenlohn des Kellners hat sich im Nu verdoppelt, sein Glück hat sich verzinst. Als sie aufsteht, ihren Leinenrock glättet und sich langsam entfernt, schauen ihr die Männer nach – sie ist es gewohnt, sie findet es aufregend. Und doch hat sie keinen Mann ermutigt: Sie möchte große Dinge tun, aber bitte ohne einen Mann an ihrer Seite, sie möchte sich ohne Liebe freuen. Jetzt läßt sie sich treiben, sie überquert den Corso Vittorio Emanuele II, folgt der Via Argentina und dann der Via Arenula, am Tiber biegt sie nach links ab. Für einen Moment ist sie unschlüssig, ob sie vielleicht doch die entgegengesetzte Richtung einschlagen sollte – doch sie geht einfach weiter und steht schon an der Ponte dei Quattro Capi, an der Brücke mit den vierköpfigen Hermesstelen. Unten strömt der schlammgrüne Tiber, das Wasser schwappt und schmatzt an den Brückensockeln. Eine Weile verharrt sie reglos, schaut einfach hinab, verschließt sich den Zurufen junger Männer, die vorbeiziehen, einfach vorbeiziehen. Schließlich bewegt sie sich zur Ponte Garibaldi, sucht die Treppe am Ufer, steigt sie herunter und stößt bis zur Spitze der Tiberinsel vor. Ihr letzter Geliebter hat sie oft an diese Stelle geführt, er hat sie hier, im Angesicht des Flußwassers, geküßt und nochmals geküßt – sie mußte ihn wegdrücken, um zwischen den Küssen tief Luft zu holen. Jetzt am Abend wehen die Windstöße den losen Abfall des Tages vor sich her: Büchsen, Zettel, Schnipsel – Gebrauchtes von geringem Gewicht. Und roter Sand geht nieder, Wüstensand, der vom Himmel herunterrieselt und sich als feinkörnige dünne Schicht auf Stein, Blatt und Menschenhaut festsetzen wird. Sie fröstelt. Bald fängt es an zu regnen, und sie sucht Schutz in einer Nische unter dem Brückenbogen. Beim ersten Donnergrollen faßt sie an ihren Kettenanhänger: Maria in Gold soll sie schützen, jetzt auf diesem Stückchen Erde zwischen aufgerissenem Himmel und quellendem Wasser. Sie holt aus ihrer Tasche den Geldschein hervor, hält ihn kurz in den Wind und läßt ihn los – er wird kurz hochgetragen, dann stürzt er, wie ein Papierflieger, regennaß in den Fluß. Der Tiber soll dich vor die Füße eines Armen spülen, denkt sie. Jetzt ist alles gut, sie fühlt sich beschützt.

2. Rot. Herzblut

Jetzt, da ich die Heiligen, die in dramatischen Posen Erstarrten, die Verrückten ... da ich jetzt in Rom viele Ver-
zückte in Marmor, Stein und Wachs in Glassarkophagen
gesehen habe, weiß ich, was ihre Worte bedeuten. Ich
rieche es an deinem Blut, hat sie gesagt, am Anfang, als
sie mich ansprach, als sie ihr Mokkatäßchen dicht vor ihrer Nase schwenkte. Als sie sich zusammenriß, um irgendeinen Mann am Holztresen stehenden Fußes anzusprechen. Wie habe ich mich verhalten? Ich sagte: Wieso,
ich habe mich doch nicht geschnitten? Ihre Antwort war
bezeichnend: Dein Blut muß nicht fließen, damit ich es
rieche. Ich wollte mich sofort abwenden – wer von Blut
und Scham spricht, verdient nur die geringste Aufmerksamkeit, ich bekomme davon Kopfschmerzen, mir vergeht die Lust. Ich gehe in Rom durch Ruinen und treffe
manchmal auf Männer, die sich lächerlich machen – sie
stehen auf antiken Scherbenhaufen und stellen sich vor,
wie es wohl damals war. Sie atmen den antiken Geist,
glauben sie. Diese Frau, die mir keine Erklärung schuldig war, damals, kam mit mir ins Gespräch, obwohl sie
die falschen Worte wählte. Und doch hielt ich in meiner
Abwendungsbewegung inne, starrte sie an, starrte mein
Handgelenk an, auf das ich Franzbranntweingel aufge-
strichen hatte. Denn mir tat die rechte Hand im Wachen
wie im Schlafen weh. Eine Entzündung, nichts Besonde-
res, aber eine lästige Angelegenheit. Ich überlegte nicht
lange, sprach einige wenige Worte und hörte ihr zu,

meinen Kaffee ließ ich kalt werden, vielleicht werde ich bockig, wenn es nicht so läuft, wie ich es mir wünsche. Draußen die Mittagshitze. Hier die Herabgefallene, ein geschnürtes Bündel, das vom hohen Ast herabgefallen ist – dieses Bild gab sie mir ein. Keinen Mund und keine Augen sah ich, keine kleine Kinnkerbe, die mir erst viel später auffallen sollte. Unsere Blicke trafen sich nie an jenem Tag, da ihr Herz überlief und ich der Nächste war, der zur Verfügung stand. Sie trug einen Minirock mit Faltensaum, sie trug ein komisches Hemd, sie trug Turnschuhe. Das Blutwunder hatte es ihr angetan, ich verstand nicht viel, in einer italienischen Stadt, die nicht italienisch war, in Neapel, hatte sie in der Menge der Gläubigen das Wunder gesehen: Das Blut wurde flüssig, wessen Blut, was für ein Wunder. Jahre später noch habe sie davon geträumt, denn es geht nicht spurlos am Menschen vorbei, sagte sie, es dringt ins Fleisch und in den Knochen, es dringt in den Traum, das Wunder … Eine Irre – eine Irre hatte mich ausgesucht, und wenn ich sie nicht wegdrängte, würde sie mir auf den Rücken springen und zerren wie ein Geist. Dachte ich. Wessen Blut, was für ein Heiliger.

Der Kellner, der uns bediente, hatte eine moderne Auffassung, denn er machte seine Arbeit und bekam am Monatsende Geld dafür. Ich teilte seine moderne Auffassung, auch ich teilte meine Lebenszeit in Arbeit und Vergnügen ein. Diese Frau war anders oder anders gemacht worden durch … das Erlebnis. Habe ich damals geahnt, daß ich nicht schlimmer irren konnte und daß sie, die Umherschweifende, schöne Dinge sagte? Nein, ich war mir sicher und habe hingehört, aber fast nichts behalten. Nur das noch: Sie schlief auf einem Kirschkernkissen. Wessen Blut.

Herzblut.

Dies ist das Wort, das sie sagte, in irgendeinem Zusammenhang, in Hamburg, in einem Bahnhofscafé, in
dem man nur stehend essen und trinken kann, an einem
Freitag. Aber in Hamburg. Dann lud sie mich zu einem
leichten Abendessen ein – wieso bin ich mitgegangen? Es
ergab keinen Sinn, von Liebe war nicht die Rede gewesen, von Anfang an ein nüchternes Verhältnis, das allein
eine Erzählerin und einen Zuhörer einschloß und das
keine Eskalation zuließ. Ihre Worte: Wenn Sie eskalieren, erkläre ich mich schon jetzt für nicht zuständig. Wie
spricht sie nur? dachte ich, hat sie vielleicht eine enthemmende Droge eingenommen? Ich fragte sie, ob sie
eine Kindererzieherin sei, sie schüttelte den Kopf, nein,
sie neigte den Kopf leicht zur Seite und schaute mich
an. Unsere Blicke haben sich nicht gekreuzt, ich bestehe
darauf, wir sahen einander an wie Reisende, die Vorbeihastende mit Blicken streifen. Dann aber saßen wir an
einem Tisch, sie trank Weißwein, ich trank Mineralwasser, sie verriet mir ihren Namen: Tanja.

Wessen Blut? fragte ich sie.

Wie bitte?

Wessen Blut wurde flüssig?

Ich müßte in meinem Reiseführer nachsehen, sagte
sie, ich habe es leider vergessen ... Waren Sie jemals in
Ihrem Leben in Palermo? Haben Sie die Grotte der heiligen Rosalie besucht?

Nein.

Wissen Sie, was eine Prozession ist?

Ich bin schon sehr lange in diesem Land, sagte ich
verärgert, ich kann Ihnen folgen.

Sie liegt in ihrem Glassarkophag, fuhr sie weiter fort,
ich meine, in Nachbildung der Heiligen, die man in liegender Stellung in ihrer Höhle tot auffand, hat man eine
Marmorstatue hineingelegt ... in den gläsernen Sarko

phag. Kennen Sie einen Heiligen, der nicht auf einer Säule stünde? Rosalie aber liegt einfach da, sie stützt ihren Kopf mit der rechten Hand, und man hat ihr … man hat der Statue ein golddurchwirktes Kleid angezogen. Es ist zum Herzzerreißen.

Was heißt das?

Ein Engel reicht ihr Lilien aus Gold, ein Totenschädel aus massivem Gold liegt neben ihr, und auf weißen Polsterkissen sind die Opfergaben der einfachen Leute ausgelegt: Ringe, Armbänder … und Silberplättchen in der Form von Füßen und Händen. Das sind Bittgegenstände, so nennen es die Gläubigen – die Lahmen und die von Schüttelanfällen Heimgesuchten stellen ihre kranken Gliedmaßen dar. Als ich das alles sah, das erste Mal, hat es mich tief berührt …

Draußen ein wolkenloser Himmel, ein Kondensstreifen verstrich langsam zu langen Fäden. Ich war mir sicher, diese Tanja gehörte zu den Menschen, die schnell fertig werden in ihrem Leben, das Heil streift sie, das Trauma zerstört sie. Ich aber bin nicht unfreundlich geworden. Saß still ihr gegenüber. Dachte nach. Bemerkte ihre Quecksilberbewegungen. Das dumme Kind am Nachbartisch schrie auf und warf die Gabel weg, mit der es sich weigerte zu essen. Sie aber hat den Schrei nicht wahrgenommen. Endlich, endlich, fragte ich sie, wieso sie mir diese haarsträubend banale Erweckungsgeschichte erzählte, und da, als hätte ich ihr ins Gesicht geschrien, zuckte sie zusammen. Sie habe doch das Glas berührt, und es sei ihr vorgekommen, als habe etwas von der Marmorrosalie in sie hineingefunden, ich wisse schon, was ein Stigma sei, oder nicht? Müsse sie mir vielleicht das Mysterium des Wundmals erklären? Nein, sagte ich, legte einen Geldschein auf den Tisch und verließ das Restaurant. Das ging zu weit, sie war zu weit gegangen – Tanja und Rosalie, zwei Namen, die mir nichts bedeuteten, damals. Jetzt aber klingen und hallen sie nach, denn ich bin zwar kein anderer Mensch geworden, und doch. Und doch war sie, die Herausgefallene, im Recht, das ärgert mich noch heute. Was geschah danach? Erst einmal nichts. Insgeheim hatte ich geglaubt – gehofft! –, daß sie eine Gesundbetung vorgenommen hatte an mir, wie naiv. Meine Hand schmerzte noch Wochen, ich sollte sie nach der Empfehlung meines Arztes schonen, ich hielt mich eine Weile gewissenhaft daran, wie an ein Gebot. Und immer wieder stieg in mir der Ärger über diese Frau hoch, ich hatte meine Zeit mit einer neumodischen Frömmlerin vergeudet – ohne eine Gegenleistung dafür erhalten zu haben. Natürlich sah ich sie wieder, solche Geschichten, wie ich sie niederschreibe, gehen auf einer solchen Weise weiter: Ich erlebe und schreibe auf, mich streift kein Heil, mich zerstört kein Trauma. Hamburg ist eine kleine Stadt, größer als München und kleiner als Berlin: In all diesen Städten sind die Menschen mit ihrem Latein am Ende, und deshalb, nur deshalb, verlegen sie sich auf den Kleinbürger-Glamour. Er läßt sie vieles vergessen … aber wo war ich stehengeblieben? Ich sah sie wieder, weil Hamburg eine kleine Stadt ist, es dauerte etwas länger, weil Hamburg eine größere Stadt ist als München. Und wieder muß ich feststellen: Es hat sich keine Liebe ergeben, diese Art Liebe nach einer flüchtigen unangenehmen Begegnung blieb mir erspart. Meine Hand konnte ich wieder für alle Griffe einsetzen, also gab ich ihr meine heile Hand zum Gruß.

Wer sind Sie? fragte sie mich, ihre weiße Umhängetasche war mit blassen roten Flecken bekleckert, vielleicht war Kirschsaft vom Glas auf die Tasche zu ihren Füßen getropft. Ich malte mir, kaum hatte ich sie wiedergesehen, Situationen aus, in denen ihr etwas geschah, von dem sie nichts merkte. Ich stellte mich also vor, half ihr nach, sich an mich zu erinnern, sagte: Die heilige Rosalie, das Glas, die Glasvitrine ...

Nein, widersprach sie mir, es war ein Glassarkophag. Aber ja, jetzt bin ich im Bilde.

Ihre Begleitung, ein wirklich sehr gutaussehender Mann, musterte mich kurz und kam wohl zu dem Schluß, daß ich ein vor Jahren abgelegter Geliebter sei, mit dem sich seine Freundin siezte. Er sprach komischerweise seine Vermutung aus, sie widersprach nicht.

Sie wollten mir damals nicht glauben, sagte sie.

Ich tue es auch heute nicht, sagte ich dumpf, ich wollte diesmal recht behalten, ich wollte diesmal Rache und Genugtuung, wie dumm.

Wir haben leider noch viel vor, sagte der Mann und schloß die Augen, dann öffnete er sie wieder – mochte er sich meinem Anblick nicht mehr als nötig aussetzen, oder hatte ihn die Sonne geblendet?

Gut, sagte ich, alles Gute.

Ich ließ sie stehen, die Hamburgerin und ihren Freund, wieder einmal war ich in eine unerfreuliche Situation geraten. Ich nahm mir doch tatsächlich vor, ab sofort meine oberflächlichen Bekannten auf offener Straße nicht mehr zu grüßen, ich hasse es, wenn man mir das Gefühl gibt, lästig zu sein.

Wessen Blut.

Herzblut.

Mir fiel es wieder ein. Hatte sie es damals, beim ersten Mal, gesagt; stammte dieses Wort von ihr? Ich konnte mich an viele Einzelheiten erinnern: an den Minirock, ihr Hemd, an ihre Turnschuhe. Die verdammten Details werden mir zum Verhängnis. Von Blut, das flüssig wurde, hatte sie gesprochen – aber ...

Herzblut?

Es geschah in den nächsten fünf Monaten, daß die Toten und Verletzten in mein Leben eingingen, sie, von denen die Rede ist, starben alle eines natürlichen Todes oder besser: Sie starben viel zu früh, und ich stellte keine großen Gedanken darüber an, ob ihnen vielleicht etwas zugestoßen war, das sie nicht verdienten. Ich bekam die Nachrichten aus dem fernen nahen Land, in das meine Eltern zurückgekehrt sind: Mein Sohn, sei stark, deine angeheiratete Tante – die Frau deines Lieblingsonkels – ist gestorben. Sie verließ als erste unsere Sippe, sie ging ein ins Jenseits. Ja, daran glaube ich, wie ich auch an den einen Gott glaube: daß die Seele nicht verdampft in der Sonne, daß sie sich uns entzieht. Meine Tante hatte einen Knoten in ihrem Schambereich entdeckt, einen festen Wulst unter der Haut, sie hatte sich einen halben Tag Sorgen gemacht, aber da der Knoten nicht unter ihrer Brust gewachsen war, tat sie ihn als Alterserscheinung ab. Meine Mutter sagte mir am Telefon: Deine Tante hat mir gegenüber diesen Knoten erwähnt, und ich bat sie, zum Arzt zu gehen, doch sie tat meine Worte als Kinderunsinn ab … Ein paar Monate später war sie tot. Ich rief bei meinem Onkel an und sprach mein Beileid aus. Er zitierte einen Koranvers: ›Und sei standhaft; und siehe, Allah läßt nicht den Lohn der Rechtschaffenen verlorengehen.‹ Hat er sich seine Trauer anmerken lassen? Hat seine Stimme versagt? Ich weiß es nicht mehr. Dann starb der einzige Sozialdemokrat der Sippe, der angeheiratete Onkel, der Mann meiner ältesten Tante mütterlicherseits. Nicht etwa an Leberversagen, wie wir alle erwartet hatten, denn er war ein Anisschnaps-Säufer, ein harter Alkoholiker, der zwei Magendurchbrüche überlebt hatte. Sein Herz blieb stehen, er wurde einundachtzig Jahre alt. Diesmal saß meine Mutter am Totenbett, und sie hat mit ihm das Glaubensbekenntnis aufgesagt. Er sei wie ein Krieger in den Tod gegangen, sagte sie, und ich preßte die Sprechmuschel an mein Ohr, so fest, wie ich nur konnte, ich wollte in jenem Moment irgendeinen Schmerz spüren, aber ich fühlte nichts. Der Tod meines ältesten Onkels, des Lieblingsbruders meiner Mutter, traf mich, traf die ganze Sippe schwer. Das Tschetschenen-Oberhaupt, der Sippenpatron, war ins Jenseits eingegangen.

Was war lächerlich bei all diesen Todesfällen?

Plötzlich spielte Religion eine Rolle. Plötzlich hatten alle in meiner Großfamilie Angst vor dem, was passiert, wenn man ihren toten Körper in ein weißes Leichentuch einwickelt und in das Erdloch hineinsenkt. Die kleine Befragung im Grab, da ein Engel den Diener Gottes vom Verleumder scheidet – konnten sie diese Prüfung bestehen? Ich wurde fast wahnsinnig. Sie riefen mich an, meine Verwandten in dem fernen nahen Land, und ich drückte die Sprechmuschel hart an mein rechtes Ohr und lauschte: Plagt dich nicht die Furcht? fragte meine Tante, bist du nicht aufgewühlt? Erstarrt dein Blut nicht zu Eis?

Wessen Blut.

Sie trieben mich fast in den Wahnsinn.

Weißt du noch, sprach mein Onkel, als deine Großmutter starb, legten wir ihren Körper auf den Boden und das große Messer auf ihren Körper. Wir hielten uns an den Brauch unserer Mütter, die uns lehren, daß ein scharfes Messer auf dem Leichnam ihn davor bewahrt, zu schnell aufzublähen.

Ja, sagte ich und lauschte in die Leitung, er aber hatte schon aufgelegt. Dann kam die unendliche Trauer, sie fehlten mir, und ich behielt es für mich, was hätte es für einen Nutzen gehabt, darüber zu reden? Ich machte weiter, ich lebte weiter.

Ich sah mich nur vor, ich paßte besser auf mich auf.

Meine Vorsicht. Mein neu erwachter Sinn für die Gefahr, die in der Luft liegt, die man kommen sieht.

Dein Abendland geht unter, sagte mein Onkel, unser Morgenland ist vor hundert Jahren untergegangen. Und was bleibt unterm Strich?

Ich weiß nicht, sprach ich in die Hörmuschel, doch er konnte mich ja nicht verstehen, und so fuhr er fort:

Meine Frau – Friede ihrer Seele – hat dich sehr gemocht.

Ja, dachte ich, aber sie ist tot, und ich muß mit dieser Angst weiterleben, daß ich sterben werde und daß die Geschäfte ohne mich weitergehen werden.

Und da geschah es, eines stinknormalen Tages trat ich mit ›dem anderen‹ in Verbindung, es passierte natürlich gegen meinen Willen. Um es gleich zu sagen, mir fielen nicht etwa die Augen zu, ich fiel auch nicht in einen außerplanmäßigen Schlaf. Der Postbote übergab mir an jenem Morgen einen einzigen Brief, den ich in aller Eile aufriß. Ein Foto fiel heraus, ein Foto mit einem gezackten Rand. Darauf war ein junger Mann zu sehen: Sein pechschwarzes Haar war mit Pomade gebändigt und streng nach hinten gekämmt worden, das weiße Hemd stand ihm gut. Man hatte den Moment festgehalten, da er mit einer jungen schönen Frau sprach, ein Lächeln umspielte seinen Mund. Ich starrte auf die Frau auf dem Foto, der Fotograf hatte im Augenblick einer fliehenden Bewegung von ihr auf den Auslöser gedrückt. Nach einem langen zweiten Blick erstarrte ich, es konnte kein Zweifel bestehen, sie war es, es war … Tanja. Ich drehte das Foto um und las das Datum: 4.5.1958. Jemand hatte in der umständlichen Schönschrift der Halb-Alphabetisierten eine Nachricht für mich geschrieben: ›Dein Onkel hielt es mit den Anstandsregeln nicht genau. Er hat die Frau geschwängert, obwohl er mit einer Istanbulerin verlobt war. Dein Onkel hat die arme Frau bedrängt, abzutreiben, und sie mußte es tun. Bedenke!‹

Sie mußte es tun.

Natürlich ärgerte mich die Denunziation. Wer war dazu fähig?

Wer verriet ein Familiengeheimnis, wenn es denn eines war, wer verstieß gegen ›die Anstandsregel‹ und sprach schlecht über einen Toten? Und vor allem – was ging mich das alles an? Meine Ablösung von der Sippe erfolgte nicht aus Prinzip, sie lebte im fernen nahen Land, ich lebte in Deutschland. Ich sah meine Verwandten einmal im Jahr, und jedesmal war ich trunken vor Glück, weil ich sie ohne große Folgen und Verpflichtungen umarmen und lieben konnte. Sie wußten: Das ist unser Junge in der Diaspora, wir können ihm unsere Gesetze nicht aufdrücken, er kennt andere Gesetze. Hauptsache, er schlägt sich nicht auf die Seite der Aufrührer … Mein Onkel – Friede seiner Seele – hatte mit einer anderen Frau angebändelt, das Verhältnis war häßlich ausgegangen, aber man konnte ihn – um mit den Worten meiner Sippe zu sprechen – nicht als Ehebrecher bezeichnen. Wieder die Religion, dachte ich wütend, schon wieder Gott und der Teufel, schon wieder eine Allmacht, der wir ausgeliefert sind.

Aber die Frau.

Ich sah mir das Foto lange an – es hatte keinen Sinn, daran zu zweifeln, die Ähnlichkeit war verblüffend, und doch konnte es nicht sein. Die unbekannte Frau auf dem Foto und die mich ermüdende Tanja konnten natürlich nicht ein und dieselbe Person sein.

Zufall. Nichts weiter.

Ich sah sie wieder, in einem Supermarkt. Sie schob ihren Wagen durch die Gänge, einen Wagen, in dem ich

Gourmet-Konfitüre entdeckte und Butter und italienisches Tafelwasser und Monatsbinden, ja, ich kann mich daran erinnern. Ich sprach sie an, diesmal war sie allein, vielleicht erledigte sie die Einkäufe, während ihr schöner Freund seinen Geschäften nachging. Und diesmal bat ich sie darum, anschließend in einem Café ihrer Wahl etwas zu trinken, könnte sie es mir zuliebe einrichten? Mir zuliebe? Was war nur in mich gefahren, daß ich meine Neutralität aufgab und sie umschmeichelte wie ein Südländer in der Diaspora? Doch sie willigte sofort ein, sie sagte sogar, daß sie nach dem letzten Reinfall allein lebte und somit über ihre Zeit verfügen könnte. Ich befühlte das Foto in meiner Hosentasche, ich trug es immer bei mir, weil ich hoffte, nein, weil ich wußte, daß ich Tanja wiedersehen würde. Ich bot ihr an, ihre Einkaufstüten zu tragen, doch sie lehnte lächelnd ab. Kaum saßen wir in der noblen Bar, zu der sie mich geführt hatte, reichte ich ihr das Foto, ich stellte es ungeschickt an und stieß ihre halbvolle Tafelwasser-Flasche um. Es fing schon schlecht an. Sie studierte das Foto, dann drehte sie es um und las die Zeilen auf der Rückseite.

Jemand möchte alte Geschichten aufwärmen, sagte sie, das muß ein böser, rachsüchtiger Mensch sein, der Sie aufhetzen möchte ... Lieben Sie Ihren Onkel?

Er ist vor kurzem verstorben, sagte ich.

Mein herzliches Beileid, sagte sie.

Ich lebte nun schon fast mein ganzes bisheriges Leben in Deutschland, und man hatte mich gelehrt, bei einer Beileidsäußerung nicht auf die alte Formel zurückzugreifen, sondern immer zu sagen, daß es mir leid tue. Manchmal denke ich, ich bin ein dressierter Dackel, weil ich die meisten fremden Regeln umstandslos übernommen habe. Ich bedankte mich bei ihr und konnte wohl meine Ungeduld nicht unterdrücken.

Das ist alles, was Ihnen einfällt? fragte ich sie schroff.

Natürlich nicht, sagte sie, Sie finden, daß ich der Frau auf dem Foto sehr ähnlich sehe. Und Sie können es sich nicht erklären.

Auf den Punkt genau, sagte ich.

Na und?

Ich muß sagen, daß mich diese Sache beschäftigt. Sie müssen wissen, daß ich weniger an Fügung und Schicksal als an Zufälle glaube.

Doch diesmal ist es anders, hakte sie nach.

Ja. Wollen Sie mir helfen?

Das ist aber eine komische Frage, sagte sie, Sie müssen schon sehr verzweifelt sein.

Ich habe mir diese Situation nicht ausgesucht, sagte ich.

Doch, sagte sie, genau das haben Sie. Aber Sie sind ein störrischer Mensch. Sie wollen es nicht wahrhaben, oder?

Was denn? rief ich wütend aus, dieser ganze Quatsch läßt mich kalt.

Ach ja? sagte sie, dafür sind Sie aber erstaunlich unbeherrscht ... Wir stritten uns fürchterlich, sie warf mir vor, immer die Luft vor meiner Nase anzustarren, mein primitiver Atheismus würde sie anwidern, mit Spott und Häme käme man nicht sehr weit, und ich müsse doch einsehen, daß ... Ich stand auf und ging – auf dem Weg nach Hause fiel mir ein, daß ich die Rechnung nicht beglichen hatte.

Seit dieser letzten, wirklich allerletzten Begegnung sind genau achtzehn Monate und einundzwanzig Tage vergangen. Ja, ich achte auf die Zeit, ich habe seitdem sogar eine Armbanduhr, auf die ich manchmal gedankenverloren starre.

Jetzt, da ich in Rom lebe und Dutzende Tempel des

Herrn besichtigt habe und auch die im Märtyrertod Verzückten, in Marmor und Stein gehauen, weiß ich … was
weiß ich? Das Rätsel um die Frau auf dem alten Foto mit
dem gezackten Rand habe ich nicht lösen können.

Ich habe kein Wunder gesehen.

Die Religion halte ich von mir fern, sie klammert sich
an die Lüge, daß es heute eines Mittlers zwischen Gott
und dem Menschen bedarf. Diese Lüge wird man nicht
so leicht aus der Welt schaffen.

Doch: Manchmal kann ich dem Rauschen meines
Herzbluts lauschen.

Das genügt mir.

3. Eine kleine Verwüstung

Es sah nicht gut aus für mich: Die kalten Winde schälten die frostharte Rinde von den Bäumen, und ich hatte in den letzten Wochen so viel Gewicht verloren, daß mir die Zigeunerkinder dieser Stadt ohne Bitten und Fordern Platz machten. Ich litt nicht an jener Krankheit, von der meine Verwandten behaupteten, daß sie die Selbstverliebten heimsucht; auch hatte man mir keine großen Aufgaben übertragen, unter deren Last ich einbrach. Mein Kopf glühte im Dezember, und ich nahm ab in Rom. Hier glaubten die Menschen an Todsünden, einige Exzentriker stiegen tatsächlich auf Apfelsinenkisten und beschworen die Passanten, orthodox zu werden. Sonst würde Gott ihre Seele in der Pfanne rösten. Aber die Passanten lauschten den Aposteln und zupften abstehende Fäden von ihren Mänteln, sie lauschten aus Interesse oder aus Verlegenheit, weil sich die Leinen ihrer Hunde um die Beine des Predigers schlangen. Dann gingen sie weg, und ich blieb als derjenige zurück, den der zeternde Mann glaubte, bekehrt zu haben. Die Prediger sind immer von der Kiste herabgestiegen, um mit mir, ihrem einzigen Zuhörer, zu sprechen: über die Kälte, über den Unrat in den einsehbaren Winkeln der Stadt, über die große Überhitzung der Schwärmer, die nachts in den Vorstädten kleine Feuer legen. Vielleicht befolgte ich das Wohlverhaltensgebot, wenn ich sie ausreden ließ, selten unterbrach ich sie, meist fragte ich sogar nach. Sie kannten aber kein Maß, sie waren wie Tauben, die den Touristen auf die Schulter flogen, und also scheuchte ich sie weg, die Prediger, und versprach wiederzukommen, bald, bestimmt. Auch diese fremden Männer nahmen mir das Versprechen ab, stark und dick zu werden im Winter, damit ich nicht stolperte schon beim ersten Schritt. Es zehrte mich kein Feuer aus, ich war ein in den Nachmittagsstunden gelangweilter Zivilist, ich nahm das Frühstück in einer Bar, und abends saß ich in einem Restaurant und wählte nicht die Angebote für die Stadtfremden, ich bestellte Gänsekeule mit Maronen, Rotkohl und Klößen. Kurz vor dem Essen fühlte ich mich am sichersten, mit dem Finger ging ich die roten und weißen Karos der Tischdecke ab, und wenn der Wind die Fensterscheiben aus Rauchglas klirren ließ, war ich froh, daß ich nicht hinausschauen konnte. Die Kellner verhielten sich mir gegenüber fast unverschämt, in ihrem Lokal hatte einst Pasolini gegessen, und jetzt kamen die Flegel aller Provinzen daher, bloß weil sie in einem Stadtführer nachschlugen. Natürlich ließ ich mir die Laune nicht verderben: Wer im Rhythmus seines Herzschlags denkt und handelt, klappt um. Ich habe lange gebraucht, um meinen Beruf zu finden, ich bin betäubt von den Schlägen – Höhepunkte in meinem Leben schloß ich aus. Mein Teller wurde von rechts hinten auf den Tisch geknallt, den ich nach spätestens einer halben Stunde freigeben mußte – die Gäste standen Schlange, der Kellner trieb zur Eile an. Er wußte es, er wußte, daß es nicht gut um mich stand, daß es mir, einem normalen Gast, Mühe bereiten würde, aus dem Stand einen Bocksprung zu machen. Die Italiener sprachen in Bildern. Wenn sie sagten: Sie gehen großen Siegen entgegen, meinten sie, daß man an jenem Tag nicht wie üblich den Kopf einziehen mußte – wegen der Arbeiter auf den Baugerüsten, die aus Spaß Mörtelbrocken herunterfallen lassen; wegen des Unwetters, denn es regnete schon seit Tagen, und der Tiber führte Hochwasser und überschwemmte die Uferstreifen. Das alles machte mir nichts aus, ich übersetzte die Bilder in meine Worte, ich spannte den Regenschirm auf und zog doch den Kopf ein, ich aß und aß und nahm aber nicht zu.

Als ich sie das erste Mal sah, an einem kaltnassen Dezemberabend, rauschte sie an meinem Tisch vorbei, und ich schaute auf, weil die an ihren Handgelenken klakkenden Goldreifen mich neugierig gemacht hatten. Eine Frau der gehobenen Kategorie, dachte ich, sie hat empfindliche Gelenke, sie lebt von ihrer Tugend. Ich liebte die Spekulation über wildfremde Frauen, und so brannte ich still im Phantasiefieber, ich stellte mir vor, wie sie vor dem Garderobenspiegel ihre Lippen nachzog und aus der Wohnung stürmte, und so, wie ich sie einschätzte, war sie eine Frau, hinter der die Türen laut ins Schloß fielen, sie verabredete sich bestimmt fast jeden Abend mit mindestens einer Freundin. Hatte sie einen Mann? Hatte sie Kinder? Was war ihr größter schwer erfüllbarer Wunsch? Gehörte sie zu den Frauen, die Abenteuer erleben und Verwüstungen hinterlassen? Ich fing an, mich für meine Gedanken zu schämen, und schloß deshalb die Augen. Als ich sie öffnete, stand sie neben meinem Tisch und reichte mir meine Jacke, sie war von der Stuhllehne auf den Boden gefallen, und komischerweise klopfte sie den Staub ab, und ich starrte wie gebannt auf die klackenden Goldreifen. Erst dann schaute ich hoch, doch da war es schon zu spät, der Kellner kam mit der Gänsekeule, und sie mußte ihm Platz machen und weitergehen. Ich war zu feige, um ihr zu folgen, ich war zu feige, um mehr als nur vier Bissen zu essen. Was tat ich? Ich ging nicht an ihren Tisch, denn ich wollte nicht, daß sie mich verwüstete mit ihren langen Fingernägeln, auf die sie transparenten Lack aufgetragen hatte. Der Kellner reagierte sofort, als ich die Hand hob, ich beglich die Rechnung, rundete die Summe großzügig auf und machte, daß ich ins Freie kam.

Ihr Wille, keine Unordnung zu schaffen, war genauso groß wie meiner, deshalb sah ich sie nicht wieder, dafür sprach mich aber ihre Freundin an, mit der sie an jenem für mich beschämenden Abend zusammengesessen hatte. Es war der 24. Dezember, in Italien ist das ein ganz normaler Arbeitstag, und die Geschäfte haben bis zum späten Abend geöffnet. Die Italiener gehen nach Arbeitsschluß mit ihrer Familie essen, sie kleiden sich aber besonders vornehm, da sie hernach die Mitternachtsmesse besuchen. Am drauffolgenden Tag ißt man in etwas größerem Kreis Tortellini al brodo, klare Brühe mit Hackfleischtaschen, und wenn die Frau des Hauses sich davon überzeugt hat, daß wirklich alle satt geworden sind, werden unter Anleitung des Mannes die Geschenke übergeben und ausgepackt. Bislang hatte ich alle Bitten meiner römischen Bekannten ausschlagen können, das heilige Fest zusammen mit ihnen zu feiern – ich bin ganz bestimmt nicht gerne allein, diese Lebensphase liegt hinter mir. Es war kindisch, ich weiß, aber ich wollte mir alle Möglichkeiten offenhalten, also schlenderte ich durch die Straßen und steuerte die größeren Kioske an: Vor anderthalb Monaten fing es an, Woche für Woche kamen grotesk schlecht fabrizierte Krippenfiguren aus Plastik auf den Markt, und die Sammler, von denen es in Rom sehr viele gibt, rissen sich darum. Auch ich hielt die Augen offen, auch ich sammelte die Schundheiligen. Heute aber hatte ich kein Glück.

Ich kenne Sie, sagte sie, erkennen Sie mich wieder? In Rom bin ich es nicht gewohnt, daß man mich auf offener Straße anspricht, also wirbelte ich herum, und in den wenigen Sekunden, da ich sie anstarrte, fiel mir nicht auf, daß sie deutsch mit mir gesprochen hatte, erst später, an ihrer Seite, sollte ich mich darüber wundern. Sie half mir mit knappen Bemerkungen auf die Sprünge, ich war unkonzentriert, ein Dobermann scharrte auf der anderen Straßenseite ein Blumenbeet auf und überkläffte fast ihre Worte. Bevor ich dazu kam, ihr zu versichern, daß ich mich an das Restaurant, an ihre Freundin mit den Goldreifen und an den herrischen Kellner erinnerte, lud sie mich zu einem Spaziergang ein, selbstverständlich ging ich mit, es kostet einen Mann viel Kraft und Nerven, eine Frau anzusprechen. Sie wissen schon, daß Sie ausgezehrt wirken, sagte sie, aber es läßt Sie nicht unvorteilhaft aussehen – übrigens hat meine Freundin über Sie gesprochen, als sie an den Tisch zurückkam, sie hat mich erst auf Sie aufmerksam gemacht. Sind Sie Künstler? Es kam mir nicht in den Sinn, diese fremde Frau mit halbwahren Angaben in die Irre zu führen, wie ich es sonst gerne tat, ich sprach davon, daß ich mir einige Monate Auszeit genommen hatte, um in einer prominenten Stadt im Abendland einfach nicht zu arbeiten und Zeit zu vergeuden. Meine Worte klangen in meinen Ohren hohl, in ihrer Nähe kam ich mir … nichtsnutzig vor. Sie ließ mich ausreden, in Gedanken war sie aber weit weg, wieso blamierte ich mich nur vor ihr? Sehen Sie, sagte sie nach kurzem Schweigen, das uns einhüllte, Sie haben einmal eine deutsche Zeitung gelesen, daher wußte ich, daß wir aus demselben Land kommen, auch ich esse öfter in dem Restaurant, Sie nehmen die Gänsekeule und ich den Salat mit Granatapfelkernen, Sie können nicht besonders gut Italienisch sprechen, bei mir verhält es sich genauso, Rom ist meine Traumstadt, in der aber nicht alles so ist, wie ich es mir vorgestellt habe, verstehen Sie mich? Ich verstand nur zu gut: Es trieb die fremden Menschen im Ausland zueinander, weil sie

Weihnachten nicht so feiern konnten, wie sie es von zu Hause gewohnt waren. Mittlerweile war sie vor einem Schaufenster stehengeblieben und schaute auf ein weißes Kleid von Valentino, zu Füßen der Schaufensterpuppe lagen Seerosen aus gefärbtem Schildpatt, umgeben von Hunderten von Angelhaken. Das graue Metall verdichtete sich zu einer seltsamen Wasseroberfläche, das im Aufschäumen erstarrt zu sein schien. Die Illusion war perfekt. Es gebe Künstler, sagte sie, denen sie für ihre Täuschung dankbar sei, und dann eilte sie schon weiter, und wir gerieten kurz danach in Taubenschwärme, ich überging ihre Bemerkung. Viel später blieb sie erneut stehen, wir befanden uns in der Via Giulia Ecke Via dei Farnesi vor der Kirche Santa Maria dell'orazione e morte, ihr Blick wanderte hoch zu den Totenköpfen, die in den Stein unterhalb der Kapitelle eingearbeitet waren. Wieso tut sie das? dachte ich, hat das Italienische etwa auf sie abgefärbt – erst bezieht sie sich auf den Wert der täuschend echten Kunst, um vor der Kirche des Gebets und des Todes auf Steinschädel hinzuweisen? Solange das Wetter nicht umschlug und der Regen niederging, waren meine Stunden an sie nicht vergeudet. In Rom unterbricht man den Spaziergang oder den Einkaufsbummel immer wieder, deshalb saßen sie und ich bald in einer Bar, sie hatte nasse Füße bekommen und schlüpfte aus ihren modischen Laufschuhen, massierte ihre Füße und glitt wieder in die Schuhe hinein. Sie bestellte für uns beide Cappuccino und für sich allein Strudel, ich schaute ihr beim Essen zu, trank meinen Kaffee in zwei Zügen aus. Sie war eindeutig eine Sitzschönheit. Ich kam nicht dazu, sie in eine Unterhaltung zu verwickeln, ihr Handy klingelte, und sie sprach nur ›Ja‹ und ›Natürlich, ich bin fertig mit meinem Strudel‹, dann beendete sie das Gespräch und aß zu Ende. Früher hatte ich nicht so viel

Geld, sagte sie plötzlich, da habe ich mir billigen Wein gekauft und beim Trinken die Nase zugehalten. Heute ist es anders, heute kann ich mir teurere Weine leisten, aber, wissen Sie, dieses Kleid von Valentino, so schön es auch ist ... dafür würde ich keine sechstausendzweihundertachtundsechzig Euro ausgeben. Endlich fand ich ein Gesprächsthema, ich sprach von den reichen Arabern und den Fußballern, für die schon mal das besagte Geschäft geschlossen würde, damit diese Kunden in aller Ruhe einkaufen konnten. Ein Freund von mir hat mir verraten, daß die Frauen in Rom ihr Kind durch Kaiserschnitt zur Welt bringen, sagte sie, dieser Freund ist aber kein Italiener, daher weiß ich nicht, ob er eine seriöse Quelle ist. Diese Frau war eindeutig sprunghaft, soviel stand für mich fest, sie ließ mich an ihrer Seite sitzen, ich durfte ihr Gesellschaft leisten, aber ihr Blick huschte zur Eingangstür der Bar, immer dann, wenn ich versuchte, die Unterhaltung in Gang zu bringen. Ich lud sie zu einer zweiten Tasse Cappuccino ein, sie lehnte ab, ich lehnte mich zurück und lauschte dem lauten Prasseln des Regens und den Geräuschen, die die Menschen machen, wenn sie in Eile sind. Die Tür ging auf, und es kam eine Frau hinein, die ihren aufgespannten Regenschirm mit dem Griff nach unten einfach in den Schirmständer fallen ließ, die Frau an meiner Seite stand abrupt auf, wünschte mir freundlich einen schönen Tag und verließ den Tisch. Die Frauen wechselten kurz ein paar Worte, eine Frau lief hinaus in den Regen, eine Frau setzte sich an meinen Tisch. Als sie sich durch das Haar fuhr, klackten ihre Goldreifen. Ich bin Ihnen eine Erklärung schuldig, sagte sie, danach können Sie entscheiden, ob Sie mich kennenlernen wollen oder nicht. Meine Freundin ... Nele hat eine Nase, was Männer anbetrifft, ich verlasse mich auf ihre Instinkte. Sie hat vorgeschlagen,

Sie ... vorzutesten, ich fand diese Idee sehr interessant. Ich hoffe, Sie fühlen sich nicht ausgenutzt. Aber nein, sagte ich und lachte los, ganz sicher würde ich sitzen bleiben, ganz sicher würde ich aus der Nähe sehen wollen, wie sich das künstliche Licht an ihren Goldreifen brach, und vielleicht würde ich mit dieser schönen Deutschen Weihnachten feiern können, in Rom war ja fast alles möglich.